우체국 경영, 무엇이 이슈인가?

우체국 경영, 무엇이 이슈인가?

남찬기 지음

율곡출판사

들어가는 글

우체국은 참으로 친근한 이미지를 가지고 우리의 일상생활에 없어서는 안 될 꼭 필요한 서비스를 제공하고 있다. 우체국은 겉으로 보기에 편지나 소포와 같은 우편물을 배달하고 간단한 금융업무를 취급하는 국가기관으로 별다른 경영적 이슈가 없을 것으로 보일 수도 있으나, 그 이면에는 따지고 보면 많은 전문적인 이슈들이 숨어 있다. 우정사업에 관한 연구를 수십 년 동안 해 오면서 언젠가는 한번 이러한 이슈들을 종합적으로 정리해 보고 싶다는 생각을 가지고 있었지만 미처 시작할 엄두를 내지 못하였다. 그러다가 몇 년 전 학교에서 정년퇴직을 한 후에야 저술에 집중할 수 있는 여유가 생겨 그동안 생각하고 연구했던 내용 중 중요하다고 생각되는 이슈들에 대하여 주제별로 재정리하여 본 저서의 집필을 시작하게 되었다.

저술 과정에서 고민이 되었던 점은 과연 누구를 독자층으로 할 것인가였다. 일반인들을 대상으로 하면 너무 상식적인 이야기로 흘러갈 것이고, 반대로 학술적인 면을 강조하면 독자층이 너무 줄어드는 면이 있기 때문이다. 우체국 경영에 관한 국내외의 저술을 살펴보면 해외에서는 우정 당국이나 만국우편연합 등에서 발간한 아주 실무적인 서적들이 주를 이루고 있는 반면, 국내에서는 일정 주제에 대한 연구보고서를 제외하면 주로 일반인들을 상대로 한 상식적인 에세이 같은 책들이 대부분이다. 이러한 대조적인 문제를 극복하기 위하여 본서에서는 어느 정도 상식과 전문적인 내용을 융합시켜 우체국의 경영 이슈들에 대해 조금은 심도 있게 다루고자 하였다. 따라서 본서는 기본적으로 학술도서의 성격을 가지고 우정사업 경영에 관심이 있는 사람들과 연관 산업에 종사하는 사람들에게 우체국 경영에서 나타나는 주요 이슈들을 소개하고, 이에 대응하는 경영 정책을 수립하는 데 조금이나마 도움이 되고자 하였다. 이러한 취지에서 주제를 선정하고 논의를 전개시키는 데 있어서 본서가 우체국 경영에 대한 기초적인 입문서의 역할이 되도록 하는 바람을 저술의 기본 방향으로 잡았다.

끝으로 본서를 한국정보사회학회 학술총서로 발간할 기회를 제공해 주신 한국정보사회학회, 최신 통계자료를 제공해 주신 우정사업본부 관계자, 집필을 권유하고 여러 가지 편의를 제공해 주신 고려대 미디어학부 김성철 교수님께 감사를 드린다. 또한, 유익한 코멘트를 해 주신 옛 정보통신정책연구원 동료였던 박재석 박사님, 최중범 박사님께 감사를 드린다. 그리고 이 책을 발간해 준 율곡출판사 관계자 여러분들께도 깊은 감사를 드린다.

2022년 여름

남찬기

차 례

01

우편사업이란 무엇인가?

우리나라 우체국에서 수행하고 있는 우정사업의 범위를 법적인 측면에서 보면 국가기관인 과학기술정보통신부 우정사업총괄기관(우정사업본부)에서 영위하는 우편, 우편환, 우편대체, 우체국 예금 및 보험에 관한 사업과 이에 부대되는 사업으로서 대통령령이 정하는 사업으로 정의하고 있다.[1] 즉, 기본 사업으로서 우편사업, 우체국 예금 및 보험 사업을 수행하고, 부대사업으로서 우편망, 물류망, 정보망, 금융망을 활용하여 기본 사업에 부대되는 광고업, 임대업, 소화물일관수송업, 수탁사업 등을 수행할 수 있도록 되어 있다. 이에 따라 우체국은 우편주문판매 및 전자상거래 등 유통업, 방문접수 서비스를 포함하는 택배업 등의 사업을 영위하고 있다.[2] 그러나 부대사업은 문자 그대로 기본 사업에 부대

---

1. 우정사업 운영에 관한 특례법 제2조(정의)
   1. "우정사업"이란 다음 각 목의 사업을 말한다.
      가. 우편
      나. 우편환
      다. 우편대체
      라. 우체국예금
      마. 우체국보험
      바. 「수입인지에 관한 법률」 제3조에 따른 수입인지의 판매
      사. 「외국환거래법」 제8조에 따른 외국환업무
      아. 「전자금융거래법」 제28조에 따른 전자자금이체업무, 직불 및 선불전자지급수단의 발행 및 관리, 전자지급결제대행 등
      자. 「자본시장과 금융투자업에 관한 법률」 제12조에 따라 금융위원회의 인가를 받은 투자매매업, 투자중개업
      차. 그 밖에 가목부터 마목까지의 사업에 부대되는 사업으로서 대통령령으로 정하는 사업
2. 우정사업 운영에 관한 특례법 시행령 제2조(부대사업의 범위)
   「우정사업 운영에 관한 특례법」(이하 "법"이라 한다) 제2조 제1호 차목에서 "대통령령으로 정하는 사업"이란 다음 각 호의 사업을 말한다.

되어 운영되기 때문에 일반적으로 우정사업이라 하면 기본 사업인 우편 사업, 우체국 예금 및 보험 사업을 지칭한다.

1. 우편사업 개요

우편사업은 전국 어디에서나 공평하게 적정한 우편요금으로 서신과 소정의 물품 등을 접수, 배달하는 서비스로 정의할 수 있다. 서신과 물품은 일단 우체국에 접수가 되면 그때부터 우편물이 되며, 그 종류는 기본적으로 우편법에 따라 서신으로 대표되는 통상우편과 포장된 물건으로 대표되는 소포우편물로 구분된다.[3]

이 중 통상우편 서비스는 서신 등 의사 전달물, 통화(현금) 및 소형 포장 우편물을 배달하는 서비스를 의미하며, 그 종류로는 일반통상 우

---

1. 우체국 전산망 및 이에 연계되는 전산망을 활용한 부가통신사업 및 정보처리업
2. 우편망을 이용한 소화물일관운송업 · 창고업 · 통관업 · 통신판매 및 시장조사업
3. 우정사업과 관련된 물품의 판매업
4. 우표류 · 우편물 · 우체국시설 및 장비를 이용한 광고업
5. 우체국사(郵遞局舍) 및 토지의 효율적 활용을 위한 임대업
6. 우정사업 자원을 이용한 불우이웃 지원 등 공익사업
7. 다른 행정기관이나 타인으로부터 위임 또는 위탁받은 업무
8. 그 밖에 우정사업의 목적을 달성하기 위하여 필요하다고 과학기술정보통신부장관이 인정하는 사업

3. 우편법 제1조
   1. "우편물"이란 통상우편물과 소포우편물을 말한다.
   2. "통상우편물"이란 서신(書信) 등 의사전달물, 통화(송금통지서를 포함한다) 및 소형포장 우편물을 말한다.
   3. "소포우편물"이란 통상우편물 외의 물건을 포장한 우편물을 말한다.

편물과 등기통상 우편물이 있다. 일반통상 우편물은 우체통, 우체국 창구 등을 통하여 접수된 우편물로 기록 취급을 하지 않으며 배달 시 수취인 우편함에 투함하는 우편물이고, 등기통상 우편물은 접수, 배달 등의 취급 과정을 기록·관리하는 우편물로 배달 시 수취인의 서명을 받는 우편물이다.

소포우편물은 통상우편물을 제외한 물건을 포장한 우편물로 보통소포와 등기소포로 구분된다. 보통소포 우편물은 취급 과정을 기록하지 않으며, 우체국 창구에서만 접수하고, 등기소포는 우체국 창구에서 접수하는 창구소포 및 고객의 방문접수 요청에 의한 방문소포(우체국택배)가 있다. 이러한 구분 외에 경우에 따라서는 서비스 영역에 따라 국내우편과 국제우편으로 나누기도 하며, 이 경우 국제우편 서비스는 국외로 발송하는 우편물로 국제통상, 국제소포 및 국제특급[4] 서비스 등이 있으며, 부가서비스로 등기취급 및 보험취급[5] 등이 있다.

이러한 우편서비스가 어떤 산업으로 분류되는가를 한국표준산업분류표에서 보면 우편사업은 대분류로는 정보통신업(J), 중분류로는 우편 및 통신업(61), 소분류로는 공영우편업(611), 그리고 세분류로도 공영우편업(6110)에 속한다. 우편사업이 속하는 공영우편업에는 동일한 서비스를 제공하는 다른 사업체는 없다. 즉, 우체국만이 공영 우편서비스

4. 서류, 물품 등을 해외우정과의 특별협정 체결을 통해 가장 빠르고 안전하게 배송하는 서비스.
5. 유가증권, 귀중품 등을 실제적·객관적 가치에 따라 보험취급하고, 분실·도난·훼손 시 보험가액의 범위 내에서 실손해액을 배상하는 서비스.

를 제공하고 있다. 그렇지만 비슷한 서비스를 제공하는 다른 업체까지 포함하여 그 내용을 들여다 보면 현실적인 시장 상황이 그렇게 간단하지만은 않다. 서신은 일정 부분 독점적 서비스로 우체국만이 제공할 수 있지만, 동시에 운수창고업(대분류 코드 H) 내의 소화물 전문 운송업(세분류 번호 4940)으로 분류되는 택배업(세세분류 번호 49401)에서도 서신 송달, 소화물 수집, 운반, 배달 등의 서비스가 제공되고 있다.

따라서 우편서비스를 통상우편 위주로 보면 일정 부분 독점적 서비스를 제공하는 정보통신업의 성격으로 볼 수 있지만, 상대적 비중이 점차 커지고 있는 소포우편물은 소화물을 수집, 운반, 배달하는 물류업(운수창고업)의 성격과 유사하다고 볼 수 있다. 즉, 우편서비스는 정보통신업을 주로 하지만 물류업도 동시에 하는 일종의 결합 산업이라 할 수 있다. 어느 시장에 속해 있느냐 하는 것이 중요한 이유는 어느 제품이나 서비스든지 간에 그것이 속한 시장 획정이 이루어져야만 그 시장의 특성에 맞는 경영전략을 수립할 수 있기 때문이다. 이러한 관점에서 본다면 향후 우편사업에 있어서 중요하게 분석하고 다루어야 할 이슈로는 기본적으로 정보통신 기술의 발전이 통상우편물 시장에 미치는 변화와 더불어, 물류 시장에서의 상황 변화가 소포우편물 시장에 미치는 영향 등이 될 것이다.

이와 같은 우편서비스의 산업 분류는 우편서비스의 발달 과정을 보면 좀 더 명확해진다. 우편서비스가 정보통신산업에 속하는 근거는 통신산업이 발달하지 않았던 과거에는 우편이 유일한 정보통신 수단이었던 것에 기인한다. 정보통신이란 어떤 정보(information 또는 data)를 모으고, 가공하고, 전달하는 것이 기본인 바, 초기에는 국가적 필요에 의해 엄청난 자원을 투자하여 통신망을 구축하였는데, 봉화대, 역참 등이 좋은 예가 될 것이다. 사회가 진화함에 따라 통신의 유용성이 국가적 필요를 넘어서 일반 국민의 생활에까지 필요하게 되고, 이러한 요구에 부응하여 국가가 우편망을 구축하고 국가기관을 통해 개인의 사적인 정보를 우편물이라는 형식을 통해 전달하는 체계를 구축하였다.

이후 정보통신 기술이 발전하여 전신, 전화를 거쳐 수많은 정보 및 데이터가 디지털 유 · 무선통신을 통해 전달되는 오늘날에는 우편사업의 중요성이 점차 감소해 가는 추세에 있다고 보인다. 앞으로 우편사업의 전개 과정이 어떻게 될 것인가를 살펴보기 전에 정보통신의 원조격인 우편사업이 과거에 역사적으로 어떻게 시작되었는지를 되돌아 보는 것도 우편사업의 성격을 이해하는 데 도움이 될 것이다.

2. 우편사업의 시작

우리나라 근대 우편제도는 국가 근대화의 혁신적 시도의 하나로 시작되었다고 볼 수 있으며, 그 역사는 1884년 '우정총국' 으로부터 시작된다. 일본보다는 출발이 10년 정도 뒤떨어지긴 했으나 중국(청)은 우편제도를 시작하지도 않은 상태였고 당시 우리나라의 근대 문명 도입 추세로 볼 때 실로 획기적인 조치였으며, 그 과정을 보면 개화의 마중물 같은 시도였다고 볼 수 있다.

1881년(고종 18년) 새로운 외국 문물을 시찰하기 위해 홍영식(洪英

植)을 비롯한 12명의 신사유람단 일행은 이상재, 유길준 등과 같이 약 3개월 동안 일본 조야를 둘러보고 돌아온다. 이때 홍영식은 새로운 여러 가지 문물 가운데 특히 우편제도에 깊은 감명을 받고, 우편이야말로 우리나라 개화에 가장 시급한 제도라는 것을 깨닫는다. 나중에 초대 인천 우체국장(당시는 우정분국장)을 지낸 월남 이상재도 일본 신식 우편제도의 직제와 운용방법 등을 정리해 보고했으며, 홍영식 등은 국왕에게 우편제도를 실시할 것을 강력하게 건의했다. 드디어 1884년(고종 21년) 4월 22일 국왕 칙명으로 우정총국을 개설한다.[6]

국왕의 전교 내용은 "각국과 통상한 이래 내외의 관계와 교섭이 날로 증가하고 관청(官)과 상인(商)의 신식(信息)이 따라서 번잡하여지니(경제 및 사회 환경의 변화 언급) 진실로 그 뜻을 속히 체전(遞傳)하지 않으면 서로 연락하고 멀고 가까운 곳이 일체로 될 수 없다(우편의 필요성 언급). 이에 명령하나니 우정총국을 설립(대응방안 제시), 각 항구에 왕래하는 신서를 맡아 전하고 내지(內地)우편도 또한 점차 확장하여 공공의 이익을 거두도록 하라(기대 설립효과). 병조참판 홍영식을 우정총판으로 임명하여 우정총국을 판리(辦理)하게 할 것을 분부한다" 는 것이었다.[7]

이러한 공공의 이익을 위하여 설립된 우정총국은 갑신정변의 정치적 소용돌이에 휘말려 그해 말에 폐지되지만, 그 필요성은 없어지지 않

6. 이와 관련된 내용은 승정원 일기에 기록되어 있으며, 이 국왕 전교가 있었던 날을 우리나라 우편사업의 시초로 보고 1956년부터 4월 22일을 '체신의 날' 로 제정했으며, 이후 '정보통신의 날' 로 개칭되었다.

7. 『한국우정사 I』, 체신부, 1970.

아 1893년 전우총국이 설치되고 그 산하에 우신총국과 전보총국을 두었으며, 우신총국 밑에는 다시 국내우편을 담당하는 내체우신과 국제우편을 담당하는 외체우신을 두어 업무를 분장하였다. 그러나 또다시 동학농민 운동의 봉기와 청일 전쟁의 여파로 우리나라의 우편사업은 사실상 전면적인 중단 사태를 겪게 되며, 전우총국 또한 1894년 공무아문의 전신국과 역체국으로 분리되었으며, 이후 농공상부 통신국에 이어 통신원 등의 이름으로 명맥을 이어 갔다. 이러한 와중에 1897년 미국 워싱턴에서 개최된 제5차 만국우편연합(Universal Postal Union ; UPU)에 가입신청을 하여 1900년 1월 1일에는 정식 회원국이 되는 등 국제적으로 근대 우편의 일원으로 발돋움하게 되지만[8] 일제의 침략과 함께 1905년 일본에 통신 주권을 빼앗기게 된다.[9]

1945년 광복을 맞이하면서 우리나라 통신의 총괄기관인 체신부가 1948년 정부 수립과 동시에 설치되었고 1960년 우편법 및 우편물 운송법이 제정됨으로써 독점적 유보영역이 확보된 법령에 근거한 우편서비스가 명실상부하게 제공되었으며, 2011년 보편적 우편역무 개념에 근거하여 우편사업에 대한 보편적 서비스 의무가 부과되면서[10] 우편사업

---

8. UPU 회원권은 1922년 일본에 의해 박탈당하였다가 1949년 대한민국 명칭으로 회원국 지위를 다시 회복하였다.
9. 1905년 한일통신기관협정의 강제 체결로 통신권이 박탈됨. 그 핵심 내용을 보면, 한국 정부는 국내에 있는 우편, 전신, 전화 사업의 (궁 내부에 전속된 전화를 제외) 관리를 일본 정부에 위탁하고(제1조), 우편, 전신, 전화와 관련해 이전에 한국 정부가 외국 정부와 협정한 사항에 대해서는 일본 정부가 대신하여 그 권리를 행사, 의무를 이행함(제7조).
10. 보편적 우편역무 개념에 근거하여 우편사업에 보편적 서비스 제공 의무를 부과한 것은 2011년 12월의 우편법 제14조 전문 개정을 통해서이다. 그러나 우편사업이 보편적 서

에 대한 경영체계가 완성되어 오늘날의 우정사업본부에까지 이르게 되었다. 오늘날 우정사업본부의 운영실태를 보면 2021년 말 기준 전국 3,388개 우체국에서 43,277명의 종사원이 연간 29.4억 통의 우편물을 처리하고 있다.

비스 제공 의무를 지고 있음은 1997년의 우편법 개정에서 '주무 부처 장관이 전국에 걸쳐 효율적인 우편송달에 관한 체계적인 조직을 갖추어 모든 국민에게 공평하게 기본 우편역무를 제공해야 한다'는 규정을 삽입함으로써 이미 천명된 바 있다.

02

우체국 예금 및 보험 사업이란 무엇인가?

1. 우체국 예금 및 보험 사업 개요

우체국 예금 및 보험 사업은 국가에서 운영하는 국영금융이다. 국가가 예금 및 보험 사업을 운영하는 이유는 우체국 예금 및 보험에 관한 법률에 잘 나타나 있다. 즉, "우체국 예금 및 보험 사업은 금융의 대중화를 통하여 국민의 저축 의욕을 북돋우고, 보험의 보편화를 통하여 재해의 위험에 공동으로 대처하게 함으로써 국민 경제생활의 안정과 공공복리의 증진에 이바지함을 목적으로 한다"는 것이다.[1] 따라서 국가는 이러한 목적을 달성하기 위하여 우체국 예금(이자 포함)과 우체국 보험 계약에 따른 보험금 등의 지급을 책임지고 있다.[2]

가. 우체국 예금사업

우체국 예금은 농어촌, 도서 · 벽지 등 금융 소외 지역민은 물론, 도시 서민을 중심으로 금융서비스를 제공하는 대표 국영금융으로서 요구불 및 저축성 예금 상품을 제공하고 있다. 일반적으로 은행과 같은 금융

---

1. 우체국 예금 · 보험에 관한 법률 제1조(목적)
   이 법은 체신관서(체신관서)로 하여금 간편하고 신용 있는 예금 · 보험 사업을 운영하게 함으로써 금융의 대중화를 통하여 국민의 저축의욕을 북돋우고, 보험의 보편화를 통하여 재해의 위험에 공동으로 대처하게 함으로써 국민 경제생활의 안정과 공공복리의 증진에 이바지함을 목적으로 한다.
2. 우체국 예금 · 보험에 관한 법률 제4조(목적)
   국가는 우체국 예금(이자를 포함한다)과 우체국 보험 계약에 따른 보험금 등의 지급을 책임진다.

기관을 운영하는 기본 틀은 예금 등의 수단을 통해 자금을 조성하고, 대출 등의 수단을 통해 조성된 자금을 운용하여 그 운용 수익으로 예금에 대한 이자를 지불하고 남는 금액으로 금융기관 운영에 따른 제반 영업비를 충당하는 것이다. 그러나 우체국 예금의 경우에는 예금을 통하여 조성한 자금을 다른 금융기관 및 재정자금에 예탁하거나 증권의 매매 및 대여, 자금중개회사를 통한 금융기관에 대여, 파생상품의 거래, 부동산의 취득 · 처분 및 임대 등을 통해 운용할 수 있으며, 일반 상업은행들과는 달리 대출상품으로 운용할 수는 없다.[3] 이러한 관점에서 우체국 예금의 성격을 보면 대출을 통한 통화 창출 기능이 없는 저축기관의 일종이라 할 수 있다.

---

3. 우체국 예금 · 보험에 관한 법률 제18조(예금자금의 운용)

① 과학기술정보통신부장관은 예금(이자를 포함한다)의 지급에 지장이 없는 범위에서 예금자금을 다음 각 호의 방법으로 운용한다.

1. 금융기관에 예탁(預託)
2. 재정자금에 예탁
3. 「자본시장과 금융투자업에 관한 법률」에 따른 증권의 매매 및 대여
4. 「자본시장과 금융투자업에 관한 법률」 제355조에 따른 자금중개회사를 통한 금융기관에 대여
5. 「자본시장과 금융투자업에 관한 법률」 제5조에 따른 파생상품의 거래
6. 대통령령으로 정하는 업무용 부동산의 취득 · 처분 및 임대

② 제1항 제3호에 따른 증권의 매입, 같은 항 제4호에 따른 금융기관에의 대여, 같은 항 제5호에 따른 파생상품 거래의 각 총액이 예금자금에서 차지하는 비율과 같은 항 제6호에 따른 업무용 부동산의 보유한도는 예금의 안정을 해치지 아니하는 범위에서 과학기술정보통신부령으로 정한다.

③ 과학기술정보통신부장관은 제1항에 따른 자금의 운용으로 생긴 수입금으로 이자를 지급하고 그 밖에 필요한 비용에 충당할 수 있다.

나. 우체국 보험사업

우체국 보험사업은 소액보험(생명, 신체 상해, 연금) 상품을 개발, 판매하는 사업으로 무진단으로 가입이 가능하고, 상품구조가 비교적 간단하여 서민층이 간편하게 가입할 수 있는 것이 특징이다. 우체국 보험의 종류로는 보장성보험, 저축성보험, 연금보험 등의 상품이 있으며, 각 종류별로 계약보험금 한도액이 설정되어 있다. 보장성보험의 경우는 피보험자 1인당 4,000만 원, 연금보험의 경우도 1인당 연간 900만 원 이하로 하도록 되어 있다.[4]

---

4. 우체국 예금 · 보험에 관한 법률 시행 규칙

제35조(보험의 종류)

① 법 제28조에 따른 보험의 종류는 다음 각 호와 같다.

1. 보장성보험 : 생존 시 지급되는 보험금의 합계액이 이미 납입한 보험료를 초과하지 아니하는 보험
2. 저축성보험 : 생존 시 지급되는 보험금의 합계액이 이미 납입한 보험료를 초과하는 보험
3. 연금보험 : 일정 연령 이후에 생존하는 경우 연금의 지급을 주된 보장으로 하는 보험

제36조(계약보험금 및 보험료의 한도)

① 법 제28조에 따른 계약보험금 한도액은 보험종류별(제35조 제1항 제3호의 연금보험은 제외한다)로 피보험자(被保險者) 1인당 4천만 원(제35조 제1항 제1호의 보장성보험 중 우체국 보험 사업을 관장하는 기관의 장이 「국가공무원법」 제52조에 따라 그 소속 공무원의 후생 · 복지를 위하여 실시하는 단체보험상품의 경우에는 2억 원으로 한다)으로 하되, 보험종류별 계약보험금한도액은 우정사업본부장이 정한다.

② 제35조 제1항 제3호의 연금보험(「소득세법 시행령」 제40조의 2 제2항 제1호에 따른 연금저축계좌에 해당하는 보험은 제외한다)의 최초 연금액은 피보험자 1인당 1년에 900만 원 이하로 한다.

③ 제35조 제1항 제3호의 연금보험 중 「소득세법 시행령」 제40조의 2 제2항 제1호에 따른 연금저축계좌에 해당하는 보험의 보험료 납입금액은 피보험자 1인당 연간 900만 원 이하로 한다.

2. 우체국 예금 및 보험 사업의 시작

우체국에서 금융사업을 취급해야 하는가 아닌가의 여부는 그 나라의 사회, 경제적 기반 형성 과정과 연결되어 있다. 전국적인 저축기관의 필요성이 높았던 한국, 일본, 중국이나 유럽의 일부 나라의 경우엔 우체국 금융이 크게 발달을 한 반면, 미국처럼 사회 형성 초기부터 사적 금융기관이 설립되어 금융서비스를 담당해 왔던 나라들은 우체국에서 금융업무를 취급해야 할 필요성이 없었다.

우리나라의 경우 우체국 예금 관련 사업은 1905년 우편환 및 우편저금 업무가 최초로 시행되었고, 우체국 보험 업무는 1929년 최초로 시행되었다. 그러나 1977년 체신 예금 및 보험 업무 모두 농협으로 이관되었다가 1983년 다시 시행되었는데, 그 이유는 첫째, 체신 예금 및 보험 업무를 통한 보편적 금융서비스 제공의 필요성[5], 둘째, 한국전기통신공사가 정부(체신부)로부터 분리된 이후의 유휴시설 및 인력 활용, 셋째, 증가하는 우편사업 누적적자를 완화시키기 위한 범위의 경제를 추구 등이었다.[6] 이후 1995년 우체국 금융 전산망이 은행전산망과 연결됨에 따라 우체국 금융도 한국은행 금융망에 연결되어 통합 금융결제시스템에 합류하게 되었다. 오늘날의 우체국 예금 및 보험 사업의 운영규모를 보면, 2021년 말 현재 예금 수신고는 79.5조 원으로 예금은행

5. 실질적인 내면을 보면 농촌지역 서민금융시장에서 농협의 독점적 지위에 따르는 부작용을 방지하자는 것이었다.

6. 1982년 12월 체신예금 · 보험에 관한 법률이 공포되고 1983년 1월 체신예금이 시행됨.

원화예금 총수신 대비 수신고 점유율 4.3%,[7] 보험자산은 63.5조 원 수준으로 시장점유율 6.4%[8]를 점하고 있는 수준이다.

가. 우체국에서 금융사업은 왜 하는가?

금융시장(financial market)이란 자금의 공급자와 수요자를 연결시켜 주기 위해 존재하며, 그 역할은 공급자로부터 수요자에게 자금이 가장 효율적으로 흘러가게끔 하는 것이다. 금융시장은 다양한 종류의 금융상품들의 거래가 원활히 이루어지도록 하는 금융기관들과 절차들로 구성되어 있으며, 이 중 금융기관은 금융시장에서 자금의 수요자와 공급자를 연결시켜주는 중개자(financial intermediaries) 역할을 하는 것으로 볼 수 있다. 우체국에서 참여하고 있는 금융사업도 금융기관의 일종인 저축기관 또는 보험기관으로서 각자 자기 기관의 성격에 맞는 상품을 통하여 자금시장의 효율화에 기여하고 있는 것이다.

이러한 금융사업을 국가기관인 우체국에서 왜 해야 하는가 하는 문제는 오랫동안 많은 이해관계자들 사이에서 논쟁의 대상이 되어 왔다. 물론 각 이해관계자들이 처한 입장에 따라 여러 가지 견해가 있을 수 있겠지만 이 논쟁의 가장 핵심적인 관점은 자주 논쟁거리가 되고 있는 국영이냐 아니냐 하는 운영 주체가 아니라, 시장 전체적으로 금융서비스가 얼마나 더 효율적으로 제공될 수 있느냐 하는 구조적 효율성이 중요

7. 2021년 말 예금은행 총 수신(말잔, 원화예금) 1,869조 원, 한국은행 경제통계 시스템.
8. 2021년 말 생명보험 총자산 992.4조 원, 생명보험협회.

한 판단기준이 되어야 한다는 것이다. 왜냐하면 금융기관의 가장 기본적인 역할이 금융시장 전체에서 자금이 효율적으로 흐르도록 도와주는 것이기 때문이다. 자금의 흐름에는 대동맥과 같은 큰 흐름이 있는가 하면 실핏줄과 같은 작은 흐름도 있으며, 이 두 가지 흐름이 모두 잘 작동이 되어야만 건강한 금융시장이 성립될 수 있는 것이다. 특수은행 및 시중은행과 같은 금융기관들은 주로 대규모 자금 흐름을 담당하고 있다고 본다면, 우체국의 금융시장 참여는 널리 퍼져있는 실핏줄 같은 소규모 자금흐름이 효율적으로 이루어지도록 하는 데 기여함으로써 금융시장 전체의 건전성을 유지하고 궁극적으로는 국민 경제생활의 안정과 공공복리의 증진에 이바지하고자 하는 것으로 볼 수 있다.

이러한 우체국 금융의 역할은 우체국 예금 및 보험 사업이 어느 산업으로 분류되고 있는가를 보면 보다 더 명확해진다. 우체국 예금 및 보험 사업을 한국표준산업분류표에서 보면 대분류로는 모두 금융 및 보험업(K)에 속하지만 우체국 예금은 금융업(중분류 번호 64) 중 은행 및 저축기관(소분류 번호 641)의 일부인 기타저축기관(세분류 번호 6413)에 속하며, 우체국 보험은 보험 및 연금업(중분류 번호 65) 중 보험업(소분류 번호 651)의 일부인 생명보험업(세분류 번호 6511)에 속한다. 이와 같은 분류가 의미하는 바는 우체국 예금사업은 크게 보면 은행 및 저축기관들과 금융시장에서 수신 경쟁을 하고 있지만 주로 예금을 통한 저축 상품에 주안점을 두고 있으며, 우체국 보험사업은 크게 보면 생명보험 회사들과 보험판매 시장에서 경쟁하고 있지만 주로 소액보험 위주의 상품을 판매하고 있어 시중은행 및 생명보험 회사들과 경쟁적 보완관계에 있다고 볼 수 있다. 즉, 우체국 예금 및 보험 사업의 경쟁 상황이나 경영 여건 등을 보면, 동일 산업에 속한 회사들과 기본적으로 비슷한 외부환경 내지는 생태계 속에서 각자가 가지고 있는 서로 다른 내적 역량을 이용하여 상호작용을 하면서 경쟁과 협력을 해나가고 있는 것이다. 다만, 우체국의 경우 주된 역할이 전체 금융 시스템 내에서 소규모 자금흐름이 원활히 이루어지도록 하는 데 있다는 것이 다른 점이다.

이러한 관점에서 우체국 금융이 지금까지 수행해 왔던 긍정적인 역할을 보면 민간 금융기관의 구조조정으로 수익성이 낮은 지역의 지점이 폐쇄 또는 축소되고 있는 상황에서 도시 지역에 비해 상대적으로 금융혜택이 저조한 농촌 및 도서 지역 서민 계층을 대상으로 보편적 금융서비스를 제공해 왔다는 것이다. 〈표 2-1〉에서 우체국 금융의 점포망을 보면 군 단위 이하의 점포 비중이 일반 금융기관이 9.6%인 데 반해 우체국은 53.8%에 이르고 있으나 군 단위 이하의 수신고는 도시 지역의

표 2-1 **지역별 금융기관 분포 현황**(2021년도 12월 기준)

구분	일반 금융기관 비중(%)	우체국	
		점포 수 비중(%)	2021년 12월 평잔(억 원)
도시 지역	90.4	46.2	628,486
군 단위 이하 지역	9.6	53.8	155,795

* 일반 금융기관 비중은 2021년 6월 말 기준(전국은행연합회)

표 2-2 **직원 1인당 예수금**(2020년도 기준, 백만 원)

	우체국	농/수협	시중은행	지방은행
1인당 예수금	17,563	18,160	21,639	13,940

* 시중은행 : 국민, 신한, 우리, 하나은행. 지방은행 : 경남, 광주, 대구, 부산, 전북, 제주은행. 우체국은 예금 종사원 기준

24.8% 정도에 그치고 있다. 그러나 〈표 2-2〉에서 직원 1인당 예수금을 보면 우체국은 도시 지역 위주로 영업하는 시중은행보다는 낮지만 지방은행보다는 높으며 농/수협과 비슷한 수준을 보이고 있다. 우체국 보험도 가입 한도액이 4천만 원 이하인 소액보험이며 진단 없이 가입할 수 있는 무진단 보험으로 상대적으로 저렴한 보험료로 농어촌 및 도시 서민의 사회안전망 역할을 수행하고 있는 실정이다.

그럼에도 불구하고 이러한 우체국 금융은 경쟁 상대인 민간 금융기관으로부터 몇 가지 부분에서 비판을 받고 있으며, 그중 가장 핵심적인 부분은 시장 중복과 불공정 이슈라 볼 수 있다. 첫째로 시장 중복 문제는 우체국 금융의 보편적 서비스 기능이 단위농협, 신협, 상호저축은행 등과 중복되며, 이들 기관과의 시장 경쟁이 민간 금융기관의 부실화를 초래할 수도 있다는 것이다. 그러나 이와 같은 주장을 금융기관 입장이 아니라 시장이나 금융 소비자 입장에서 보면 우체국 금융은 농어촌 지역에서 단위농협, 신협, 새마을금고 등과 함께 금융서비스를 경쟁적으로 제공함으로써 특정 금융기관의 독점체제 형성을 방지하고 적절한 협력적 경쟁을 통하여 농어촌 지역의 건전한 금융시장 형성에도 일정 부분 기여하고 있다고 볼 수도 있다. 어느 주장이 더 합리적인 것인지는 경쟁의 결과 나타나는 시장 상황에 따라 달라질 수 있겠지만 지금까지 전개된 상황을 보면 우체국 금융은 국가 금융 인프라를 효율적으로 이용함으로써 상대적으로 낮게 유지되는 수익성, 타 금융기관과의 다양한 업무제휴 등을 통하여 금융의 사회적 비용의 절감을 성공적으로 추구해 왔다고 볼 수 있다.

둘째로는 우체국 금융은 정부기관으로서 예금 전액보호, 법인세 면제, 예보료 미납부 등 유리한 입장에서 민간 금융기관과 불공정 경쟁을 하고 있다는 것이다. 모든 금융사업자는 일차적으로 자신의 고객에 대해 전액 지급책임을 지는 것이 원칙이나 금융사업자가 지급 불능에 빠질 경우, 예금자는 이차적으로 예금보험제도를 통하여 보장을 받을 수 있으며, 그래도 변제되지 않는 부분은 부실화된 금융사업자가 다른 금융기관으로 인수합병되지 않는 이상 지급불능 상태로 남을 수밖에 없다. 그러나 우체국 금융에 대한 국가의 지급 보장 문제를 살펴보면, 우체국 금융은 사업 주체가 국가임에도 불구하고 국가가 지급 보장을 하지 않는다는 것은 자신의 고객에 대해 사업 주체가 일차적인 책임도 지지 않는다는 것으로 논리적으로 성립하지 않기 때문에 국가가 지급을 보장하는 것은 당연한 귀결이라 하겠다. 법인세나 예보료 미납부 등의 문제도 이와 연관된 문제로 보이지만, 이 경우에는 우체국 예금 특별회계로부터 일반회계로의 전출금 제도로 보완되고 있다고 봐도 무방할 것이다.

우체국 금융의 사업 주체가 국가임으로 인해 받는 영향으로는 긍정적인 것만 있는 것이 아니라 부정적인 면도 있다. 금융기관 경영에 영향을 미치는 부정적인 측면 중 가장 대표적인 것을 들자면, 우체국 예금의 경우 민간 금융기관의 가장 중요한 자금 운용 수단인 대출 기능을 가지고 있지 못하다는 것이며, 우체국 보험의 경우 민영보험회사와는 달리 보험가입 한도액이 4천만 원으로 제한되어 있다는 것이다. 이와 같은 장단점은 모두 국영 금융으로서의 성격에 기인하는 것으로 이 문제를 근본적으로 해결하려 한다면, 그 방향은 우체국 금융의 경영체제를 결정하는 문제와 연관될 수밖에는 없을 것이다. 즉, 국가 경영체제로 할 것인가 또는 민간 경영체제로 할 것인가의 문제이며, 이는 단지 예금 보장의 문제를 떠나 금융시장 전체의 건전성 유지 차원에서 따져봐야 할 것으로 보인다.

03

보편적 우편서비스와 우편사업의 공익성이란 무엇인가?

1. 보편적 우편서비스란 무엇인가?

우편사업이 공익적 성격을 띠고 있다고 하는 의미는 우편서비스가 공공의 이익을 도모한다는 성격을 지니고 있다는 것이고 이러한 공익성이 현실적으로 실행되기 위해서는 우편서비스가 모든 국민들에게 보편적으로 이용될 수 있어야 한다는 것이며, 이를 좀 더 구체적으로 개념화한 것이 보편적 우편서비스라 할 수 있다. 그러나 보편적 우편서비스가 개념적으로 널리 통용되어 쓰이고 있긴 하지만 통일적으로 적용되는 구체적인 정의(definition)는 없다고 볼 수 있다. 따라서 무엇을 보편적 우편서비스라고 하는지를 알아보기 위해서는 우편 제도가 어떤 역사적 배경에 바탕을 두고 발전되어 왔는지를 살펴보아야 한다.

가장 먼저 우편이 도입된 영국에서 우편 제도가 정착되어 가는 과정에서 우편서비스가 보편적으로 광범위하게 이용되어야 할 당위성이 대두되었으며, 이를 실현하기 위해서 수용할 수 있는 수준의 요금, 즉 수용 가능성(affordability)과 서비스에 대한 접근 가능성(accessibility)이 우편서비스 제공의 가장 기본이 되는 개념적 구성 요소로 제시되었다.[1]

수용 가능성은 우편서비스가 공공재(public good)라는 입장에서 누구나 우편서비스를 이용하는 데 지장이 없도록, 사회적 약자도 감당할 수 있을 정도로 요금이 비싸지 않아야 한다는 것이며, 이는 결국 국가적

---

1. Rawnsley & Lazar, "Managing the universal service obligation", *Emerging competition in postal and delivery services*, Ch. 12, Springer Service+Business Media, 1999.

으로도 통상을 증진시키는 데 도움이 된다는 것이다. 요금이 너무 비싸서 경제적으로 일반인들이 이용할 수 없다면 널리 이용되어야 한다는 우편 제도의 본래 취지는 사라지게 되는 것이므로 수용 가능성은 보편적 서비스 의무를 구성하는 요소 가운데 항상 첫 번째로 언급되고 있다.

다음으로, 접근 가능성은 언제 어디서나 우편물을 보내고 받고 할 수 있는 가능성을 말한다. 주거지가 비교적 밀집되어 있던 영국 국내에서는 우편 시스템에 대한 접근에 큰 무리가 없었으나, 넓은 면적의 식민지인 미국의 시골 지역에서는 우편 시스템에 대한 접근이 어려워 우편서비스의 보편적 이용에 문제가 발생하였다. 이와 같은 어려움을 겪으면서 우편 시스템에 대한 접근 가능성 또한 우편서비스를 보편적으로 이용하기 위해 충족되어야 하는 중요한 요소로 대두되었다.

이후 사회 경제적으로나 개인적으로도 상호 소통에 대한 요구가 늘어남에 따라 수용 가능성이나 접근 가능성은 누구나 인정할 수 있는 보편적 서비스의 기본 개념으로 정착되어 왔다. 오늘날에는 만국우편연합(UPU)에서도 "회원국은 모든 이용자 또는 고객이 자국 내 모든 지점에서 수용 가능한 가격으로 양질의 기본적 우편서비스를 영구적으로 제공받을 수 있는 보편적 우편서비스의 권리를 향유하는 것을 보장해야 한다" 고 UPU 협약(2004) 제1조에서 보편적 서비스에 관한 규정을 두고 있다.

이후 보편적 서비스에 대한 기본 개념은 우편사업 경영환경 변화 등을 감안하여 점차 확장되고 구체화되어 갔다. 가장 먼저 확장된 개념은 우편서비스 요금이 수용 가능한 수준으로 유지되기 위해서는 우편사업의 운영이 비용 효율적(efficient)이어야 한다는 것이다. 이는 보편적 우편서비스를 담당하고 있는 사업자의 경영성과 및 재무 상태가 건전하여야만 서비스의 제공이 안정적으로, 동시에 지속적으로 이루어질 수 있다는 당위성에 바탕을 두고 개념적 확장이 일어난 것으로 볼 수 있다. 나아가 비용 효율적 운영은 요금 책정과도 직접적으로 연결되기 때문에 요금에 대한 규제 등으로 한 걸음 더 구체화되어 나갔다고 볼 수 있다. 또한 접근 가능성이 유지되기 위해서는 보편적 우편서비스가 제공되는 네트워크에 대한 접속이 쉽게 이루어져야 하는데, 이를 담보하기 위해서 우체국 수, 수집 및 배달 빈도 등에 대한 규제도 점차 구체화되어 나갔다고 볼 수 있다.

또한 규제 담당자, 즉 정부 입장에서도 재무적으로 지속 가능한(financially sustainable) 보편적 우편서비스 실현을 보장해야 하는데, 이는 보편적 서비스의 제공자가 합당한 요금으로 적정한 경제적 수익률(reasonable commercial rate of return)을 올릴 수 있도록 해야 한다는 것을 의미한다. 재무적 지속 가능성은 요금 수준과 연관되어 있고, 요금 수준은 수집 구분 배달 등의 활동이 비용 효율적으로 이루어져야 한다는 효율성과 연관되어 있기 때문에 재무적 지속 가능성, 효율성, 요금 수준 등은 서로 불가분의 관계에 있다고 볼 수 있다.

이와 같은 보편적 서비스 개념이 실제적으로 구체화되고 실행되어 나가는 과정은 각 나라마다 사업 여건상의 특색 및 우편서비스에 대한 사회적 요구 등에 따라 조금씩 다르게 나타나고 있다. 영국의 경우에는 로얄 메일(Royal Mail)이 보편적 서비스 의무 담당자로 지정되어 있으며, 보편적 서비스를 구성하는 항목들을 요약해 보면 서신 및 소포 등 우편물에 대하여 주 6일 수집(collection) 및 배송(delivery), 수용할 만한 수준의 단일 요금(affordable prices at a uniform public tariff) 등의 의무가 부가되어 있다. 미국의 경우에는 보다 더 개괄적으로 지역적 범위(geographic scope), 대상 서비스(range of products), 서비스 접근성(access to services and facilities), 배달 빈도(delivery frequency), 수용 가능한 단일 요금(affordable and uniform pricing), 서비스 질(service quality), 안전성(security of the mail) 등이 광범위하게 포함되어 있다.

UPU에서도 각 나라별로 어떤 항목들이 보편적 우편서비스에 포함되고 있는지에 대해 조사한 바가 있다.[2] 2017년 현재 규제의 한 형태로서 보편적 우편서비스에 대하여 정의하고 있는 국가는 160개국으로 선진국들은 대부분 여기에 포함되어 있다. 보편적 서비스 제공 범위에 속하는 서비스 항목들에 대해서는 각 나라별 사정에 따라 〈표 3-1〉에서 보는 바와 같이 매우 다양한 분포를 보이고 있다. 대부분의 경우 통상우편물과 소포 등이 포함되며 통상우편물에는 보통 통상우편물뿐 아니라 등기, 보험 취급 등 특수 부가 취급 우편물도 모두 포함되는 경우가 많다. 그리고, 기타 서비스는 금융 및 비금융 서비스로 나눌 수 있는데 금융서비스는 주로 송금 및 간이 지급결제와 관련된 서비스 위주이고, 비금융서비스는 전보나 공익사업체를 대리해서 제공하는 서비스 등이다. 이들 기타 서비스에 대해서는 보편적 서비스에 포함시키는 경우보다 그

2. UPU, CA C 2 2018. 1-Doc 7. 조사 시기 : 2017년.

렇지 않는 경우가 더 많다.

표 3-1 **보편적 우편서비스 포함 대상 서비스 분포***

	예	아니오
서신(letter post)		
우선취급/비우선취급(priority/non-priority items)	152 (98.1)	3 (1.9)
서적, 신문, 잡지(books, newspapers and periodicals)	117 (78.0)	33 (22.0)
맹인을 위한 점자우편물 등(items for the blind)	118 (84.3)	22 (15.7)
소규모 포장물(small packets)	114 (79.7)	29 (20.3)
부가서비스(supplementary services)		
등기취급(registered)	134 (87.0)	20 (13.0)
보험취급(insured)	84 (63.2)	49 (36.8)
기록배달(recorded delivery)	59 (49.2)	61 (50.8)
특급(express)	65 (49.6)	66 (50.4)
소포(parcels)	111 (86.7)	17 (13.3)
기타 서비스(other services)		
금융서비스(financial services)		
우편 대체(postal transfers)	38 (28.6)	95 (71.4)
현금 우편환(cash postal money orders)	56 (45.2)	68 (54.8)
지불송금수표(outpayment money orders)	39 (33.1)	79 (66.9)
수취송금수표(inpayment money orders)	33 (29.2)	80 (70.8)
지로 및 저축 예금 계좌 개설 (opening of a giro account or savings account)	24 (20.7)	92 (79.3)
기타(any other services)	22 (24.4)	68 (75.6)
비금융서비스(non-financial services)		
전보(telegrams)	30 (22.4)	104 (77.6)
연금 지급(pension payments)	39 (28.5)	98 (71.5)
공공서비스 대행(services on behalf of public utilities)	39 (28.7)	97 (71.3)
기타(any other services)	15 (17.2)	72 (82.8)

* 응답 국가 수 기준, 괄호는 "예", "아니오"에 대한 백분비(%).

자료 : UPU, CA C 2 2018. 1-Doc 7.

2. 우리나라의 보편적 서비스

그럼 우리나라의 경우에 보편적 우편서비스는 어떻게 정의되고 그 범위는 어떤 것인지를 살펴보면 다음과 같다. 우선 보편적 우편서비스는 보편적 우편역무라는 이름으로 우편법 제14조 제1항에 "전국에 걸쳐 효율적인 우편 송달에 관한 체계적인 조직을 갖추어 모든 국민이 공평하게 적정한 요금으로 우편물을 보내고 받을 수 있는 기본적인 우편역무(이하 "보편적 우편역무"라 한다)를 제공하여야 한다." 라고 규정되어 있다.[3] 여기서도 우편 송달에 관한 효율성, 시스템에 대한 공평한 접근 가능성 및 적정 수준의 요금으로 인한 수용 가능성 등의 보편적 우편서비스에 대한 주요 핵심 개념들이 포함되어 있다.

이러한 보편적 우편서비스의 대상은 우편법 제14조 제2항에 규정되어 있으며, 그 내용은 2킬로그램 이하의 통상우편물, 20킬로그램 이

---

3. 우편법 제14조(보편적 우편역무의 제공)

① 과학기술정보통신부장관은 전국에 걸쳐 효율적인 우편 송달에 관한 체계적인 조직을 갖추어 모든 국민이 공평하게 적정한 요금으로 우편물을 보내고 받을 수 있는 기본적인 우편역무(이하 "보편적 우편역무"라 한다)를 제공하여야 한다.

② 제1항에 따른 보편적 우편역무의 대상은 다음 각 호와 같다.

1. 2킬로그램 이하의 통상우편물
2. 20킬로그램 이하의 소포우편물
3. 제1호 또는 제2호의 우편물의 기록 취급 등 특수취급우편물
4. 그 밖에 대통령령으로 정하는 우편물

③ 과학기술정보통신부장관은 과학기술정보통신부령으로 정하는 바에 따라 보편적 우편역무 제공에 필요한 우편물의 수집 · 배달 횟수, 우편물 송달에 걸리는 기간, 이용조건 등에 필요한 사항을 정하여 고시하여야 한다.

하의 소포우편물 및 이들 우편물의 기록 취급 등 특수취급우편물 등이다. 좀 더 구체적으로 보편적 우편서비스의 제공 기준 및 이용조건 등을 보면, 원칙적으로 1근무일에 1회 이상 우편물을 수집하고 배달하되, 수집하거나 우체국 창구에 접수한 우편물의 송달에 걸리는 기간(우편물 송달기준)은 수집이나 접수한 날의 다음 날부터 3일 이내로 한다는 것이다.[4] 물론 우체국이 보편적 우편역무만 취급하는 것은 아니며 고객의 필요에 따라 2킬로그램을 초과하는 통상우편물, 20킬로그램을 초과하는 소포우편물 및 이들 우편물의 특수취급우편물 등 보편적 우편역무 외의 우편역무, 즉 선택적 우편역무를 제공할 수 있으며(우편법 제15조 제1항) 그 종류도 다양하다.

3. 보편적 우편서비스 수정 이유 및 개편 시 고려사항

보편적 우편서비스의 제공이 실질적으로 작동하기 위해서는 한번 정해진 규정도 필요에 따라서는 수정될 필요성이 있다. 최근 들어 교통

---

4. 우편법시행규칙 제12조(보편적 우편역무의 제공기준 및 이용조건 등)
   ① 과학기술정보통신부장관은 법 제14조 제3항에 따라 보편적 우편역무의 제공을 위하여 1근무일에 1회 이상 우편물을 수집하고 배달하여야 한다. 다만, 지리, 교통, 사업 환경 등이 열악하여 부득이한 경우에는 이를 조정할 수 있다.
   ② 제1항에 따라 수집하거나 우체국 창구에 접수한 우편물의 송달에 걸리는 기간(이하 "우편물 송달기준"이라 한다)은 수집이나 접수한 날의 다음 날부터 3일 이내로 한다. 이 경우 수집이나 접수한 날이란 우편물의 수집을 관할하는 우체국장이 관할 지역의 지리, 교통상황, 우편물 처리능력 및 다른 지역의 우편물송달능력 등을 참작하여 공고한 시간 내에 우체통에 투입되거나 우체국 창구에 접수한 경우를 말한다.

과 통신의 발달 및 우편물 다량화 등으로 소형 우체국이 제공하는 우편서비스에 대한 접근 가능성의 중요도가 점차 감소하는 추세에 있는 등 보편적 서비스 영역에 대한 재검토 등이 이루어지기도 한다. UPU 설문조사에서는 보편적 우편서비스에 대한 재검토가 이루어지는 나라의 수는 33개국이고, 그 이유에 대한 답변을 〈표 3-2〉에서 보면 소비자 욕구 변화, 새로운 시장의 등장, 기술의 변화 등 세 가지가 가장 중요한 것으로 나타났다.[5] 이들 세 가지 요인들은 결국 우편서비스를 둘러싸고 있는 경영 환경의 변화요인과도 일치한다고 보여진다. 즉, 소비자의 욕구를 충족시키기 위해 기술이 발전하고, 그 기술을 바탕으로 새로운 서비스를 제공하는 비즈니스가 출현한다는 것이다. 보편적 우편서비스도 이와 같은 환경의 변화에 따라 일정 부분 수정되어야 한다는 것은 당연한 이치이다.

표 3-2 **보편적 우편서비스 수정 이유***

1	고객 요구(customer needs)	28 (84.8)
2	기술 변화(technological change)	23 (69.7)
3	시장 진화(market evolution)	25 (75.6)
4	기타(other (please specify))	7 (21.2)

* 괄호는 33개국 가운데 긍정적 응답국 비율(%).

자료 : UPU, CA C 2 2018. 1-Doc 7.

5. UPU, CA C 2 2018. 1-Doc 7. 조사 시기 : 2017년.

미국 USPS의 경우 디지털 커뮤니케이션의 증가가 우편서비스의 대안으로 등장하여 우편 물량을 잠식하고 있는 시대적 전환점에서 과연 어떤 서비스를 우체국이 의무적으로 제공해야 하는지에 대한 재검토를 위해 2014년 6가지의 원칙을 천명한 바 있다.[6] 첫째, 정책 목표를 명확히 수정하고, 이러한 목표를 달성시키는 데 필수적으로 요구되는 서비스에 보편적 서비스 의무(Universal Service Obligation ; USO)의 초점을 맞춘다는 것이다. 둘째, USO는 최저 필요 서비스 수준을 보장하는 것이기 때문에 시장에서는 일정 가격 수준 이하의 서비스에 대하여 의무를 부과한다는 것이지 가격이 비싼 선택적 서비스에 대해 의무를 부과하는 것은 아니라는 것이다. 셋째, USO는 변화하는 시장 여건에 충분히 대응할 수 있도록 유연해야 하지만 우체국도 적응할 수 있도록 수 년 정도의 지속성이 있어야 하며, 그러기 위해서는 USO의 수준 또한 최소로 유지될 필요가 있다는 것이다. 넷째, USO는 서비스를 받는 수요자 입장에서 규정되어야 하는 것이지 공급자 입장에서 어떻게 서비스가 제공되어야 하는지를 규정하는 것은 아니라는 것이다. 다섯째, USO는 수요자들이 요구하는 서비스 수준과 우체국의 재무적 지속 가능성 사이에 균형이 이루어져야 하며, 그러기 위해서는 합당한 수준의 가격으로 서비스가 제공될 필요가 있다는 것이다. 여섯째, USO 요구사항이 충족되는지를 판단하기 위해서는 의무사항이 투명하고 동시에 실행 가능하며 측정 가능해야 한다는 것이다.

---

6. Office of Inspector General, "Guiding Principles for a New Universal Service Obligation", USPS, 2014.

4. 유보 영역과 보편적 서비스

보편적 서비스 의무를 지고 있는 우편사업자가 보편적 우편서비스를 현재뿐 아니라 미래에도 지속적으로 제공하기 위한 최선의 여건은 보편적 서비스 제공으로 인한 수익이 보편적 서비스 제공을 위해 발생하는 비용을 충분히 보전할 정도로 경영성과가 나오는 것이다. 그러나

표 3-3 USO에 따르는 우편사업자의 부담 요소

우편 관련 법령 등에 규정된 공식적 의무	협의의 보편적 우편서비스 제공 의무	전국적인 우체국망 구축	▪ 최소한의 우체국, 우편 취급소, 우체통 수의 규정 ▪ 매 근무일 수집 및 배달 보장
		일정한 수준의 서비스 품질 유지	▪ 송달 기준의 설정 ▪ 송달 기준의 이행률 제시 및 감독
		이용자의 수용 가능성 보장	▪ 요금 조정의 유연성을 제한하는 강력한 요금 규제
	기타 공식적 의무 사항	문화 우편에 대한 요금 감액	▪ 신문, 정기간행물 등에 대한 요금 할인 ▪ 점자 서적에 대한 무료 서비스
공공에 의한 사업 운영에 따른 비공식적 정치적 제약	요금 조정의 유연성을 제한하는 비공식적 정치적 제한	차별적 요금 적용 제한	▪ 전국 단일 요금제의 강제 ▪ 소량 우편과 다량 우편의 요금 차별에 대한 제한
	비용을 증대시키는 비공식적 정치적 제한	▪ 노사 문제에 개재되는 정치적 압력 ▪ 우체국 폐국 과정에 개재되는 정치적 압력 ▪ 시장 여건을 반영한 급여 조정을 방해하는 정치적 압력	

자료 : 최중범, 「보편적 서비스 의무에 따른 우편사업자의 의사결정 제약」, 『우정정보』, 2011 봄. ; W. Elsenbast · F. Pieper · U. Stumpf, "Estimating the universal service burden of public postal operators", WIK discussion paper, No. 150, 1995.

일반적으로 보편적 서비스 의무가 부과되면 이를 시행해야 하는 우편사업자 입장에서는 경영상의 제약이 발생할 수밖에 없다. 이러한 경영상의 제약에 따르는 부담을 정리해 보면 〈표 3-3〉과 같이 다양하게 나타난다.

보편적 서비스 제공에 따른 우편사업자의 부담 요소로 인해 추가 비용이 발생하고, 그 결과 보편적 서비스 제공으로 인하여 실현되는 수익이 보편적 서비스 제공을 위해 발생하는 비용을 충분히 보전할 정도가 되지 못한다면 우편사업의 지속 가능성에 문제가 발생할 것이다. 이와 같은 우편사업자의 보편적 서비스 제공 의무에 따른 재정적 부담은 대부분의 나라에서 전통적으로 유보 영역에 대한 우편사업자의 배타적 독점권을 인정함으로써 해소해 왔다.

우리나라에서도 이를 위하여 우편서비스에 독점적 유보 영역을 설정하여[7] 보편적 우편서비스 유지를 위한 비용을 보전해 주는 방식을 택해 왔다. 즉, 전체 우편서비스 중 일정한 범위의 서비스에 대해서는 보편적 우편서비스를 제공하는 자에게 배타적인 독점 영역으로 인정해 주고, 해당 영역에서 발생하는 수익으로 보편적 우편서비스의 제공 및 유지에서 발생하는 비용을 부담시키는 방법이라 할 수 있는데, 우리나라

7. 제2조(경영주체와 사업의 독점 등)
   ① 우편사업은 국가가 경영하며, 과학기술정보통신부장관이 관장한다.
   ③ 제2항에도 불구하고 서신(국가기관이나 지방자치단체에서 발송하는 등기취급 서신은 제외한다)의 중량이 350그램을 넘거나 제45조의 2에 따라 서신송달업을 하는 자가 서신송달의 대가로 받는 요금이 대통령령으로 정하는 통상우편요금의 10배를 넘는 경우에는 타인을 위하여 서신을 송달하는 행위를 업으로 할 수 있다.

의 경우 서신에 대해서는 우편사업자만이 취급하도록 하는 독점적 유보 영역이 설정되어 있다. 다만 서신의 중량이 350그램을 넘거나 서신 송달의 대가로 받는 요금이 통상우편요금의 10배를 넘는 경우에는 우정사업본부 이외의 사업자도 타인을 위하여 서신을 송달하는 행위를 업으로 할 수 있게 규정되어 있다. 전체 우편물 중에서 유보 영역에 포함되는 우편물을 그림으로 도식화하면 [그림 3 - 1]과 같이 나타낼 수 있다.

그림 3-1 우편물의 구분 및 유보 영역

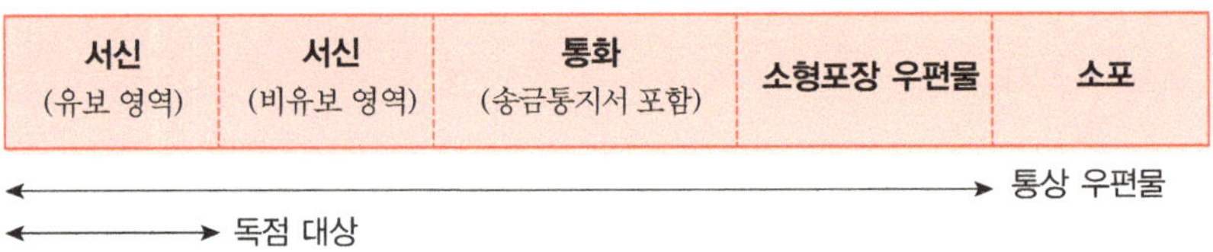

그러나 새롭게 등장한 전자화된 통신 수단이 우편을 통한 기존의 의사 소통방식을 빠르게 대체함에 따라 우편 물량의 감소폭이 점차적으로 커지고 유보 영역에서 발생하는 수익도 점차 감소하고 있어, 유보 영역의 설정을 통하여 보편적 우편서비스 비용 문제를 해결하는 방법은 현재 한계에 봉착하고 있어 더 이상 유효한 해결책이 되지 못하고 있는 실정이다. 뿐만 아니라, 최근 유럽을 위시한 많은 나라에서 유보 영역 축소 내지는 폐지를 내용으로 하는 우편시장 자유화가 진행되고 있으며, 우리나라도 이러한 추세에서 예외가 될 수는 없을 것이다. 결국, 새로운 통신 수단의 등장으로 인한 우편 물량 감소와 유보 영역에 대한 자유화의 진전은 우편사업자의 재정적 부담을 가중시켜 적자 보전에 대한 대응책이 마련되지 않으면 장기적으로 보편적 우편서비스 제공체제의 훼손을 가져올 수도 있을 것으로 전망된다.

5. 보편적 서비스 적자 보전

독점적 유보 영역의 설정으로도 보편적 서비스 제공에 따르는 비용을 충당하지 못할 경우에는 우정사업 내부 또는 외부로부터의 보전 등을 고려해 볼 수 있다. 이를 위해서는 우선 보편적 서비스 제공 의무로부터 발생하는 비용이 얼마인지를 추정해 내어야 한다. 우편시장의 자유화에 대응하여 1990년대 이후 제안되기 시작한 USO 비용 추정 방식은 〈표 3-4〉에 요약 · 정리된 바와 같이 1990년대 초반 제안된 순회피원가 방식(Net Avoidable Cost Approach), 1990년대 후반 제안된 진입가격설정 방식(Entry Pricing Approach), 그리고 2000년 이후 주목받고 있는 수익성 방식(Profitability Cost Approach) 등 3가지가 있다.

표 3-4 보편적 서비스 유지비용 추정 방식

	순회피원가 방식	진입가격설정 방식	수익성 방식
보편적 서비스 의무에 따른 비용	▪ 우편시장을 구성하는 세그먼트 가운데 비용이 수익을 초과하는 세그먼트의 적자 합산액으로 적자 세그먼트의 중단으로 회피할 수 있는 손실	▪ 우편시장이 자유화되어 흑자 세그먼트에 신규 사업자가 진입함으로써 상실하게 되는 이익	▪ 보편적 서비스 의무가 폐지될 경우 이익을 추구하는 우편사업자가 취할 사업전략에 관한 시나리오(참조 시나리오)에 따른 사업 운영과 보편적 서비스 의무가 부과되어 있는 상태에서의 사업 운영 간의 이익 차액

적용 절차	▪ 우편시장을 복수의 세그먼트로 구분 ▪ 적자 세그먼트 식별, 적자 세그먼트 손실액 합산	▪ 우편시장을 복수의 세그먼트로 구분 ▪ 흑자 세그먼트 식별, 자유화에 따른 흑자 세그먼트의 신규 진입에 따른 이익 감소액 합산	▪ 보편적 서비스 의무 폐지 시 우편서비스는 어떻게 변화하는가를 고려하여 참조 시나리오 작성 ▪ 보편적 서비스 의무로 인한 증분 비용과 증분 수익 산출
강점	▪ 추정 결과에 대한 직관적 이해가 가능하고 상대적으로 용이한 적용 가능성	▪ 자유화 등 시장 상황의 변화 고려	▪ 보편적 서비스 의무가 없는 경우와 있는 경우의 우편사업자 이익 차이는 EU가 정의한 개념에 충실
약점	▪ 특정 세그먼트의 서비스 중단에 따라 흑자 세그먼트에서 발생하는 수요 변동은 무시 ▪ 자유화 등 시장상황 미고려 ▪ 세그먼트 세분 정도에 따른 결과의 가변성	▪ 추정 결과가 보편적 서비스 유지비용인지 독점의 가치인지 구분이 어려움 ▪ 실현되지 않은 자유화의 효과 추정이 요구되는 데 따른 적용상 난점	▪ 참조 시나리오 작성에 따른 적용상 난점 ▪ 참조 시나리오에 대한 이해관계자 합의 도출의 어려움으로 인한 작성 및 적용상의 난점

주 : 세그먼트(segments) : 전체 시장을 수요의 특성상 상호 유사한 성격을 지닌 몇 개의 시장(세그먼트)으로 분할한 세분시장.

자료 : 정진하 · 최중범 · 이영종, "보편적 우편서비스 유지비용 추정 및 제도 정비 방안", KISDI(정보통신정책연구원) 정책연구 10-45, 2010.

순회피원가 방식은 우편시장을 여러 개의 작은 세분시장(세그먼트)으로 나누고, 각각의 세그먼트 가운데 비용이 수익을 초과하는 세그먼트의 적자를 보편적 서비스 의무가 없었다면 회피할 수 있었던 비용으로 간주하고, 이를 합산해 나감으로써 보편적 서비스 의무에 따른 비용을 추정한다. 이 방식은 보편적 서비스 의무가 없다면 우편사업자는 적자 세그먼트의 서비스를 중단한다고 가정한다. 따라서 이 경우 보편적 서비스 의무에 따른 비용은 모든 적자 세그먼트에서 서비스를 중단하는 경우 기대할 수 있는 이익의 증가(손실의 감소)로 정의된다. 이러한 순회피원가 방식의 한계점을 보면, 첫째로 우편사업자가 제공하는 전체 서비스 가운데 특정 세그먼트를 다른 세그먼트에 아무 영향을 미치지 않고 중단할 수 있다는 비현실적인 가정에 근거하고 있다는 점이다. 둘째로 보편적 서비스 의무 수행에 따른 비용 추정이 현재 시장 상황의 유지를 전제함으로써 우편시장의 자유화 등을 고려하지 않고 있다는 점이며, 셋째로 세그먼트의 세분 정도에 따라 추정된 보편적 서비스 의무에 따른 비용 규모가 달라질 수 있다는 점 등이다. 그러나 이와 같은 한계에도 불구하고 순회피원가 방식의 유용성은 추정 결과에 대한 직관적인 이해가 가능하고 적용이 상대적으로 용이하다는 점으로 볼 수 있다.

진입가격설정 방식은 유보 영역에 대한 독점이 폐지된다면 흑자를 시현하고 있는 세그먼트에 경쟁 사업자가 진입하고, 그 결과 보편적 서비스를 제공하는 우편사업자의 수익(매출) 중 일정 부분이 감소할 것이라고 가정하고 있다. 이 방식에 따르면 보편적 서비스 의무 수행에 따른 비용도 시장의 경쟁구도 및 규제 환경 변화의 시나리오에 따라 가변적임을 의미한다. 이러한 진입가격설정 방식의 한계점을 보면, 첫째 이 방식이 독점 시장 개방에 따른 우편사업자의 이익 감소에 초점을 맞추고 있다는 점에서 추정 결과가 보편적 서비스 의무 수행에 따른 비용이라기보다는 유보영역 독점에 대한 가치 측정이라는 성격이 크다. 둘째, 현재 실현되지 않고 있는 자유화의 효과 추정이 요구되므로 다른 방식에 비해 상대적으로 적용이 어렵다. 셋째, 세그먼트를 어떻게 세분하는가에 따라 추정된 보편적 서비스 비용의 크기가 달라질 수 있다는 점은 순회피원가 방식의 한계점과 같다.

수익성 방식에 의하면 보편적 서비스 의무 수행에 따른 비용은 보편적 서비스 의무가 있는 경우와 없는 경우 사이에 우편사업자가 기대할 수 있는 이익의 차이로 측정된다. 따라서 수익성 방식은 보편적 서비스가 의무로 요구되지 않을 경우 우편사업자가 바꾸거나 중지시킬 보편적 서비스 요소를 식별하고, 이와 같은 조치가 우편사업자의 수지에 미치는 영향을 분석함으로써 보편적 서비스 의무 수행에 따른 비용을 추정하는 것이다. 이러한 수익성 방식의 한계점을 보면, 이 방식의 핵심은 보편적 서비스 의무가 폐지될 경우 이익을 극대화하려는 우편사업자가 어떤 수준의 서비스를 제공할지를 예상해야 하는데 이를 적용하는 데는 실질적인 어려움이 따른다. 이러한 예상은 참조 시나리오(reference scenario)를 통해 구체화되는데, 참조 시나리오의 일례로는 USO에 따라 제공되던 배달 빈도가 USO의 폐지에 따라 감소하는 경우와 같은 것이다.

이러한 보편적 서비스 유지비용 추정 방식에 따라 노르웨이(Norway Post, 2006), 덴마크(CE Copenhagen Economics, 2008), 미국(PRC Postal Regulatory Commission, 2008), 스위스(Swiss Post, 2007), 영국(Frontier Economics, 2008), 한국(KISDI, 2010) 등에서 추정한 6개 사례를 요약·정리해 보면 〈표 3-5〉와 같이 나타낼 수 있다. 가장 많이 사용된 추정 방식은 수익성 방식이며 추정 결과는 총영업비의 1.5%부터 10%에 이르기까지 다양하게 나타나고 있다.

표 3-5　　주요 추정 사례 요약

추정 배경
▪ 보편적 우편서비스 제공에 따른 우편사업자의 손실을 보상하기 위한 정보의 확보. ▪ 규제기관 입장, 사업자 입장, 이해관계자 입장에서의 추정이 가능함. ▪ 실제로 보상이 이루어진 경우는 노르웨이(보조금)의 사례가 유일
추정 방식
▪ 순회피원가 방식 : 한국 ▪ 진입가격설정 방식 : 관찰 사례가 없음 ▪ 수익성 방식 : 노르웨이, 덴마크, 미국, 스위스, 영국 ▪ 추정 방식이 순회피원가 방식에서 수익성 방식으로 이동
추정 결과
▪ 노르웨이(운영 비용의 2.3%), 덴마크(총영업비의 1.5%), 미국(총영업비의 5.5～10%), 스위스(총영업비의 3%), 영국(총영업비의 4% 이상), 한국(우편사업 총원가의 5.28%)

자료 : 정진하 · 최중범 · 이영종, "보편적 우편서비스 유지비용 추정 및 제도 정비 방안", KISDI(정보통신정책연구원) 정책연구 10-45, 2010.

표 3-6　　보편적 우편서비스 제공을 위한 자금조달　　(단위 : %)

자금조달 방법	예	아니오
1. 보편적 우편서비스 제공을 위한 자금조달 기제(funding mechanism)가 있는가?	102 (63.4)	59 (36.6)
2. 있다면, 어떤 자금조달 원천(source of funding)인가?*		
a. 정부 보조(government subsidy)	63 (61.8)	
b. 유보 영역(reserved area)	32 (31.4)	
c. 다른 수익성이 높은 부문(other more lucrative segments)	25 (24.5)	
d. 특별 기금(specially set up fund)	28 (27.5)	
e. 여타 단체들과의 원가 공유(cost sharing with local entities)	4 (3.9)	

* %는 102개의 "예" 응답 기준. 일부 항목은 중복 선택

자료 : UPU, CA C 2 2018. 1-Doc 7.

보편적 우편서비스 의무 수행에 따라 추가적인 비용이 발생하여 우편사업자의 경영수지가 악화된다면 이에 대한 보전이 필요하게 된다. 대부분의 나라들의 경우에 보편적 우편서비스 제공을 위한 자금조달 수

단을 가지고 있으며, UPU에서 조사한 자금 조달 항목을 〈표 3-6〉에서 보면 정부로부터의 보조, 유보 영역 설정, 수익성 있는 여타 부문에 의한 보전, 특수 목적의 기금 등의 순으로 나타나고 있다.[8]

우리나라의 경우를 예로 삼아 이들 자금조달 항목에 대해 살펴보면 다음과 같다. 우선 유보 영역으로부터의 자금조달은 유보 영역에 속한 우편 물량이 지속적으로 감소하고 있어 장래 해당 부문에서의 수익 증가는 어려울 것으로 보인다. 따라서 이 방법에 의한 문제 해결은 별로 기대할 바가 되지 못하고 있다. 유보 영역은 보편적 서비스 의무를 부과한 정부가 우편사업자의 보편적 서비스 제공을 위한 수익성을 담보하기 위하여 대응 법적으로 보장한 독점적 영역이기 때문에, 만약 독점적 유보 영역에서의 수익성으로 보편적 우편서비스 비용이 모두 조달된다면 추가적인 자금조달의 필요성 자체가 없어지게 될 것이다.

두 번째로, 정부로부터의 보조는 중앙 정부의 재정 사정에 따라 달라질 수도 있지만, 우편사업 적자 보전이 얼마만큼 중앙정부의 정책적 우선순위에 들어가느냐의 문제와 직결되어 있다고 봐야 할 것이다. 정부의 입장에서 보면 재정적 지원은 최후의 수단이 되어야 한다고 판단할 것이다. 따라서 정부는 재정 지원을 하기 전에 먼저 수익성 있는 여타 부문에 의한 보전, 특수 목적의 기금 등에 대한 검토뿐만 아니라 우편사업 내부의 비용 효율성을 검증하고, 요금 인상에 대한 경제적 효과 분석 등을 거친 다음, 종국에는 우편사업 자산에 대한 구조 조정까지도

8. UPU, CA C 2 2018. 1-Doc 7. 조사 시기 : 2017년.

검토하고자 할 것이다. 또한 기본적인 우편서비스가 전 국민을 대상으로 보편적으로 제공되어야 한다는 것이 의미하는 바가 기본적인 우편서비스 이용 기회가 제공된다는 것이지, 이를 이용하고 안 하고는 국민, 즉 수요자의 필요에 딸린 것으로 본다면, 세금에 의한 정부의 재정 지원은 경제적인 형평성 내지는 수익자 부담 원칙에서 또 다른 문제를 야기할 수도 있다. 즉, 정부의 재정 지원은 우편서비스를 이용하지 않는 사람으로부터 우편서비스를 이용하는 사람에게로 부(富)의 이전을 발생시킨다는 점이며 이는 바람직하지 않는 현상이라는 것이다. 따라서 정부 재정으로부터의 지원은 최후의 수단으로 남겨두는 것이 합당할 것으로 보인다.

세 번째로, 수익성 있는 여타 부문에 의한 보전을 생각해 보면 우리나라의 경우 우선적으로 우정사업 내부적으로 예금사업이나 보험사업 등에서 상호 보전하는 방법이 대두된다. 좀 더 구체적으로 보면, 우정사업의 회계는 우편사업, 우체국 예금, 우체국 보험의 세 개의 특별회계로 구성되어 있는데,[9] 보편적 우편서비스에 따른 우편사업 적자와 관련된 상호 보전은 우체국 보험 특별회계의 경우에는 사업의 특성상 법적으로

9. 제9조(회계의 구분)

① 우정사업의 회계는 우편사업특별회계, 우체국예금특별회계 및 우체국보험특별회계로 구분하며, 각 회계별 사업의 범위는 다음 각 호와 같다.

1. 우편사업특별회계 : 우편에 관한 사업과 그 부대사업
2. 우체국예금특별회계 : 우편환, 우편대체, 우체국 예금에 관한 사업과 그 부대사업
3. 우체국보험특별회계 : 우체국 보험에 관한 사업과 그 부대사업

② 제1항 제3호에 따른 우체국 보험에 관한 사업과 그 부대사업은 「우체국보험특별회계법」에 따라 별도의 회계로 운영한다.

불가능하게 되어 있는 반면, 우체국 예금 특별회계는 가능하게 되어 있다.[10] 만약 우리나라의 경우에 우체국 예금 특별회계로부터의 보전 이후에도 여전히 보편적 서비스에 따른 우편사업 적자가 충분히 보전되지 못하거나, 또는 이 방법을 계속하여 사용하기 곤란한 상황이 온다면 또 다른 방법을 추가적으로 모색할 수밖에는 없을 것이다.

마지막으로, 여타 단체들과의 원가 공유 방법은 보편적 우편서비스 제공과는 조금 다른 맥락에서 우정사업 운영에 관한 특례법에 규정되어 있다. 즉, 국가정책적으로 또는 공공목적을 위하여 폐국 및 영업 정지 대상 우체국을 운영하거나 우정서비스의 이용에 관한 요금 및 수수료를 감면하는 경우에 발생하는 비용을 국가 및 지방자치단체 등 그 비용부담의 원인을 제공한 자에게 부담하게 할 수 있는 것이다.[11] 이 경우 폐국

---

10. 제14조의 2(이익 및 손실의 처분)

① 우편사업특별회계 및 우체국예금특별회계는 「정부기업예산법」 제21조에 따라 매 회계연도의 결산 결과 이익이 생긴 경우에는 이익잉여금으로 적립하고 결손이 생긴 경우에는 이익잉여금 중에서 결손을 정리한다. 다만, 과학기술정보통신부장관은 우정사업을 효율적으로 운영하기 위하여 필요한 경우에는 다른 법률에도 불구하고 이익이 생긴 특별회계의 이익금을 다른 특별회계의 결손을 보전하기 위하여 위원회의 심의를 거쳐 전출할 수 있다.

11. **우정사업 운영에 관한 특례법 제23조(비용부담)**

과학기술정보통신부장관은 국가정책적으로 또는 공공목적을 위하여 우체국을 운영하거나 우정서비스의 이용에 관한 요금 및 수수료를 감면하는 경우에 발생하는 비용을 대통령령으로 정하는 바에 따라 국가 및 지방자치단체 등 그 비용부담의 원인을 제공한 자에게 부담하게 할 수 있다.

우정사업 운영에 관한 특례법 시행령 제22조(비용부담)

과학기술정보통신부장관은 법 제23조에 따라 국가 및 지방자치단체 등 그 비용부담의 원인을 제공한 자에게 다음 각 호의 비용을 부담하게 할 수 있다.

1. 다른 법령에 따라 또는 국가정책적으로나 공공목적으로 우편요금 및 수수료를 감면할

대상 우체국을 폐국하여도 보편적 우편서비스 제공에는 문제가 발생하지 않으나, 또 다른 목적의 국가정책이나 공익을 수행하기 위하여 우체국을 유지하는 것이기 때문에 보편적 우편서비스 의무 수행에 따르는 비용 보전과는 조금 다른 개념이다. 만약 농어촌 지역의 각 면 단위로 배치되어 있는 소규모 우체국인 관내국이 일부 폐지되더라도 보편적 서비스 제공에는 문제가 없지만 또 다른 주민 대상 서비스(보건복지부의 복지 배달, 행정안전부의 행정편의, 지자체의 주민 편익 요구 등)를 위하여 우체국의 존재가 필요하다면 이들 기관들과의 원가 공유를 할 수 있다는 것이다.

경우에 있어서의 그 감면액

2. 우정사업의 경영개선을 위한 적절한 조치를 하였음에도 불구하고 수입과 지출의 균형 확보가 곤란한 우체국을 폐지하거나 영업정지를 하여야 하는 경우로서 국가정책적으로 또는 공공목적을 위하여 그대로 둠으로써 발생하는 경영손실에 상당하는 금액

04

비즈니스 컨셉으로 본 우편사업은 어떠한가?

1. 비즈니스는 왜 존재하는가?

비즈니스란 가치 있는 재화나 용역을 생산하고 판매함으로써 수익을 올리는 활동을 의미하며 우정사업도 일종의 비즈니스로 볼 수 있다. 이러한 비즈니스가 왜 존재하는가 하는 근본적인 질문에 대한 대답은 여러 가지로 나뉘어질 수 있지만 가장 핵심적인 것은 인간 생활에 도움이 되는 가치 있는 무언가를 제공해 줄 수 있기 때문일 것이다. 이를 경제적인 용어로 표현하자면 비즈니스는 경제적 가치(economic value)를 창조한다는 것이다. 경제적 가치는 부(富, wealth)로 측정될 수 있으며, 부(富) 그 자체로는 아무런 의미가 없지만 생활 수준을 향상시키는 데 필요한 소비를 가능하게 함으로써 결과적으로 삶의 질을 높이는 데 도

그림 4-1 **비즈니스의 존재 이유**

비즈니스에 의한 가치 창출이 많으면 많을수록, 그만큼 삶의 질 향상에 기여할 수 있는 가능성도 커짐

움이 되는 것이다. [그림 4-1]에서 보는 바와 같이 1890년대의 서울이 오늘날의 서울과 같이 변하여 생활 수준과 삶의 질이 향상된 데는 수많은 요인들이 있었겠지만 가장 중요한 것 중의 하나는 비즈니스를 통해 엄청난 크기의 경제적 가치가 창출되었다는 것이라 할 수 있다.

이러한 비즈니스는 주로 기업이라는 조직에 의해 영위되며, 기업이 성공적으로 운영되기 위해서는 필연적으로 변화하는 환경에 대응하는 합리적인 경영의사결정이 요구된다. 기업의 입장에서 비즈니스는 불확실할 수밖에 없는 미래를 향하여 새로운 가치를 찾아 나서는 일종의 위험한 여행과 같은 것이라 할 수 있다. 처음 시작할 때는 성공을 바라보며 순탄할 것으로 기대를 하지만, 실제로는 예상하지 못한 변화들이 끊임없이 나타날 수 있다. 비유하자면 처음에는 파도도 없는 잔잔한 대양에 크루즈 선박으로 멋있게 항해하는 비즈니스 환경을 꿈꾸지만, 실제로는 급류에서 레프팅을 하는 것과 같이 변화무쌍한 경우을 겪어야만 할 때도 많을 것이다. 이러한 환경 변화에 대응하는 의사 결정도 신속·정확히 이루어져야 하며, 이를 소홀히 할 경우에는 일시적인 어려움이 아니라 기업의 존립 자체에도 영향을 미칠 수도 있는 것이 비즈니스 현실이다.

변화하는 환경 중에서 가장 중요하게 여겨지는 것은 기술의 진보라 할 수 있다. 흔히 이야기하는 제1, 2, 3, 4차 산업혁명이라는 것도 따지고 보면 새로운 기술을 기반으로 새로운 가치를 찾아 나가는 과정으로 볼 수 있다. 증기기관으로 대표되는 제1차 산업혁명, 전력 에너지에 기반한 대량생산으로 특징지울 수 있는 제2차 산업혁명, 컴퓨터 및 인터넷 기반의 지식을 추구하는 제3차 산업혁명, 인공지능과 빅데이터, 사물인터넷(IoT), 클라우드 등 정보기술에 바탕을 둔 제4차 산업혁명 모두 기존의 기술적 한계를 뛰어넘어 새로운 경제적 가치를 창출하는 데 획기적인 발전을 이룬 것이기 때문에 산업혁명이라 하는 것이다. 산업혁명 과정에서 경제적 가치 창출과 관련된 특징적인 사안 중 하나는 제2차 산업혁명까지는 눈에 보이는 하드웨어적 가치 위주로 창출이 이루어졌지만, 제3차 산업혁명 이후로는 하드웨어적 가치뿐만이 아니라 눈에 보이지 않는 소프트웨어적 가치 창출로 그 중심이 이동하고 있다는 점이다.

오늘날 기술의 진보와 더불어 이와 관련한 경영의사결정은 그 어느 때보다도 중요하게 대두되고 있다. 즉, 기술과 경영의 성공적인 만남은 보다 더 많은 경제적 가치 창출에 기여함으로써 경제의 성장을 유도하고 결과적으로 인간의 생활 수준을 한 걸음 더 향상시키는 것이다. 흔히 경영과 기술의 만남을 이야기할 때 많이 등장하는 이야기로 고기를 한 마리 주면 혼자서 먹을 수 있지만, 고기 잡는 기술을 알면 가족이 먹고 살 수 있다고 한다. 그리고 고기를 양식하는 기술을 알면 한 동네가 오래도록 먹고 살 수 있다는 것이다. 이 이야기가 시사하는 바는 기술 개발의 중요성과 그것이 어떻게 모두가 잘 사는 데 기여할 수 있는가를 함축적으로 대변해 준다. 기술과 관련해 또 한 가지 고려해 봐야 하는 것은 과연 어느 정도의 가치를 창출해야 그것을 새로운 기술이라 할 수 있나 하는 점이다. 기술의 발전 자체는 주로 기존의 기술을 업그레이드하거나 또는 어떤 새로운 기술을 개발해 내는 방식으로 이루어진다. 하지만 어떤 신기술은 시장에서 새로운 수요 창출로 이어지지만, 어떤 것은 시장에서 소비자들의 선택을 받지 못한다. 따라서 신기술의 경제적 성공 여부는 결국에는 시장에서 소비자들의 판단에 따라 결정된다고 보는 것이 타당할 것이다.

2. 시장수요 변화에 대한 대응은 생존의 문제 : 비즈니스는 항상 위기이다

성공하는 비즈니스의 기본 원칙 중 가장 근본적인 것은 시장의 수요 변화에 적극 적응해야 한다는 것이다. 시장 수요의 변화에 둔감해지면 결국에는 경쟁력을 잃고 시장에서 사라져 간다. 최근 들어 가장 많이 언급되는 사례는 코닥과 노키아의 시장 실패이다. 1975년 세계 최초로 디지털 카메라 기술을 개발한 코닥은 세계 1위의 점유율로 회사 수익의 70%를 차지하고 있는 아날로그 필름에 대한 미련을 버리지 못하고 디지털 카메라 출시를 머뭇거린 결과 해당 기술을 적극 채택하고 선도적으로 시장을 개척해 나간 소니, 캐논 등에게 카메라 시장을 내어주고 결국에는 기회를 상실하여 카메라 시장에서 퇴출되었다. 사진에 대한 고객의 수요가 카메라로 찍어 종이에 인화되어야 볼 수 있는 아날로그 사진 대신 추억을 쉽게 저장하여 가지고 다니면서 언제든 필요하면 볼 수 있게끔 하는 디지털 사진으로 옮겨가고 있음에도 불구하고, 자사의 주 수익원인 아날로그 필름에 대한 잠식 효과(cannibalization effect)를 겁낸 결과는 시장 퇴출로 이어졌다고 볼 수 있다.

다음으로 핸드폰 제조업체였던 노키아의 사례를 보면 시장 수요의 변화 동향을 빨리 알아차리고 이에 대응하여 경영전략을 조정해 나가는

그림 4-2 기술 발전에 따른 시장 수요의 변화와 경영의사결정(코닥 사례)

Kodak

1. 1975년 세계 최초로 디지털 카메라 기술 개발
2. 이윤이 나지 않는다며 관련 기술 포기
3. 소니, 캐논 디지털 카메라 상용화, 시장 확산
4. 코닥 뒤늦게 시장 진입, 때는 늦음
5. 가장 앞서가는 회사가 될 수 있는 기회를 상실
6. 2012년 파산신청

사진에 대한 고객의 생각 변화 :

- 단순히 카메라로 사진을 찍는 것만이 아니라
- 어떻게 쉽게 추억을 저장할 수 있는가?

것이 얼마나 중요한 것인지를 알 수 있다. 2000년대 초반까지만 해도 세계 1위의 핸드폰 제조업체인 노키아도 스마트폰 기술을 가지고 있었음에도 불구하고 디자인과 스마트폰 기술의 경시 등으로 중요한 시기에 시장 수요에 대한 흐름을 제대로 읽지 못하고 잘못된 전략을 선택함에 따라 결국 모바일 사업을 매도하고 시장에서 퇴출되었다. 다른 경쟁사들이 폴더블폰으로 디자인을 변경할 때 바 형태의 디자인을 고집하였고 애플 아이폰 등의 스마트폰이 등장할 때도 고가의 터치 스크린 스마트폰 시장을 과소 평가하여 자사의 스마트폰 부서를 기존의 피처폰 부서에 통합시켜버렸다. 구글의 안드로이드가 스마트폰 운영체제로 대세를 잡아가는 와중에도 자사의 심비안을 포기하고 MS 윈도를 채택하는 등 시장의 변화하는 수요에 제대로 대응하지 못하고 결과적으로 시장에서 퇴출되었다.

이와 같은 사례에서 보듯이 아무리 세계적으로 잘 나가는 기업이라도 시장의 수요변화에 적절히 대응하지 못하면 시장에서 퇴출되는 것이 비즈니스 세계인 것이다. 따라서 우편사업도 지금의 상태에 만족하거나 안주하지 말고 끊임없이 미래에 시장이 어떻게 바뀌어 나갈 것인지에 대한 연구 분석이 필요한 것이다. 어떤 비즈니스가 지금 실적이 좋은 것은 과거의 경영전략이 우수했기 때문이며 그러한 상태가 미래에도 지속되리라는 보장은 없다. 이러한 관점에서 본다면 비즈니스는 언제나 항상 위기 상태인 것이다.

3. 우편사업의 가치는 어디서 나오나?

우편사업은 기본적으로 우편을 통해서 사람과 사람을 연결하는 서비스이다. 그럼, 우편사업의 가치는 어디에서 나오는 걸까? 우편사업이 많은 가치를 제공하고 있다면 존재 이유가 충분하지만 그렇지 못하면 장기적으로 존립의 토대가 사라져 갈 것이다. 우편사업이 제공하는 가치를 사회 전반적 입장에서 본 것을 사회적 가치라 하는데, 이는 우편사업이 제공하는 재화와 용역이 개인 또는 사회 전체적으로 생활 수준을 향상시킬 수 있을 때 창조된다. 우편사업이 제공하는 사회적 가치는 다양한 형태로 발생할 수 있지만, 미국의 USPS를 대상으로 하여 정리한 예를 보면 [그림 4-3]과 같이 소비자 이득, 비즈니스 이득, 안전 및 보안, 환경보호, 정부 서비스 대행, 정보 교환, 사회적 연결, 시민적 자랑

그림 4-3 우편사업의 사회적 가치

소비자 이득	다른 송달업체 대비 경쟁력 있는 요금 수준으로 보편적 우편물 송달 서비스 제공
비즈니스 이득	우체국망을 통한 고객 접근 수단 및 원거리 공급망 제공, 각종 형태의 사업 지원
안전 및 보안	배달 활동을 통한 이웃 및 지역 안전 기여, 각종 재해 등 위험 대응 감시, 우편물 보안
환경보호	규모의 경제 등으로 탄소배출 감소, 라스트 마일 배달 대행으로 인한 에너지 절감
정부 서비스 대행	부재자 투표 등 선거업무 지원, 여권 등 중앙 및 지방 정부 서비스 대행 편익 제공
정보 교환	개인, 비즈니스, 공공기관 모두에게 소통 기회 제공, 신문 · 잡지 등 출판물 유통 수단
사회적 연결	서신, 각종 카드 등 개인 간 연결수단, 우편을 통한 사회적 소외자 및 지역사회 연결
시민적 자랑	공공 서비스 중 가장 높은 우편서비스 신뢰도, 우체국의 시민 관여 프로그램 수행

자료 : Prepared for Postal Regulatory Commission. Nancy Pindus · Rackel Brash · Kaitlin Franks · Elaine Morley, "A framework for considering the social value of postal services", The Urban Institute, 2010.

등 8개 분야로 나누어 제시되고 있다. 분야별로 제시된 대표적인 가치를 보면 저렴한 보편적 서비스 제공에 따른 소비자 이득, 우체국망을 통한 고객 접근 수단 제공에 따른 비즈니스 이득, 우체국 네트워크를 통한 지역사회 안전에 기여, 규모의 경제 및 라스트 마일 배달 대행으로 인한 에너지 절감, 중앙 및 지방 정부 서비스 대행, 신문 · 잡지 등 출판물 유통을 통한 정보교환, 우편을 통한 개인 간 연결 및 사회적 소외자를 포함한 지역사회 연결, 공공 서비스 중 가장 높은 신뢰도를 보이는 우편서비스에 대한 사회적 프라이드 등으로 요약될 수 있다.

이러한 사회적 가치를 가진 우편사업이 비즈니스로서 지속성을 가지려면 경제적 가치도 동시에 창출해 내어야 한다. 경제적 가치는 재화나 용역이 시장가치를 증대시킬 때 창조되는 것으로, 사회적 가치가 없는 사업은 경제적 가치도 지속적으로 창조해 내기가 어렵다. 따라서 우편의 경제적 가치 창출을 위해서는 사람들이 우편을 이용하고자 하는 수요를 발생시키는 것이 무엇보다도 중요하며, 이는 우편서비스의 이용자들이 우편서비스를 이용함으로써 얻는 편리성으로 대표되는 효용의 크기에 좌우될 것이다. 효용이 크면 클수록 이용자들이 기꺼이 지불하는 요금 수준도 높아져 우편사업을 지속적으로 유지하고 성장시키는 데 필요한 충분한 현금흐름이 창출되고 결과적으로 경제적 가치도 높아질 수 있을 것이다.

시장에서의 수요와 더불어 우편서비스의 경제적 가치를 높이는 또 다른 방법은 우편서비스를 효율적으로 제공하는 것이다. 많은 나라에서 우편서비스가 원칙적으로 효율적이어야 한다는 당위성에는 예외없이 동의하여 법적으로도 규정되어 있지만 그 개념에 대해서는 일치하지 않는다.[1] ERGP(The European Regulators Group for Postal Services)에서 조사해 정리한 바에 따르면 효율성은 생산적 효율성(Productive efficiency), 배분적 효율성(Allocative efficiency), 동태적 효율성(Dynamic efficiency), 규모적 효율성(Efficiency of scale) 등 4가지 분야로 구분할 수 있지만 우편사업에서 가장 중요하게 고려되고 있는 것은

1. "Comparative Working Methods for Considering Efficiency of Postal Operators", ERGP, 2016. ERGP는 EU의 28개 규제기관(National Regulatory Authorities ; NRAs)으로 구성된 우편서비스 관련 자문 그룹.

주어진 투입량 대비 또는 가능한 최소의 원가로 가장 많은 서비스를 생산해 내는 생산적 효율성이라는 것이다.[2] 이러한 생산적 효율성을 유지 내지는 개선시키는 데 가장 큰 장애요인으로 작용하는 것은 우편 물량의 감소와 시장에서의 여타 송달업체와의 경쟁 심화이다. 이에 대한 대응책으로 가장 많이 사용되어 왔던 것은 첫째, 원가 절감 노력이고 둘째, 기존 시설을 활용한 새로운 서비스 도입이다. 원가 절감 노력의 가장 대표적인 수단으로 언급되는 것은 기존 네트워크의 크기를 줄이고 배달을 최적화하는 것이다. 이외에도 원가 절감과 관련된 유럽 각국 우편사업자들의 활동으로 서신과 소포 배달의 통합, 유통 센터의 중앙화, 우편물 처리 과정(특히 구분 작업)의 자동화, 유연한 배달 루트 등을 들 수 있다.

우편서비스가 제공되는 핵심적인 과정을 보면 창구, 발착, 운송, 집배로 나누어 볼 수 있다. 창구에서는 우편물을 접수하는 역할을 하고, 접수된 우편물은 발송을 위해 구분되어야 한다. 구분이 이루어진 우편물은 운송을 거쳐 배달국에 도착하게 되면 다음 순서인 배달을 위해서 다시 구분되어야 한다. 따라서 발착에 있어서 가장 중요한 기능은 구분이라 할 수 있을 것이다. 구분에 있어서 중요하게 여겨지는 효율성 제고 방안은 하이테크 소프트웨어와 하드웨어의 결합으로 인한 아웃바운드 및 인바운드 우편물의 신속 정확한 처리라 할 수 있다.[3] 배달은 사람이

---

2. 배분적 효율성은 서비스 가격이 한계 원가와 같을 때, 동태적 효율성은 변화하는 시장 수요가 기술 진보와 혁신 등으로 충족될 때, 규모적 효율성은 규모의 경제로부터 기업이 충분히 이득을 볼 때 성취된다.

3. https://www.pitneybowes.com/us/shipping-and-mailing/case-studies/three-ways-to-improve-mail-center-efficiencies.htm

직접 우편물을 받을 사람에게 전달하는 마지막 과정이며, 수집은 배달과 마찬가지로 사람이 다니면서 우편물을 걷어오는 것을 의미한다. 따라서 마지막 배달 과정은 원가 부담도 가장 크고, 동시에 창출되는 부가가치도 가장 클 것으로 보인다. 다른 과정은 어느 정도 기계화, 자동화 등이 가능하지만 배달 과정은 노동력이 가장 많이 들 뿐만 아니라 기계화가 어렵다. 따라서 우편사업자 입장에서는 이 부분의 효율성에 주의력을 놓치면 안 되는 것이다. 노동력이 집중되는 수집과 배달 부분에서의 경쟁력이 있어야 시장에서 매출액 증대가 가능해지고 비용과 연관한 수익성 향상도 이룰 수 있게 된다. OECD 국가를 대상으로 서신과 소포 서비스를 중심으로 상대적 운영 효율성을 측정한 결과를 보면,[4] 각 나라마다 효율성에서 상당한 차이를 보이고 있으며, 이것이 의미하는 바는 효율성이 낮게 나타난 나라 입장에서는 비효율적인 부분에 대한 적절한 대처로 점진적인 효율성 향상을 도모할 수 있는 여지가 있다는 것이다. 따라서 우편사업에 있어서 가치창조의 핵심은 어떻게 이 가치 창출 과정을 효율적으로 관리하고 운용하느냐에 달려 있다고 하겠다.

4. Süleyman Çakir · Selçuk Perçin · Hokey Min, "Evaluating the comparative efficiency of the postal services in OECD countries using context-dependent and measure-specific data envelopment analysis", *Benchmarking : An International Journal*, Vol. 22 No. 5, 2015.

4. 재무제표적 관점에서 본 비즈니스 활동

많은 재무적 판단은 재무제표에 기반을 두는 경우가 많으며 재무제표의 작성은 일반적으로 인정된 회계원칙(Generally Accepted Accounting Principles ; GAAP)을 따른다. 회계란 기업의 사업실적에 기초를 둔 현재의 기록이라 할 수 있다. 즉, 일정 시점에서의 재무상태와 일정 기간 동안의 영업성과가 재무제표에 적정하게 표시되어 있느냐가 관건이며, 왜 재무상태가 좋은가, 또는 나쁜가, 왜 영업성과가 좋은가, 또는 나쁜가를 판단하는 것은 아니다.

재무제표는 일정 시점(예 : 2021. 12. 31.)에서의 기업의 재무상태를 나타내는 재무상태표(대차대조표)와 일정 기간 동안(예 : 2021. 1. 1부터 2021. 12. 31까지)의 영업성과를 나타내는 손익계산서가 있다. 재무상태표에서 우변은 부채와 자본으로 자금이 조달된 원천을 나타내고 좌변은

그림 4-4 재무상태표의 개념 : 일정 시점에서의 기업의 재무상태

(2021년 12월 31일)

조달된 자금이 운용된 형태를 나타낸다고 볼 수 있다. 그리고 손익계산서는 매출수익에서 비용을 뺀 영업이익을 계산하는 형태이다.

그림 4-5 손익계산서의 개념 : 일정 기간 동안의 영업 성과

(2021년 1월 1일~2021년 12월 31일)

매출액 −매출원가
매출이익 −영업비
영업이익 −이자비용
세전이익 −법인세
당기순이익

이에 비하여 재무관리란 미래에 발생할 것으로 예상되는 현금흐름에 기초를 둔 현재가치를 증대시키고자 하는 것이라 볼 수 있다. 즉, 최소한의 비용으로 자금을 조달(최적 자본 구조론)하여 최대한의 가치를 창출할 수 있도록 하는 투자의사결정(최적 자산 포트폴리오 구성)으로 기업가치를 향상시킴으로써 지속적인 성장(sustainable growth)이 가능하도록 하는 것이 관건이라 할 수 있다. 따라서 재무관리의 주요 이슈는 현재의 재무구조가 건전한가 또는 현재의 자산 구성이 회사의 제품이나 서비스의 생산을 위하여 최적 상태를 유지하고 있는가 하는 등의 문제이다. 이러한 재무적 문제의 특징을 보면 재무관리의 목표가 미래를 보고 가치를 창조하는 것이지만 미래는 본질적으로 불확실하기 때문에 당

연히 위험이 따르기 마련이며 이 위험을 어떻게 대처해 나갈 것인가 하는 문제가 아주 중요하게 떠오른다는 것이다.

다음과 같은 캐치프레이즈는[5] 재무관리의 중요성을 잘 나타내고 있다고 하겠다.

> "재무는 단순한 숫자가 아닙니다. 가치를 다루는 문제입니다. 성공 경영의 진정한 CEO 리더십은 재무리더십으로 완성됩니다. 재무를 모르고는 진정한 CEO 리더십을 발휘할 수 없습니다."
> "경영자들은 본질적으로 자기 회사에 투자하는 투자자이다. 이 좋은 실적에 이건희 회장은 왜 삼성의 위기를 말하는가? 그저 의례적인 위기 조성용인가? 삼성의 무엇이 위기인가? 이는 현재의 실적이 아니라 미래의 비전과 통합한 기업가치의 위기를 보기 때문이다. 이를 제대로 보지 못하면 경영자가 아니다."

기업은 미래의 수익률을 기대하고 자산에 대한 투자를 하는 조직이다. 예를 들어, 연구개발(R&D)에 대한 투자 결과로 기술의 발전이 이루어지면 기업은 그러한 기술을 이용하여 재화나 용역을 생산해 내는 기계 장치나 기타 설비와 같은 자산의 구성을 바꾸게 될 것이며, 그 결과는 재무상태표의 좌변을 구성하는 자산 항목의 변경으로 나타나게 된다. 따라서 기업 자산의 구성에 관한 의사결정은 어떻게 하면 그 기업의 생산품을 가장 비용 효율적으로 생산해 낼 수 있는 최적의 자산 구성을

---

5. 한국 CFO(Chief Financial Officer) 스쿨에서 내세웠던 캐치프레이즈로 요약 · 정리.

할 수 있을까 하는 것에 집중되어 있다. 따라서 재무상태표의 좌변은 기업의 투자의사결정, 즉 자금운용의 결과를 나타내고 있다고 하겠다.

또한 최적으로 자산을 구성하여 사업을 영위하려면 많은 액수의 투자자금이 필요하다. 기업의 입장에서 이러한 자금을 어떻게 조달하였는가 하는 것은 재무상태표의 우변에 나타나게 되는데 이는 자기자본과 부채로 나누어진다. 부채와 자기자본의 구성 비율은 기업의 가중평균자본비용을 결정하는 중요한 요소가 된다. 기업이 자산을 투자해서 얻는 투자수익률이 최소한 이 자본비용보다는 커야 한다는 의미에서 최저필수 수익률이라고도 한다. 따라서 재무상태표의 우변은 기업의 자금조달 의사결정의 결과를 나타내고 있다고 하겠다. 이와 같이 기업의 자금 운용과 자금조달의 결과가 나타나는 재무상태표는 어느 일정 시점을 기준으로 표시되어야 하기 때문에 재무상태표 상단에는 항상 일정 시점 현재라는 시점이 나타나게 된다.

자금을 조달하여 자산을 구성하고 사업을 시작한다면 그 성과는 손익계산서에 나타난다. 기업이 영위하는 사업은 끊임없이 지속되지만 그 성과는 일정 기간을 끊어서 측정한다. 따라서 손익계산서에는 항상 언제부터 언제까지라는 영업 기간이 표시된다. 손익계산서의 첫 번째 항목은 매출액이고 마지막 항목은 당기순이익이다. 모든 항목이 다 중요하고 의미가 있는 항목이지만, 이 두 항목이 톱 라인(Top line), 바텀라인(Bottom line)이라 불리며 특별히 더 주목을 받고있는 이유는 매출액 규모 및 그 추이는 기업의 규모가 커나가는 성장 지표로서 기업 성과의 양적 측면을 나타내고 있으며, 당기순이익은 최종적으로 기업의 주인인 주주들에게 돌아가는 몫으로 투자수익률과 직접적으로 연결되는 영업 성과의 질적 측면을 나타내고 있기 때문이다. 이와 같은 관점에서 볼 때, 기술의 발전에 따른 생산 시스템의 개편도 결국은 재무상태표 좌·우변의 자금 조달 및 운용 측면에서의 최적화를 지향해야 하며, 이 결과로 나타나는 영업 성과에 있어서도 톱 라인의 매출액과 바텀 라인의 당기순이익에 미치는 중장기적 영향까지도 고려하여 이루어지는 것이 바람직할 것이다.

이와 같은 관점에서 본다면, 요즘 지속적으로 이야기되고 있는 디지털 전환도 그 핵심은 어떻게 전환되어 기업의 경영성과에 기여하느냐에 있지 디지털화 그 자체가 아니다. 디지털의 기본적 대상이 데이터이고 그 데이터가 디지털화되어 조직의 새로운 자산으로서 기업의 가치를 증대시키는 데 활용되어야 한다는 당위성을 고려해 볼 때, 디지털 전환도 결국에는 손익계산서상의 당기순이익 증대를 통하여 총자산이익률(Return on assets ; ROA)이나 자기자본이익률(Return on equity ; ROE)을 높이는 방향으로 이루어져야 그 취지를 달성하는 것으로 볼 수 있다. 따라서 기업들이 디지털 전환을 추구할 때에는 각종 기술적 수단에 대한 도입도 중요하지만 동시에 강조되어야 하는 점은 이들이 어떻게 자산화되어 ROA나 ROE와 같은 수익성 증대에 기여하게 할 것인가에 대한 검토가 선행되어야 한다는 것이다.

5. 재무제표상에 나타난 우편사업 수익성 추이

사업의 수익성은 투자된 자산을 운용한 결과로 나타나는 영업의 성과가 사업의 유지 및 성장이 지속적으로 가능할 정도로 충분한가 하는 것에 따라 결정된다. 최근 우편사업이 처한 경영환경은 그렇게 긍정적이지 못하며, 우편사업이 보여 주고 있는 경영성과도 점점 나빠지고 있는 실정이다. 이러한 현상은 디지털화되어가는 사회의 추세에 따라 종이로 이루어지는 서신 형태의 오프라인 전달 수단보다는 온라인으로 이루어지는 디지털화된 전달 수단이 보다 보편화되고 있기 때문이며, 이는 어느 한 국가에 국한되어 나타나는 것이라기보다는 전 세계적으로 나타나는 공통된 현상이다. 우편사업의 수익성을 결정하는 요인은 다른 여타 사업과 마찬가지로 매출 물량에 가격을 곱한 매출액, 즉 손익계산서상의 톱 라인이 가장 기본이 된다. 여기에 제반 비용을 차감하면 손익계산서상의 당기순이익, 즉 바텀 라인이 산출되는 것이다. 따라서 우편사업의 수익성 구조도 가장 중요한 수익원인 매출 물량 및 매출액에 대한 추이를 살펴보는 것이 첫 걸음이 될 것이다.

전 세계적으로 우편사업 매출 물량에 대한 추세를 보면 〈표 4-1〉에서 보는 바와 같이 일반적으로 서신을 비롯한 통상우편 물량은 줄어들고 전자상거래의 확대에 따른 소포 물량은 늘어나고 있다. 코로나 사태 이전 2018년까지의 전 세계적인 국내우편 물량의 추세를 UPU 통계를 통해서 보면 2018년에 전년 대비 4.9% 감소하였으며, 이는 그 이전 10년 동안 연평균 감소율 2.8%를 훨씬 능가하고 있다. 즉, 우편 물량

표 4-1 전 세계 우편 물량 추이

		물량 (2018, 억 통)	연간 성장률 (2018, %)	10년간 성장률 (2008~2018, %)
서신 (Letter-post)	국내	2,957.6	−4.86	−2.82
	국제	35.5	−2.99	−3.12
소포 (Parcel-post)	국내	148.8	8.26	7.49
	국제	1.8	3.15	12.98

자료 : Postal Economic Outlook 2020, UPU.

감소가 매년 일정 비율로 동일하게 나타나는 것이 아니라 매년 가속적으로 이루어지고 있다는 것이다. 이와 더불어 국제우편 물량도 지난 10년간 매년 3%씩 감소하고 있는 것으로 나타났다. 이와는 반대로 소포우편물량의 변화 추이를 보면 2018년에 전년 대비 8.3% 성장하여 지난 10년간 연평균 성장률 7.5%를 초과하고 있으며, UPU에서는 이러한 추세가 앞으로도 당분간 지속될 것으로 예측하고 있다.[6]

특히, 지난 2019년 말에 발생한 코로나 사태는 전 세계적인 경제 흐름에 많은 영향을 끼치고 있으며 국가경제의 일부분으로 작용하고 있는 우편사업도 예외가 될 수는 없었다. 코로나 이후 나타난 우편사업과 관련된 경영환경의 변화를 보면 비대면 경제활동 증가에 따른 전자상거래 물량의 급격한 증가와 여행 수요 급감에 따른 국제 항공 운송망의 심각한 타격 등을 들 수 있다. 이러한 변화가 우편사업 운영에 미친 영향으로는 소포 물량의 급격한 증가와 국제운송망 축소에 따른 국제우편 물

6. Forecast based on Auto Regressive Integrated Moving Average(ARIMA) model. Global estimates based on UPU official statistics.

량의 급격한 감소라 할 수 있다. UPU 통계에 의하면 2020년 기준 전 세계적으로 소포 물량은 전년 대비 19% 정도 증가했지만 국제우편 물량은 20% 정도 감소하였다.[7]

다음으로, 우편사업 총 수익을 보면 2018년 기준 전 세계적으로 전년 대비 3.9% 성장하여 지난 10년간 연평균 성장률 2%를 상회하고 있는데, 이것이 의미하는 바는 각 나라들이 우편사업 총 수익의 유지를 위해 줄어들고 있는 우편 물량의 영향을 만회하기 위해 우편요금 수준을 높여 나가고 있다는 것이다. 그러나 몇 가지 특징적인 사항으로는 첫째 우편사업 수익의 성장률이 전체적인 경제성장률을 따라가지 못하고 [그림 4-6]에서 보는 바와 같이 탈동조화(decoupling) 현상이 일어나고 있

그림 4-6 GDP와 우편 수익의 탈동조화

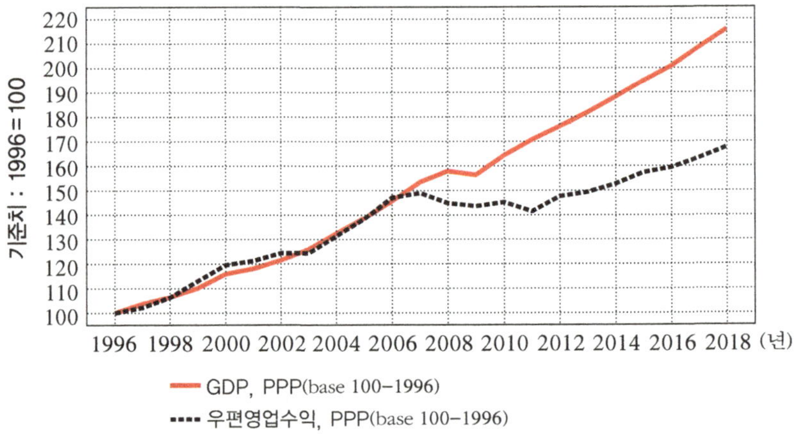

주 : 동향 비교를 위해 1996년 실적을 기준치 100으로 정규화.
출처 : World Bank WDI and estimates based on UPU official statistics.

7. Postal economic outlook 2020, UPU.

다는 점이며, 둘째 각 나라 및 지역에 따라 차별화(disparity)가 이루어지고 있다는 점이다. 탈동조화 현상을 극복하기 위해서는 저조한 우편사업 성장률을 상쇄할 수 있는 새로운 비즈니스 모델의 등장이 요구되는데 이는 각 나라마다의 사정에 따라 서로 다르게 나타나고 있다.

금융사업을 포함한 우정사업 전체 입장에서 지난 10년간 우정사업 비즈니스 모델을 구성하고 있는 사업별로 수익의 구성비를 보면 [그림 4-7]에서 보는 바와 같이 서신 등 통상우편의 비중은 점차 줄어드는 반면, 소포 및 물류 관련 비중은 늘어나고 있으며, 금융 관련 사업 및 기타 서비스 부문은 큰 변동이 없는 것으로 나타나고 있다. 이것이 의미하는 바는 아직까지는 민간 사송업체와 경쟁분야인 물류 관련 사업의 비중을 증대시키는 차원에서 대응을 하고 있다는 것인데, 언제까지 이러한 전

그림 4-7 우정사업 비즈니스 모델 변화(%)

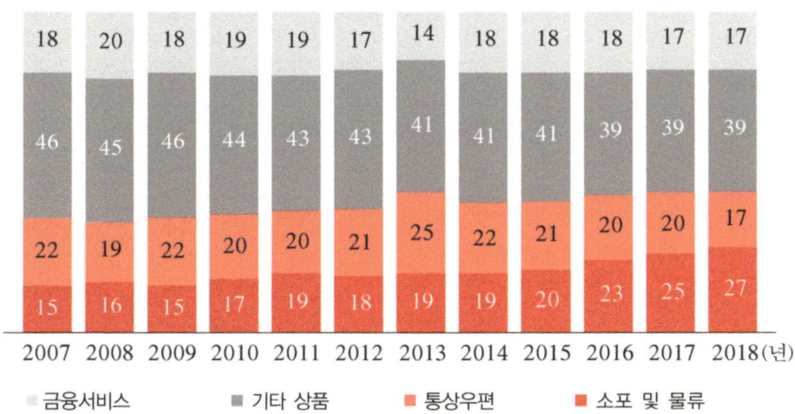

주 : 글로벌 수준에서의 연도별 단순 평균.

출처 : UPU official statistics.

략이 효과적일지는 경쟁력 향상을 위한 우편사업자의 새로운 시도가 얼마나 성공하느냐의 여부에 달려 있다고 보인다.

우리나라의 경우에도 세계적인 추세와 크게 다르지 않다. 국내우편 물량 추이를 보면 지난 10년간 지속적으로 감소세를 보이고 있으며, 특히 2017년부터 2021년까지 5년 동안 연평균 5.3%씩 감소하고 있다. 가장 주목할 만한 사항은 가장 중요한 우편물인 일반통상의 경우 그 감소율이 연평균 7.0%에 이르고 있으며, 특히 2020년에는 감소폭이 9.7%에 달해, 그 결과 일반통상 물량이 전체 물량 중에서 차지하던 구성비 비중이 2017년 86%에서 2019년 80% 수준으로 감소하고 있다.

표 4-2 **국내우편 물량** (단위 : 백만 통, %)

	합계		일반통상		특수통상		소포	
	물수	증감률	물수	증감률	물수	증감률	물수	증감률
2017	3,706	−4.3	3,186	−5.7	277	−0.1	244	11.6
2018	3,590	−3.1	3,041	−4.5	276	−0.1	273	11.8
2019	3,398	−5.3	2,801	−7.9	272	−1.3	324	19.0
2020	3,113	−8.4	2,530	−9.7	265	−2.8	319	−1.7
2021	2,944	−5.4	2,353	−7.0	258	−2.6	333	4.5
5년 평균	3,350	−5.3	2,782	−7.0	270	−1.4	299	9.0

자료 : 우정사업본부

국내우편 매출액을 보면 지난 5년간 연간 약 3.1% 성장하고 있다. 그러나 그 내역을 보면 일반통상은 줄어드는 반면 특수통상과 소포는 늘어나는 양상을 보이고 있다. 일반통상은 물량이 대폭 감소하고 있음에도 불구하고 매출액이 연평균 1.8% 정도밖에 줄어들지 않는 것은 해당 기간 동안 요금이 점진적으로 인상되었음을 의미한다. 물론, 요금이 인상되면 수요의 가격탄력성에 의해 물량이 줄어들 수 있지만 전체적으로는 물량 감소 효과를 상쇄하여 매출액은 소폭 감소하였다고 볼 수 있다. 특수통상은 소폭 증가에 그치고 있으나, 소포는 연평균 증가율이 8.3%로 전 세계적인 추세와 비슷하게 증가하고 있으나 2020년 이후 증가세가 둔화되고 있다.

표 4-3 국내우편 매출액

(단위 : 십억, %)

	합계		일반통상		특수통상		소포	
	매출액	증감률	매출액	증감률	매출액	증감률	매출액	증감률
2017	2,396	3.2	1,031	−0.5	667	3.3	698	9.1
2018	2,489	3.9	1,020	−1.1	705	5.8	764	9.4
2019	2,585	3.9	993	−2.6	723	2.6	869	13.8
2020	2,628	1.7	978	−1.5	760	5.0	890	2.5
2021	2,700	2.7	947	−3.2	803	5.7	950	6.7
5년 평균	2,560	3.1	994	−1.8	732	4.5	834	8.3

자료 : 우정사업본부

다음으로 우편사업의 사업 수익 및 비용을 보면 2018년 1,450억 원 수준의 경영수지 적자가 2019년에 다소 줄어들었으나 2020년에는 조금 늘어 여전히 1,239억 원의 적자를 보이고 있다. 우편사업의 수지 동향을 보면 갑작스런 수익의 증가나 비용의 감소가 일어날 가능성은 아주 적기 때문에 단기적으로 크게 개선될 여지는 많지 않아 보인다. 사업수익 측면에서 보면 통상우편 물량 감소가 지속적으로 일어나고, 또한 소포 우편 물량의 대폭적인 확대도 처리 능력 확대가 뒷받침되어야 하기 때문에 쉽지만은 않다. 처리 능력을 높이기 위해서는 소포우편물 처리 네트워크에 대한 투자가 선행되어야 하는데 이는 중장기적인 처방으로 볼 수 있다. 비용 측면에서 보면 우편사업은 노동 집약적 성격이 강해 지출액 총액에서 인건비성 경비가 차지하는 비중이 지속적으로 증가하여 최근에는 85% 수준에 이르고 있는 실정이다. 즉, 비용의 구조적 경직성이 상당히 크다고 볼 수 있으며, 단기간 내에 이에 대한 재조정은 상당히 어려울 것으로 보인다.

표 4-4 **우편사업의 경영수지** (단위 : 억 원)

	사업수익	사업비용	경영수지
2018	29,778	31,228	−1,450
2019	31,016	32,131	−1,115
2020	31,472	32,711	−1,239

이와 같이 우편사업의 물량 및 수익성이 감소하고 있는 현실에서 어려움을 극복해 내기 위해서는 물류분야에서의 경쟁력을 회복함과 동시에 새로운 기술로 새로운 수요를 창출해 내어야 한다. 우편사업이 추구하는 가장 기본적인 기능은 사람과 사람을 연결하는 것으로, 우편망을 이용한 원거리 통신수단의 한 형태이다. 우편을 통한 통신에서 전달되는 객체는 서신뿐만 아니라 포장된 물품인 소포도 포함되기 때문에 우편도 넓은 의미에서 물류수단으로 인식될 수도 있다. 이처럼 우편을 물류수단으로 범위를 확대시킨다면 우편과 유사한 기능을 하는 실물 전달 수단은 여럿 존재할 수 있으며, 그 대표적인 것은 사송업체라 할 수

있다. 따라서 우편사업은 실질적으로 물류사업자와 경쟁 상태에 놓여 있으며, 이와 연관된 기술의 발전에 크게 영향을 받을 수밖에 없다. 기술의 발전에 따라 물류산업의 경쟁력이 견인이 되면 이에 대응한 우편사업의 기술개발 전략도 다방면으로 재검토되고 수정되어야 할 것이다.

기술의 발전 속도가 빠르고 이에 대응하는 기업들의 투자가 지속적으로 이루어지는 경쟁환경 속에서는 어느 사업도 미래에 대비하는 새로운 투자 없이는 지속적인 성장은 불가능하다. 즉, 새로운 투자를 소홀히 하면 경쟁에서 뒤쳐져 매출 규모와 수익성 모두 지속적으로 감소하여 결국에는 사업 자체가 쇠퇴하는 과정을 겪을 수밖에 없고 나아가 생존까지도 보장할 수 없을 것이다. 장기적인 신규 투자의 재원은 기본적으로 장기적으로 조달된 자금으로 감당하는 것이 원칙이다. 정부조직 형태인 우체국의 경우는 주식발행을 통한 자기자본이나 장기채권 발행 등과 같은 것은 현실적으로 가능하지 않기 때문에 우정사업에서 실현되는 이익으로 충당할 수밖에는 없는데, 이때 가장 큰 문제가 되는 것은 우편사업의 수지가 투자규모를 감당할 수 있는지 여부라 할 수 있다. 어떤 방법으로든지 이 문제를 해결하지 못하면 우편사업의 투자규모는 급격히 줄어들 수밖에는 없고 그 결과 현재는 앞서고 있을지라도 서비스의 질이 서서히 줄어들어 언젠가는 경쟁 상대에게 뒤쳐지는 상황이 초래될 수도 있을 것이다.

05

금융 리스크란 무엇이며,
우체국 금융은 무엇을 관리하나?

1. 금융 리스크와 금융위기

우체국 금융도 금융시장에서 자금을 조달하고 운용하는 금융기관인 이상 금융 리스크에서 예외가 될 수는 없다. 우체국 금융이 자산운용에 있어 일반은행과 달리 직접적인 상업대출이 불가능한 제약은 있지만, 금융시장에서 항상 이슈가 되고 있는 금융상품의 위험에 대해서는 일정 부분 노출이 불가피하기 때문에 이에 대한 이해와 검토가 필요하다고 보겠다. 특히 금융산업 전체에 영향을 미치는 금융위기 등과 관련된 리스크에 대해서는 미래에 마주하게 될 잠재적 위험에 대한 대비 차원에서 관련 사례를 중심으로 금융상품의 리스크를 분석해 볼 필요가 있다.

은행을 비롯한 금융기관의 주요 역할이 자금의 중개이고 이는 기본적으로 금융자산(financial assets)을 통하여 이루어진다. 실물자산(real assets)이 재화나 용역을 생산하는 데 사용되어 최종적으로는 이익을 창출하는 데 기여하는 자산으로 볼 수 있다면, 금융자산은 실물자산 또는 실물자산이 창출해 내는 이익에 대한 일종의 청구권(claim)이라 볼 수 있다. 이러한 금융자산이 중요한 이유는 다양한 형태의 금융자산을 통해서 상호 대체적인 투자기회가 제공됨으로써 경제 시스템 내에서 기업부문으로의 자금흐름이 원활하게 이루어져 경제 전체적으로 생산능력 향상에 기여하기 때문이다.

이러한 금융자산이 가지고 있는 특징 중 가장 두드러진 것은 태생적으로 위험에 노출되어 있다는 것이다. 금융자산이 가지고 있는 청구권적 경제적 가치가 변동함에 따라 의도했던 소기의 투자 수익을 올리지 못하는 위험도 있을 뿐 아니라, 때로는 청구권이 제대로 행사되지 못하고 지급불능에 빠지는 위험도 있을 수 있다. 노출된 위험에 따른 금융자산 가치의 변동은 금융산업 전체의 건전성을 해치는 결과를 초래하기도 하며, 경우에 따라서는 금융산업을 규제하는 법과 제도의 변화를 가져오기도 한다. 금융산업이 가장 발전했다고 여겨지는 미국의 경우만 보더라도 금융자산의 가치 변동에 따라 여러 차례 금융산업 전체가 위기에 빠졌으며, 그때마다 이를 극복하기 위해 제도적으로 법적 규제의 변화가 일어났다. 금융산업에 있어서 법적 규제의 가장 근본적인 목적은 금융산업 전체의 건전성(soundness) 유지라 할 수 있기 때문에 법적 규제의 변화 방향도 이를 확보하려는 방향으로 이루어졌다.

몇 가지 가장 대표적인 예를 들어 보면, 첫째로 1933년 상업은행(commercial banking)과 투자은행(investment banking)의 분리를 규정한 Glass-Steagal Act이다. 이 당시 은행의 주요 업무는 예금을 받아 자금을 조달하고 대출을 통해 자금을 운용하여 그 이자율 차이, 즉 예대마진으로 수익을 올리는 상업은행 업무와 은행이 보유하고 있는 주식 등을 증권에 투자하여 이익을 올리거나 기업의 증권 발행 업무를 대행해 주는 투자은행 업무를 동시에 하고 있었다. 그러나 대공황을 맞이하여 주식의 가치가 대폭락하여 은행 전체의 건전성을 해치는 결과를 초래하자 상업은행 업무와 투자은행 업무를 분리하여 동시에 영위하지 못하게 하는 법률이 제정되었던 것이다. 이 결과로 대표적인 투자은행들인 Lehmann Brothers, Bear Stearns, Merrill Lynch, Goldman Sachs, Morgan Stanley 등이 생겨났다.

제2차 세계대전 이후 경제의 지속적인 성장과 함께 투자은행 업무가 많은 이익을 창출해 내자, 상업은행들의 이익 경쟁력 확보 차원에서의 요구로 1999년 Glass-Steagal Act는 폐지되고 상업은행들도 투자은행들을 인수하여 투자은행 업무에 다시 진출하기 시작하였다. 그러나 1999년부터 시작된 이러한 변화는 2008년 서브프라임 모기지(sub-prime mortgage)로 발단된 또 다른 금융위기를 맞아 그동안 독자적으로 존속해 오던 투자은행들은 파산하거나(Lehmann Brothers), 다른 상업은행들에게 합병되거나(Bear Stearns, Merrill Lynch), 상업은행으로 전환되어(Morgan Stanley, Goldman Sachs) 그 이후로는 지금까지 독자적으로 존재하는 투자은행은 사라졌다. 이와 같이 금융자산에는 항상 위험이 따르며 작은 위험은 시스템 내부적으로 흡수가 가능하지만, 큰 위험이 발생할 경우에는 시스템 전체를 살리기 위해서 제도적인 변화가 따르는 대규모 수술이 필요했던 것이다.

2. 금융상품의 리스크와 자산유동화

금융상품의 리스크가 증가하는 가장 큰 이유는 금융공학적 기술 발전에 따른 자산 유동화에 옵션과 같은 파생상품적 결합이 이루어진 결과로 보면 된다. 파생상품(derivatives)이란 기초자산의 가치 변동에 따라 가격이 결정되는 금융상품을 가리키는데, 그 가치가 기초자산의 가치 변동으로부터 파생되어 결정되기 때문에 파생상품이라 한다. 기초자산으로 주식, 채권, 외환 등과 같은 금융자산, 또는 곡물, 원유 등과 같은 실물자산이 있으며, 대표적인 파생상품으로 옵션, 선물 등이 있다. 옵션(option)은 상품이나 유가증권 등 특정한 기초자산을 일정 기간 내(또는 만기일)에 미리 정한 행사가격(exercise price)으로 사거나 팔 수 있는 권리를 말하고,[1] 선물(Futures)은 장래의 일정한 시기에 상품을 넘겨준다는 조건으로 현재 시점에서 가격, 즉 선물가격을 정해 매매 계약을 하는 거래를 말한다.[2]

금융공학의 가장 큰 특징은 이와 같이 금융상품에 따르는 복잡한 청구권적 현금흐름을 분해하거나 결합하기도 한다는 것이다. 유동화란 이와 같이 분해·결합된 현금흐름 조각들을 시장에서 유통시킨다는 것이다. 파생상품적 결합이란 현금흐름을 단순히 분해·결합만 시키는 것이 아니라 옵션과 같은 파생적 성격을 접목시켜 현금흐름의 청구권적 성격을 바꾼다는 것이다. 이러한 프로세스를 거친 금융상품은 상당히 복잡한 위험 구조를 가지게 되며 일단 유사시 금융기관의 건전성에 치명적인 영향을 끼치게 된다.

이와 같은 현상이 일어나는 프로세스를 이해하는 데 가장 대표적인 사례 중 하나가 서브프라임 모기지로 초래된 금융위기이다. 서브프라

---

1. 살 수 있는 권리는 콜옵션(call option), 팔 수 있는 권리는 풋옵션(put option)이라 한다. 미래에 기초자산 가격이 행사가격보다 크면 콜옵션 소지자가 이득을 보고, 그 반대의 경우에는 풋옵션 소지자가 이득을 보는 구조이다. 옵션은 어디까지나 권리이지 의무가 아니기 때문에 옵션 소유자는 권리 행사가 불리하면 행사하지 않으면 되고, 따라서 아직 만기가 도래하지 않은 옵션의 가치는 항상 0보다 크다. 이러한 옵션도 가격이 형성되어 시장에서 거래가 되는데 그 변동성이 기초자산의 가격 변동성보다 훨씬 크다.
2. 선물계약은 미래의 기초자산 가격이 선물가격보다 높으면 선물 매수자가, 그 반대의 경우에는 선물 매도자가 이득을 보는 구조로, 일종의 제로섬 게임이다.

그림 5-1 주택저당증권(Mortgage Backed Securities ; MBS)

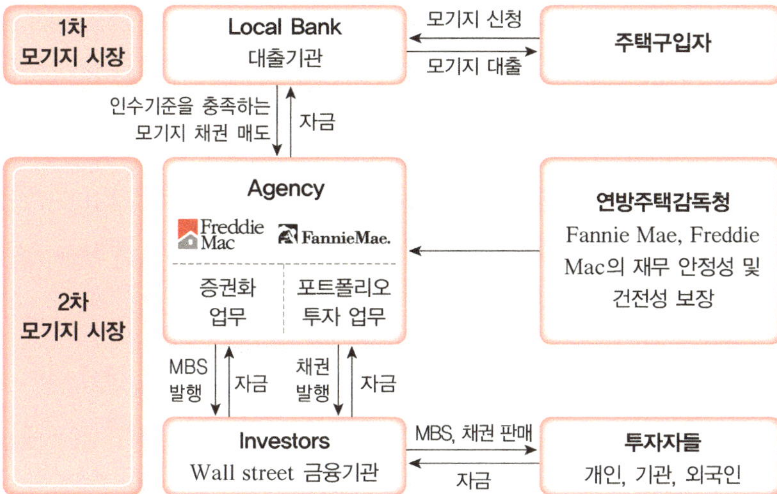

임 모기지 관련 위험을 좀 더 자세히 살펴보면 [그림 5-1]과 같이 정리할 수 있다. 우선 수많은 로컬은행들이 주택구입자에게 주택 담보 대출(모기지론)을 해주는데, 예를 들면, 10만 달러짜리 주택을 살 경우 2만 달러는 구입 시 현금으로 지불하고 나머지 8만 달러는 연 5% 이자로 20년 만기 장기 대출을 해주는 것과 같다. 로컬은행들은 만기까지 모기지론을 가지고 있는 것이 아니라 더 큰 은행이나 정부지원기관(Agency)에 이 모기지를 넘기고 들어온 자금으로 다시 모기지론을 해주기 때문에 가용 자금 이상으로 많은 대출을 해줄 수 있다. 이때 연방주택감독청으로부터 지원 및 감독을 받는 Fannie Mae, Freddie Mac 등이 Agency의 대표적 기관이며 이들이 주로 2차 모기지 시장을 담당하고 있다.

이 Agency들은 모기지론으로부터 이자와 원금 형태로 들어오는 현금흐름을 한데 모아 풀링(Pooling)하여 새로운 채권 형태의 상품을 만들어 일반 투자자들에게 판매하는데 이를 주택저당증권 또는 주택담보유동화증권(Mortgage Backed Securities ; MBS)이라 한다. 이 MBS는 주택구입자로부터 원리금 납부가 원활히 이루어질 때는 아무런 문제가 발생하지 않지만, 그렇지 못하고 장기 연체될 경우에는 담보로 잡은 주택을 경매에 부쳐 원리금을 회수하는 절차에 돌입하게 된다. 이때 경매 대금이 대출금액보다 낮을 경우 로컬은행뿐 아니라 MBS를 발행한 Agency, 이를 일반 투자자들에게 재판매한 금융기관들까지 자금 경색이 일어나 MBS 매입자들에게 돈을 줄 수 없는 상태에 이르게 되고 심할 경우에는 부실에 빠지는 것이다.

여기서 눈여겨 볼 점은 모든 MBS가 자체적으로 문제가 된 것이 아니라 서브프라임 모기지가 주된 문제가 되었다는 점이다. 서브프라임 모기지는 평균 정도보다 신용도가 낮은 차입자에게 제공되는 주택 관련 대출이며 높은 지급불능 위험에 따라 당연히 프라임 모기지보다 높은 이자율이 부과된다. 2008년도의 금융위기도 신용도가 낮은 주택 매입자에게 남발된 서브프라임 모기지의 지급 불능 사태에 의해 촉발된 것이라는 비판을 받고있다.

금융위기를 촉발시킨 주택 버블의 자금 조달은 MBS와 더불어 부채담보부증권(collateralized debt obligations ; CDO)에 의해서도 이루어졌다. CDO는 고정적인 현금흐름을 발생시키는 채권을 증권화(securitization)시킨 상품으로 일종의 자산유동화증권(asset-backed security ; ABS)이다. 즉, 수많은 채권을 한데 모아 풀링(pooling)한 다음

매달 일정한 현금이 들어오는 증권으로 만들어 투자자들에게 파는데 2000년대 이후 MBS의 재발행을 위한 도구로 활용되었다. 이러한 CDO의 신용위험은 채권이나 자산의 풀로부터 받는 현금흐름이 여하히 이루어지는가에 따라 변동할 수밖에 없는 지급불능 확률에 기초할 수밖에 없다. CDO의 지급불능 위험은 그 정도에 따라 시니어, 주니어, 기타 등의 등급으로 구분하는데 이를 트랜치(tranche)라 부른다. 만약 실제로 지급불능 사태가 일어나면 낮은 등급인 기타부터 주니어, 시니어 트랜치 순으로 손실을 떠안게 되는 구조다. 이 CDO의 담보로 가장 많이 활용되었던 것이 고위험 트랜치의 서브프라임 모기지였던 것이다.

또 한 가지 짚고 넘어가야 할 점은 채권발행 기업의 신용등급이 낮아 BBB급에 해당되더라도 풀링 및 신용부도스왑(Credit Default Swap ; CDS) 등을 활용한 증권화를 통해 신용등급이 높은 AAA급의 CDO 발행이 가능하다는 것이다. CDS는 금융회사에서 판매하는 파생상품의 일종으로 채권을 발행한 기업이나 국가가 부도가 났을 때 채권매입자의 손실을 대신 보장해 주는 상품이다. 금융시장에서 CDS가 수행하는 역할을 보면 CDS 판매자 입장에서는 채권발행자가 파산만 하지 않으면

그림 5-2 신용부도스왑(Credit Default Swap ; CDS) 유통경로

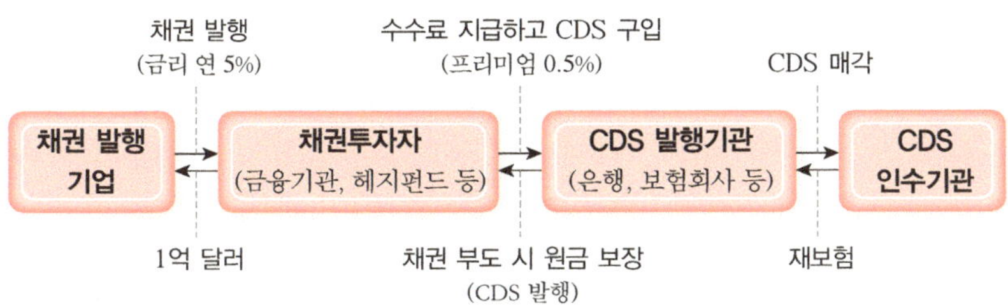

판매 수수료(premium) 수입이 발생하며, 일부 파산 경우에도 풀링을 통해 발생하는 손실을 최소화할 수 있고, CDS 매입자 입장에서는 위험 채권을 CDS와 결합시켜 무위험 채권으로 만들 수 있다는 것이다.

CDS 수수료는 CDS 약정 시 보장매입자(protection buyer)가 보장매도자(protection seller)에게 지급하는 프리미엄 금액으로, 일반적으로 기초자산의 신용위험이 클수록 상승한다. 따라서 CDS 프리미엄은 기초자산 발행 주체의 신용도를 나타내는 지표로도 활용될 수 있으며, 일례로 국제 금융시장에서 각국 정부가 발행한 외화표시 채권에 대한 CDS 프리미엄은 해당 국가의 신용등급이 반영된 지표로 활용되고 있다. CDS 보장기관인 은행이나 보험회사 등은 CDS를 자신이 보유하지 않고 시중에 전매하여 유통시키는 경우가 많은데 이때 발생하는 문제는 CDS를 재판매할 때 계약 내용, 보장 조건 등이 바뀌면서 새로운 상품으로 둔갑하기 때문에 나중에 한 곳에서 부도가 발생하면 그 안에 얼마만한 위험이 있는지는 꼬리를 물고 파헤쳐 봐야만 알 수 있다는 점이다. 금융위기 당시 가장 큰 보험회사였던 미국의 AIG도 CDS 판매자로서 수많은 스왑 계약을 체결하였다가[3] MBS, CDO 등 동시다발적 부실화로 천문학적 손실률이 발생하였고 결국은 정부로 받은 구제금융(1,418억 달러)[4] 중 상당액이 CDS 부실 처리 비용으로 지출되었다.

---

3. 위험에 노출된 파산 직전의 AIG의 CDS의 규모는 $4,410억에 이르렀고, 회사가 이를 감당할 수 없게 되자 글로벌 금융위기의 기폭제가 되었다. US financial crisis: the bailout of AIG, https://www.thecasecentre.org/products/view?id=86214
4. Baird Webel, Government Assistance for AIG : Summary and Cost, Congressional Research Service, 2017.

3. 이자율 변동에 따른 채권 가격의 변동 위험

채권의 가치는 채권을 소유함으로써 얻게 되는 미래의 현금흐름인 이자와 원금을 적정한 시장이자율로 할인한 현재가치이며, 이를 수식으로 나타내면 다음과 같다.

$$V = \frac{C}{(1+k)} + \frac{C}{(1+k)^2} + \cdots + \frac{C}{(1+k)^n} + \frac{F}{(1+k)^n}$$

V = 채권의 가치
C = 이자현금흐름(액면이자율 × 액면가액)
k = 시장 이자율
F = 액면가
n = 채권의 만기

이러한 채권을 발행 시 사서 만기까지 보유하고 있으면 이자율이 투자 수익률이 되겠지만 중간에 사서 중간에 팔 경우에는 수익률이 변동한다. 액면 이자와 만기는 채권이 발행될 때 확정되는 요인이지만 할인율로 사용되는 시장 이자율은 불확실한 요소이기 때문에 채권 가격도 시장 이자율이 변동함에 따라 변동한다. 예를 들어 〈표 5-1〉에서 보는 바와 같이 원금 1,000원, 이자 연 10%, 만기 5년인 채권의 경우 시장 이자율도 10%라면 채권의 가치는 액면가 1,000원과 동일하다. 그러나 시장 이자율이 15%로 상승하면 채권의 가치는 832원으로 168원만큼 감소한다. 반대로, 시장이자율이 5%로 하락하면 채권 가치는 1,215원으로 215원만큼 증가한다. 똑같은 채권에 대하여 만기만 5년에서 10

년으로 늘려보면 시장 이자율의 변동에 따른 채권 가치의 변동폭은 〈표 5-2〉에서 보는 바와 같이 보다 더 커진다. 즉, 시장 이자율이 5% 상승

표 5-1 **채권의 가치평가**(만기 5년)

❖ 원금 1,000원, 이자 연 10%, 만기 5년, 시장이자율 10% → 1,000

$$\frac{100}{(1+0.1)} + \frac{100}{(1+0.1)^2} + \cdots + \frac{100}{(1+0.1)^5} + \frac{1,000}{(1+0.1)^5}$$

$= 100 \times 3.7908 + 1,000 \times 0.6209 = 379.1 + 620.9 = 1,000$

❖ 원금 1,000원, 이자 연 10%, 만기 5년, 시장이자율 15% → −167.6

$$\frac{100}{(1+0.15)} + \frac{100}{(1+0.15)^2} + \cdots + \frac{100}{(1+0.15)^5} + \frac{1,000}{(1+0.15)^5}$$

$= 100 \times 3.3522 + 1,000 \times 0.4972 = 335.2 + 497.2 = 832.4$

❖ 원금 1,000원, 이자 연 10%, 만기 5년, 시장이자율 5% → +216.5

$$\frac{100}{(1+0.05)} + \frac{100}{(1+0.05)^2} + \cdots + \frac{100}{(1+0.05)^5} + \frac{1,000}{(1+0.05)^5}$$

$= 100 \times 4.3295 + 1,000 \times 0.7835 = 433.0 + 783.5 = 1,216.5$

표 5-2 **채권의 가치평가**(만기 10년)

❖ 원금 1,000원, 이자 연 10%, 만기 10년, 시장이자율 10% → 1,000

$$\frac{100}{(1+0.1)} + \frac{100}{(1+0.1)^2} + \cdots + \frac{100}{(1+0.1)^{10}} + \frac{1,000}{(1+0.1)^{10}}$$

$= 100 \times 6.1446 + 1,000 \times 0.3855 = 614.5 + 385.5 = 1,000$

❖ 원금 1,000원, 이자 연 10%, 만기 10년, 시장이자율 15% → −250.9

$$\frac{100}{(1+0.15)} + \frac{100}{(1+0.15)^2} + \cdots + \frac{100}{(1+0.15)^{10}} + \frac{1,000}{(1+0.15)^{10}}$$

$= 100 \times 5.0188 + 1,000 \times 0.2472 = 501.9 + 247.2 = 749.1$

❖ 원금 1,000원, 이자 연 10%, 만기 10년, 시장이자율 5% → +386.1

$$\frac{100}{(1+0.05)} + \frac{100}{(1+0.05)^2} + \cdots + \frac{100}{(1+0.05)^{10}} + \frac{1,000}{(1+0.05)^{10}}$$

$= 100 \times 7.7217 + 1,000 \times 0.6139 = 772.2 + 613.9 = 1,386.1$

시 채권 가치는 251원만큼 감소하고, 5% 하락 시 360원만큼 증가한다.

이와 같은 관계를 [그림 5-3]에서 보면 첫째로 채권 가격은 시장이자율과 반대 방향으로 움직이는 역관계에 있고, 둘째로는 이자율이 낮아짐에 따라 증가하는 채권의 가치가 이자율이 동일 수준으로 높아짐에 따라 하락하는 채권 가치보다 크고, 세 번째로는 만기가 길수록 시장이자율에 대한 채권 가격의 민감도가 높아져 만기가 긴 채권일수록 시장이자율의 변동에 따른 채권 가격의 변동폭도 커진다는 것을 알 수 있다.

그림 5-3 시장이자율 및 만기와 채권 가격

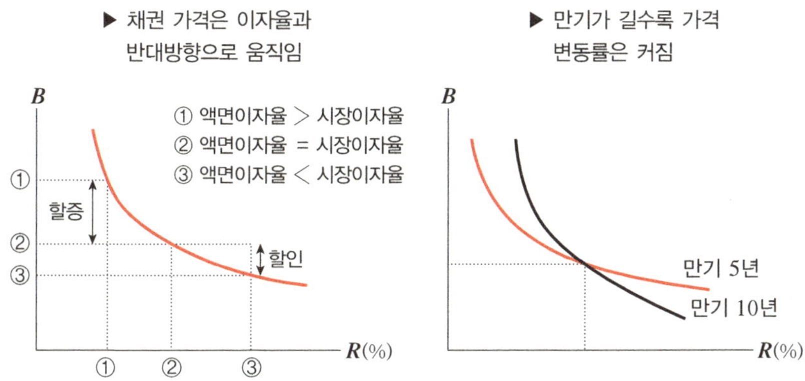

(a) 채권 가격과 시장이자율의 관계 (b) 채권 가격과 만기의 관계

이자율 변동에 따른 채권 가치의 변동 민감도는 채권의 만기 구조뿐 아니라 채권의 현금흐름(이자지급) 패턴에도 영향을 받는다. 이자율 변동에 따른 채권 가격 변동의 민감도를 종합적으로 나타내는 것이 듀레이션(Duration)인데, 이를 수식으로 나타내면 다음과 같다.

$$D = \frac{\Sigma \frac{tC_t}{(1+k)^t}}{P_0}$$

D = 듀레이션

t = 현금흐름이 발생하는 연도

n = 만기까지의 연도

C_t = t년도에 발생하는 현금흐름(이자)

k = 채권자의 요구 수익률(할인율)

P_0 = 채권의 현재 가치

듀레이션은 겉으로는 조금 복잡하게 보이지만 본질적으로는 채권 가격(P)을 할인률 k로 미분하는 개념으로 이자율이 한 단위 변동할 때 채권 가격은 얼마나 변동하는가를 알아보는 것이다.[5] 즉, 채권 가격의 변화율(% 변화)은 이자율 변동폭에 듀레이션을 곱해 주면 되는 개념인데 마이너스가 붙은 것은 채권 가격과 이자율이 서로 역관계에 있다는 것을 나타낸다.

이러한 듀레이션이 중요하게 여겨지는 것은 금융기관의 부채와 자산의 듀레이션이 서로 일치하지 않아 시장 이자율 변동에 따른 부채와 자산 가치의 변동폭이 서로 달라질 경우, 그 민감도를 측정할 수 있게 해주기 때문이다. 자산의 듀레이션이 부채의 듀레이션보다 크면 듀레

---

5. $P_0 = \Sigma \frac{C_t}{(1+k)^t}$

$$\frac{dP_0}{dk} = -\frac{1}{1+k}\Sigma \frac{tC_t}{(1+k)^t} = -\frac{1}{1+k}DP_0 = \frac{-D}{1+k}P_0$$

$$\frac{dP_0}{P_0} = -\frac{dk}{1+k}D = \frac{-D}{1+k}dk$$

$$dP_0 = \frac{-D}{1+k}P_0 dk$$

이션 갭이 플러스(+)이고 그 반대는 마이너스(−)라 한다. 듀레이션 갭이 플러스이면 이자율 변동에 따른 자산 가치의 변화가 부채의 가치보다 더 민감하게 작용한다. 즉, 시장 이자율이 상승하면 자산가치의 하락폭이 부채가치의 하락폭보다 크게 나타난다는 것이다. 자산과 부채의 듀레이션을 일치시킴으로써 듀레이션 갭을 제로로 만들어 이자율 변동에 따른 가치의 차이를 없애는 것을 면역화(immunized)시킨다고 한다.

4. 재무 건전성 지표 : BIS 자기자본 비율, RBC 비율, VaR

금융기관은 금융상품에 내재된 위험 요소도 관리하지만 금융기관이 전체적으로 어느 정도의 건전성을 유지하고 있는지를 판단하는 것도 중요하다. 즉, 재무 건전성 지표란 금융기관이 금융 리스크에 노출되었을 때 어느 정도까지 그 충격을 흡수할 수 있는가 하는 능력을 측정·관리 하는 것이며, 그중 우체국 금융사업에서도 관리하고 있는 대표적인 것을 보면, 예금의 경우 국제결제은행(Bank for International Settlements ; BIS)[6] 자기자본 비율, 보험의 경우 RBC(Risk Based Capital) 비율, 투자 포트폴리오 리스크를 관리하는 최대예상손실액(Value at Risk ; VaR) 등이 있다.

---

6. 국제결제은행은 1930년에 설립된 가장 오래된 국제금융기구로서 중앙은행 간 정책협력을 주기능으로 하고 있으며 2021년 현재 60개 중앙은행이 회원은행으로 참여하고 있다. 한국은행은 1997년 1월에 정식으로 가입하였다.

금융기관의 건전성을 평가하는 가장 대표적인 지표는 BIS의 자기자본 비율이다. BIS 자기자본 비율은 아래 식과 같이 은행이 가지고 있는 위험가중자산(Risk Weighted Assets ; RWA)에 비해 자기자본이 어느 정도 되는지를 %로 표시하여 발표된다.

$$\text{BIS 기준 자기자본 비율} = \frac{\text{자기자본}}{\text{위험가중자산}} \times 100$$

BIS 비율을 산출할 때 자기자본은 기본자본과 보완자본의 합계액을 말하는데, 기본자본은 자본금, 내부유보금 등과 같은 금융기관의 실질 순자산으로서 구성되며, 보완자본은 후순위채권, 하이브리드 채권 등과 같이 금융기관의 영업활동에서 발생할 수 있는 손실을 보전할 수 있는 것을 말한다.[7] 이러한 은행의 자기자본은 은행의 지불능력에 문제가 생겼을 때 발생한 위험을 흡수할 수 있는 충격흡수 장치 역할을 하기 때문에 높은 자기자본 비율은 은행이 지급불능에 빠지는 확률을 줄여준다. 그러나 은행 입장에서 볼 때 자기자본 규모는 은행 경영의 가장 중요한 지표 중의 하나인 자기자본 이익률과 직접적으로 연관되어 있기 때문에 최적의 규모를 추구할 수밖에 없다. 만일 은행이 스스로 판단한 최적 자기자본 비율이 규제 당국이 요구하는 최저 자기자본 비율보다

7. 부채 성격이 없는 기본자본과는 달리 보완자본의 후순위채나 하이브리드채권 등은 원금과 높은 이자를 갚거나 높은 배당을 실시해야 한다. 따라서 보완자본 비율이 상승한다는 것은 은행의 자본구조가 취약해진 것을 의미한다. 이에 BIS 비율이 높다고 하더라도 기본자본 비율이 낮고 보완자본 비율이 높은 경우 은행의 자본구조가 안전하다고 할 수만은 없다.

높다면 아무 문제가 없을 것이지만, 그 반대의 경우에는 자기자본의 추가 확충이 요구된다.

따라서 어느 정도의 자기자본 규모가 적절한지에 대한 판단이 필요하게 되는데, 이에 대한 대답으로 위험가중자산 대비 최소 필요 자본규모를 제시한 것이 BIS 자기자본 비율이다. 위험가중자산이란 대차대조표상 자산계정의 단순한 합이 아니라 은행의 실질적인 리스크를 반영하기 위해 각 익스포져에 해당 익스포져의 위험 정도를 반영한 위험가중치를 적용한 합산금액이다. 즉, 거래 상대방의 신용 위험도에 따라 은행 자산을 구분한 것으로, 예컨대 부동산담보 대출은 위험도가 100%이고 예금담보 대출은 0%이다.[8] 이와 같이 위험가중치가 서로 다른 이유는 위험도가 높은 자산을 많이 보유한 은행은 자기자본 규모도 커야 적절한 위험완충 역할을 할 수 있기 때문이다. 현재 BIS 비율 권고기준은 최소 8% 이상이며 2021년 6월 말 기준 국내 은행의 총자본 비율은 15.65%,[9] 우체국은 20.63%로 아주 양호한 편이다.

보험사업의 경우에는 RBC 비율을 대표적인 재무 건전성 지표로 사용하고 있으며, 이는 보험계약자가 일시에 보험금을 청구했을 때 보험금을 제때 지급할 수 있는 능력을 수치화한 것이다. 보험회사에 있어 지급여력이란 보험계약자에 대한 보험금 지급 의무의 이행을 위해 필요한

8. 위험가중자산은 신용리스크 가중자산, 운영 리스크 가중자산으로 구성되어 있으며, 신용리스크 가중자산의 경우 BCBS(Basel Committee on Banking Supervision)가 제시한 표준 위험가중치를 사용하거나, 또는 은행이 과거 대출 등 내부 데이터에서 발생하는 통계적 경험치를 개별 은행 독자적인 위험가중치를 산출하여 가용할 수도 있다.

9. 금융감독원 보도 자료, 2021. 9. 2.

자산, 즉 책임준비금[10] 외에 추가로 보유하도록 한 순자산을 의미하기 때문에 지급여력은 보험회사가 예측할 수 없는 리스크 발생에 대비할 수 있는 일종의 충격흡수 장치라고 할 수 있다. 보험회사가 직면하는 다양한 리스크를 종합적으로 평가하여 필요한 자본을 산출하는 위험기준 자기자본규제 제도로서 RBC 방식이 도입되었으며 그 비율은 아래 식과 같이 가용자본을 요구자본으로 나누어서 산출한다.

$$\text{RBC 비율} = \frac{\text{가용자본}}{\text{요구자본}}$$

여기서 가용자본이란 보험회사의 각종 리스크로 인한 손실금액을 보전할 수 있는 자본량이며, 요구자본은 보험회사에 내재된 각종 리스크가 현실화될 경우의 손실금액이다. 우리나라 보험업법에서는 RBC 비율을 100% 이상을 유지하도록 규정하고 있다. 참고로 2021년 6월 말 기준 RBC 비율은 [그림 5-4]에서 보는 바와 같이 생보사의 경우 272.9%, 우체국의 경우 297.9%로[11] 양호한 수준이다.

이외에 리스크 관리를 위해 많이 사용되는 것으로 VaR가 있으며 기본적인 개념은 다음과 같다. VaR는 리스크를 감안한 가치로 금리, 환율, 주가 등의 변동으로 인하여 자산이나 부채 가치에 손실이 일어날 가능성을 확률에 기초해 예측하는 것이다. 즉, 시장가치에 대한 미래의 확

---

10. 책임준비금이란 보험계약자로부터 매년 납입받은 보험료 중에서 비용을 지출하고 보험계약자에게 장래에 지급할 보험금, 환급금, 계약자 배당금 등의 부채에 충당하기 위하여 적립한 금액을 말한다.

11. 우정사업본부 자료.

그림 5-4 우리나라 보험회사 RBC 비율 변동 추이

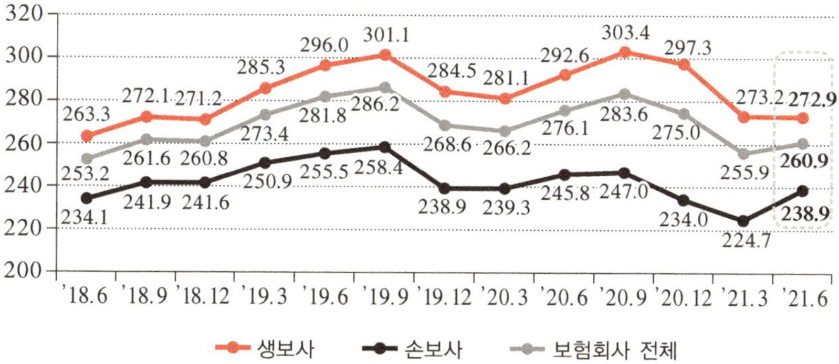

자료 : 금융감독위원회 보도자료, 2021. 9. 23.

률분포가 예측되면 향후 특정 신뢰수준에서 시장가격이 불리하게 변동할 경우에 입을 수 있는 최대의 손실 규모를 산출하는 것으로,[12] 정상적인 시장조건에서 특정한 보유기간, 신뢰수준 및 확률분포의 전제하에 시장위험으로 인해 포트폴리오로부터 발생할 수 있는 최대손실예상액을 추정한 수치를 의미하며 그 산식은 다음과 같다.

$$\mathrm{VaR} = [R - (A \times \sigma)] \times V$$

---

12. 정규분포를 가정할 경우 μ는 평균값, σ는 표준편차이며, $P(\mu - 1.96\sigma \le X \le \mu + 1.96\sigma) = 95\%$가 의미하는 바는 어떤 사상 X가 $\mu - 1.96\sigma$와 $\mu + 1.96\sigma$ 사이 값을 취할 확률이 95%라는 것이다. 이때 1.96이 유의 값이 되는 것이다. 이 방법에서 가장 어려운 점이 바로 이 예상 포트폴리오 수익률에 대한 확률분포를 도출해 내는 것이다.

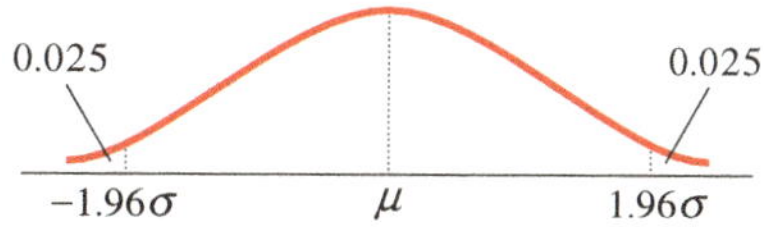

*R*은 예상 포트폴리오 수익률이고, *A*는 유의값(critical value)으로 정규분포에서 95% 신뢰구간이면 −1.96부터 +1.96 사이인데 불리한 쪽만 선택하기 때문에 정규분포에서 한쪽 꼬리만 고려한다. σ는 표준편차로 변동성(volatility)을 나타내고, *V*는 포트폴리오의 가치로 금액으로 표현된다.[13] 예를 들어, 어떤 금융기관의 트레이딩 포트폴리오의 일별 VaR가 95% 신뢰수준에서 10억 원이라고 하면 정상적인 시장여건하에서 10억 원보다 더 큰 손실이 일어날 확률이 5%라는 것을 뜻하는 것이며,[14] 역으로 10억 원의 자금을 부담할 수 있는 여유가 있으면 이 정도의 시장위험은 부담하더라도 무리없이 관리될 수 있다는 의미이기도 하다. 이러한 유용성을 가진 VaR는 불확실한 환경에서 과거 자료 사용에 따른 미래예측의 문제, 모형 자체에 내재된 위험, 국가 위험, 법적 위험의 문제가 고려되지 못하는 등의 한계에도 불구하고 현존하는 가장 최선의 리스크 관리 기법으로서 종합적인 리스크 평가가 가능하다는 점에서 시장 및 금리 리스크 한도 책정 등에 많이 이용되고 있다.

---

13. 수익률이 1년 단위로 산정되더라도 VaR는 주별, 일별로도 측정할 수 있으며 주별일 경우 R은 $\frac{R}{52}$로, σ는 $\frac{\sigma}{\sqrt{52}}$로 조정하여 사용한다.

14. 이 경우 *R*의 확률분포에서 불리한 쪽 꼬리만 고려하기 때문에 *A*값은 1.64가 된다.

06

우체국 예금과 은행의
수익성 비교 평가는 어떻게 하나?

한국의 금융산업은 IMF 이후 금융자율화, 대형화와 겸업화, 국제화와 증권화, 정보화, 금융감독기능의 강화 등과 같은 변화를 겪어 왔다. 특히 금융과 ICT의 결합은 금융산업 내부적으로는 금융의 효율성을 향상시키고 있지만, 금융산업 외부적으로는 지금까지 금융산업에 속하지도 않던 기관들을 금융 영역에 진입시켜 금융기관들과 치열한 경쟁을 하도록 만들고 있으며, 그 결과 향후에는 금융기관의 수익성 측면에도 많은 변화를 초래할 것으로 보인다. 이와 같은 금융환경의 변화가 금융기관의 수익성에 미치는 영향은 사업의 지속성 문제와 직결되는 까닭에 금융기관 경영의 핵심이라 할 수 있다. 금융기관 수익성 구조는 자산·부채 종합관리(Asset-Liability Management ; ALM)의 대표적인 모델 중의 하나인 순이자마진(Net Interest Margin ; NIM) 모델을 통해 알아볼 수 있으며, 그 결과로 나타나는 성과에 대해서는 가장 대표적인 투자수익률로 사용되는 자기자본 이익률(Return on Equity ; ROE) 모형을 통해 알아볼 수가 있다.

1. NIM 모형 도입 배경

금융기관의 주요 수입원은 자금운용에 따른 이자수익과 자금조성에 따른 이자비용의 차이이기 때문에 전통적으로 금융기관의 수익성 관리는 자금운용에 따른 이자수익을 높이기 위한 자산관리와 자금조성에 따른 이자비용을 줄이기 위한 부채 관리에 중점을 두어 왔다. 그러나 금융기관의 자산 및 부채 관리는 일반 생산기업과는 달리 서로 분리해서 생각할 수 없다. 즉, 일반 생산기업의 경우에는 자본조달 결정(Financing Decisions)과 투자 결정(Investment Decisions)이 상호 독립적일 수 있지만 금융기관의 경우에는 예금을 통한 자금조달과 대출을 통한 투자 사이에는 이자율이라는 연결 고리가 존재한다. 특히 인플레이션이 계속되고 이자율의 변동이 심한 경우에는 이 연결 고리가 은행의 경영 성과에 미치는 영향은 거의 결정적인 것이라 볼 수 있다.

이와 같은 이유에서 금융기관의 자산과 부채, 즉 재무상태표 전체를 유기적으로 연관시켜 종합적으로 관리해야 할 필요성이 생겨났으며 그 기법을 자산 · 부채 종합관리라 한다. 넓은 의미의 ALM은 스프레드 관리, 일반관리비 통제, 유동성 관리, 자본 관리, 세금 관리 등이 포함되나, 좁은 의미로는 스프레드 관리를 의미한다. 여기서 스프레드란 운용자금에 대한 이자율과 조달자금에 대한 이자율의 차이를 의미하며, 스프레드 관리란 순이자마진 모형을 통한 금융기관의 수익성 관리를 말한다.

2. NIM 모형[1]

일반적으로 NIM은 순이자수익을 이자수익자산으로 나눈 것으로 정의한다. 이를 식으로 표현하면 다음과 같다.

$$NIM = \frac{\text{순이자수익}}{EA} = \frac{(\text{이자수익} - \text{이자비용})}{EA}$$

1. 남찬기, 「순이자(NIM)모형을 통한 은행의 수익성 분석」, 『신평저널』, 1989 봄 참조.

EA(earning assets)는 이자부자산(利子附資産)을 말하고 이자수익은 이자부자산에서 발생하며, 이자비용은 이자부부채(利子附負債)에서 발생한다.

NIM 분석을 위한 일반적인 금융기관의 재무상태표를 보면 [그림 6-1]과 같이 나타낼 수 있다. 여기서 이자부자산과 이자부부채의 크기가 같다면 NIM은 이자부자산에 대한 평균이자율에서 이자부부채에 대한 평균이자율을 뺀 것이 되겠으나, 현실적으로 이자부자산과 이자부부채의 크기가 동일하다는 아무런 보장이 없으므로 이 항목이 같지 않는 경우가 더 일반적이다. 따라서 이들의 상대적인 크기가 NIM에 상당한 영향을 미칠 수 있다.

그림 6-1 금융기관의 일반적인 대차대조표

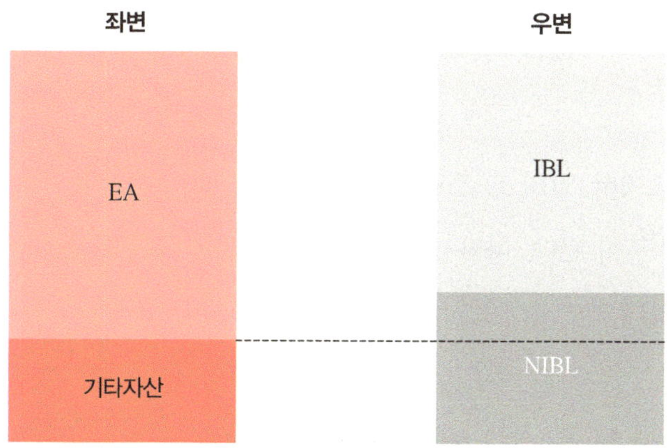

〈참조〉 IBL(Interest bearing liability) : 이자부부채,
NIBL(Non-Interest bearing liability) : 이자가 지급되지 않는 부채 및 자본

[그림 6-1]이 나타내는 바는 금융기관의 총자산 중 기타 자산은 모두 NIBL로 조달되어 있는 반면, EA는 대부분 IBL로 조달되어 있으나 일부는 NIBL로 조달되어 있다는 것이다. 물론 이와는 반대로 기타 자산이 NIBL보다 큰 경우도 있을 수 있는데, 이때는 EA는 모두 IBL로 조달되어 있고 기타 자산은 IBL과 NIBL로 조달되어 있을 것이다. 이와 같은 금융기관의 재무상태표를 바탕으로 EA에 대한 평균이자율을 r, IBL에 대한 평균이자율을 i로 정의한다면 NIM 식을 다음과 같이 다시 표현할 수 있다.

$$
\begin{aligned}
NIM &= \frac{EA \times r - IBL \times i}{EA} \\
&= \frac{r \times EA - i \times EA + i \times EA - i \times IBL}{EA} \\
&= r - i + i \times \frac{EA - IBL}{EA} \\
&= (r - i) + i\left(1 - \frac{IBL}{EA}\right)
\end{aligned}
$$

EA 중에서 NIBL로 조달된 부분의 비율, 즉 $\frac{NIBL}{EA}$을 f로 놓으면, $f = 1 - \frac{IBL}{EA}$이 된다. 따라서 NIM은 최종적으로 다음과 같은 식으로 나타낼 수 있다.

$$NIM = (r - i) + i \times f$$

$r - i$: EA로부터 발생하는 평균수입이자율(r)과 IBL로부터 발생하는 평균지급이자율(i)의 차이로서 엄밀한 의미의 스프레드를 의미.

$i \times f$: NIBL로 조달된 EA 부분에 대하여 이자 i를 지급하지 않음으로 해서 발생하는 수익을 의미.

이와 같은 관점에서 볼 때 NIM을 결정하는 요인은 EA와 IBL에 대한 평균이자율과 EA에 대한 IBL과 NIBL의 구성비율이라 할 수 있다. 즉, NIM은 r, i, f에 의해서 결정되기 때문에 어떤 은행이 NIM을 변동시키려 한다면 이들 세 변수 중 일부 또는 전부를 변화시켜야만 한다는 것이다. 이들 세 변수를 어느 방향으로 변동시킬 것인지는 각 금융기관이 처한 경영환경과 이에 대처하려는 경영정책에 달려 있다. 예를 들어 어떤 금융기관이 요구불 예금의 감소 등으로 인해 f가 줄어들고 예금 유치 경쟁의 격화로 인해 i가 올라가는 국면에 처해 있다면, 이로 인한 NIM의 감소를 보완하기 위해서는 어느 정도의 위험을 감수하고서라도 수익성이 높은 투자 기회를 추구하여 r을 높이는 방향으로 정책을 펼 수도 있다는 것이다.

이들 세 변수 r, i, f의 변화가 NIM을 변화시키는 효과를 살펴보기 위하여 편의상 현재를 시점 0이라 하고, 다음 기를 시점 1이라 한다면 r, i, f의 한 기간 동안의 변화, 즉 Δr, Δi, Δf 는 다음과 같이 나타낼 수 있다.

$$\Delta r = r_1 - r_0$$

$$\Delta i = i_1 - i_0$$

$$\Delta f = f_1 - f_0$$

위의 정의를 이용하여 NIM의 한 기간 동안의 변화, 즉 ΔNIM을 계산하면 다음과 같다.

$$\Delta NIM = NIM_1 - NIM_0$$

$$= (\Delta r - \Delta i) + (\Delta i \times f_0) + (i_0 \times \Delta f) + (\Delta i \times \Delta f)$$

$\Delta r - \Delta i$ = 이자율 변동에 따른 스프레드효과
$\Delta i \times f_0$ = 이자비용 변동에 따른 레버리지효과
$\Delta f \times i_0$ = 자금조달원의 변동에 따른 자금조달효과
$\Delta i \times \Delta f$ = 레버리지와 자금조달의 복합효과

따라서 ΔNIM, 즉 순이자마진의 변화량은 스프레드효과, 레버리지효과, 자금조달효과, 그리고 레버리지와 자금조달의 복합효과 등의 4가지 요소로 이루어져 있음을 알 수 있으며, 이들 효과는 다음 [그림 6-2]와 같이 나타낼 수 있다.

그림 6-2 레버리지효과와 자금조달효과

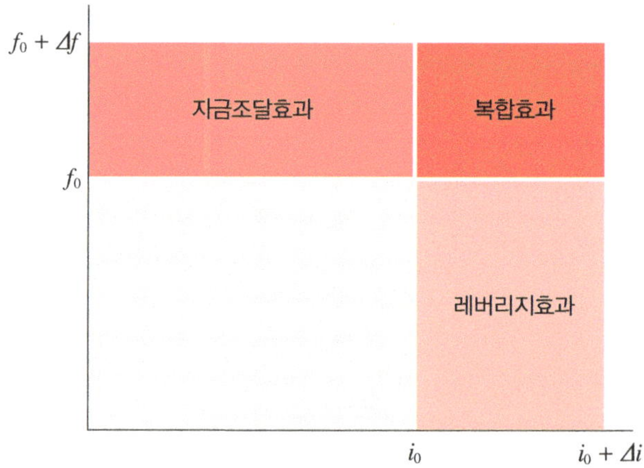

3. NIM 모형을 통한 수익성 분석

이와 같은 구조를 지닌 NIM이 한국 금융시장에 있어서 가장 큰 위기였던 IMF[2] 금융위기 전후에 어떤 형태의 움직임을 보였는지를 살펴보면 왜 NIM이 중요한 경영실적 관리 지표인가를 알 수 있을 것이다.[3] IMF 금융위기는 1997년 말경에 발생하였으며, 12월 3일 한국정부와 IMF 사이 자금지원에 대한 양해각서가 체결되었기 때문에 1977년까지는 IMF 이전, 1998년부터는 IMF 이후라 볼 수 있겠다. 이 시기 우리나라 금융산업은 엄청난 변화를 겪었으며 2000년 6월 기준 부실금융기관 정리 현황을 보면 〈표 6-1〉과 같다. 즉, 1997년 금융위기가 발생함 따라 우리나라 금융산업은 심각한 구조조정을 경험하였으며, 33개의 은행 가운데 10개 은행이, 2,069개 비은행 중 462개 기관이 퇴출 또는 합

표 6-1 **부실금융기관 정리 현황**(2000. 6 기준) (단위 : 개, %)

구분	1997년 말 기관 수(A)	구조조정 현황				
		인가 취소	합병 소멸	해산 등	계(B)	비중(B/A)
은행	33	5	5	–	10	30.3
비은행[1)]	2,069	82	126	254	462	22.3
계	2,102	87	131	254	472	22.4

주 : 1) 종금, 증권, 보험, 투신(투신운용사 포함), 상호신용금고, 신용협동조합, 리스 등을 포함.

자료 : 재정경제부

2. 국제통화기금(國際通貨基金, International Monetary Fund ; IMF).
3. 남찬기 · 문춘걸, "우체국 금융 예대마진의 실시간 산출을 위한 기법 및 DB구축방안 연구", 2001. 2. 참조.

병 등으로 소멸되었다.[4]

이와 같은 환경 속에서 NIM이 어떤 요인에 의해 변화해 나가는지를 자세히 분석하려면 NIM을 구성하는 모든 변수의 변화 과정을 추적해야만 한다. 우선, 1996년부터 2000년까지의 평균잔액기준 대차대조표와 손익계산서를 이용하여 시중은행, 지방은행, 우체국 예금의 연도별 NIM 및 그 구성 요소들을 보면 〈표 6-2〉와 같다.[5] 이들을 계산함에 있어서 평균잔액 기준 대차대조표가 사용되었으며, 그 이유는 연평균 수입 이자율이나 지급 이자율을 산정하기 위해 사용되는 당해 연도의 자금운용액이나 자금조성액은 연 평균치를 적용하는 것이 손익계산서상에서 발생주의 원칙에 따라 계산된 이자수익 및 이자비용과의 사이에 일관성이 유지되기 때문이다. 즉, 손익계산서상의 이자수익과 이자비용은 연초부터 연말까지 발생한 것이므로 대차대조표상의 이자부자산이나 이자부부채가 증가한다면, 연초를 기준으로 할 경우엔 이자수익과 이자비용이 과대평가될 것이며 연말을 기준으로 할 경우엔 과소평가될 것이기 때문이다.

---

4. 1998년 6월 29일 자기자본비율이 8%에 미달하고 경영정상화 가능성이 희박한 대동, 동남, 동화, 충청, 경기 등 5개 은행이 퇴출되어 다른 은행에 인수되었음. 그 후 상업과 한일, 조흥과 강원·충북, 국민과 장기신용, 하나와 보람은행이 합병되었음. 재무구조가 극히 부실하였던 제일, 서울은행 가운데 제일은행이 뉴브리지캐피탈에 매각되었음(정지만, 금융환경변화와 우리나라 은행의 수익성, 한국금융연구원, 2000. 9 참조).
5. 남찬기·박종현·황진욱, 「순이자마진(NIM)모형을 통한 우체국 금융의 수익성 분석」, 『우정정보』, 2001 겨울 참조.

표 6-2 IMF 사태를 전후한 시중은행, 지방은행, 우체국의 NIM

	시중은행				
	1996	1997	1998	1999	2000
r	0.0895	0.0927	0.1067	0.0861	0.0822
i	0.0677	0.0722	0.0930	0.0631	0.0609
f	0.0531	0.0461	0.0779	0.0059	0.0517
$r-i$	0.0217	0.0205	0.0138	0.0230	0.0213
$i \times f$	0.0036	0.0033	0.0072	0.0004	0.0010
NIM	0.0253	0.0238	0.0210	0.0233	0.0222
$\Delta(r-i)$		−0.0012	−0.0067	0.0092	−0.0017
$\Delta i \times f$		−0.0006	0.0029	−0.0077	0.0039
$i \times \Delta f$		0.0002	0.0006	−0.0016	0.0000
$\Delta i \times \Delta f$		0.0000	0.0004	0.0015	−0.0002
ΔNIM		−0.0015	−0.0028	0.0014	−0.0011
	지방은행				
	1996	1997	1998	1999	2000
r	0.0966	0.1039	0.1373	0.0848	0.0850
i	0.0577	0.0543	0.1087	0.0628	0.0653
f	−0.0624	−0.2819	−0.1411	−0.0042	−0.0047
$r-i$	0.0389	0.0496	0.0286	0.0220	0.0197
$i \times f$	−0.0036	−0.0153	−0.0153	−0.0003	−0.0003
NIM	0.0353	0.0343	0.0133	0.0217	0.0194
$\Delta(r-i)$		0.0107	−0.0210	−0.0066	−0.0023
$\Delta i \times f$		0.0002	−0.0153	0.0065	0.0000
$i \times \Delta f$		−0.0127	0.0076	0.0149	0.0000
$\Delta i \times \Delta f$		0.0007	0.0077	−0.0063	0.0000
ΔNIM		−0.0010	−0.0210	0.0085	−0.0023

	우체국				
	1996	1997	1998	1999	2000
r	0.1158	0.1406	0.1301	0.0962	0.0834
i	0.0744	0.0729	0.0952	0.0772	0.0661
f	0.1084	0.0995	0.0564	0.0439	0.0368
$r-i$	0.0414	0.0677	0.0349	0.0190	0.0173
$i \times f$	0.0081	0.0073	0.0054	0.0034	0.0024
NIM	0.0495	0.0750	0.0403	0.0224	0.0197
$\Delta(r-i)$		0.0263	−0.0328	−0.0159	−0.0017
$\Delta i \times f$		−0.0002	0.0022	−0.0010	−0.0005
$i \times \Delta f$		−0.0007	−0.0031	−0.0012	−0.0005
$\Delta i \times \Delta f$		0.0000	−0.0010	0.0002	0.0001
ΔNIM		0.0255	−0.0347	−0.0179	−0.0027

NIM의 구성요소 중 먼저 수입이자율과 지급이자율의 차이(스프레드)인 $r-i$를 IMF 이전과 이후로 나눠 비교해 보면 1997년까지는 시중은행은 2.1~2.2% 수준, 지방은행은 3.9~5.0% 수준, 우체국은 4.1~6.8% 수준으로 우체국 > 지방은행 > 시중은행의 순서를 보이고 있다. 우체국이 일반은행에 비해 상대적으로 높은 이유는 자금운용에 따른 수익률 r이 높기 때문이며, 이는 우체국의 경우 대출기능이 없어 일반은행에 비해 부실채권이 없는 특성 때문으로도 볼 수 있을 것이다. IMF 이후 1998년부터 2000년까지를 보면 시중은행의 경우 1998년에는 1.4% 수준으로 줄어들었으나 1999년부터는 IMF 이전 수준을 회복하여 1999년에 2.3%, 2000년에는 2.1% 수준을 보이고 있다. 반면에 지방은행 및 우체국의 경우는 1998년 이후 급격히 떨어져 전혀 예전 수

준을 회복하지 못하고 오히려 점차 악화되고 있다. 지방은행의 경우 1998년 2.9%, 1999년 2.2%, 2000년 2.0%로 점차 줄어들고 있으며, 그 수준은 오히려 시중은행보다 낮게 나타나고 있다. 우체국의 경우는 1998년 3.5%, 1999년 1.9%, 2000년 1.7%로 3개 기관 중 가장 급격하게 줄어들고 있다. 지방은행과 우체국의 경우 스프레드가 이와 같이 줄어드는 이유는 자금운용 수익률이 줄어든 면이 크지만, 시중은행에 비해 상대적으로 자금조성에 따른 지급이자율이 다소 높았던 것으로 볼 수 있다. 이것이 의미하는 바는 IMF 경제위기 기간 동안 경험한 높은 예금이자율에 대한 수익성 차원의 통제를 IMF 이후 제대로 수행하지 못하고 저금리 시대를 맞아 스프레드 관리에 문제점을 보였다는 것이다.

다음으로 NIBL로 조달된 EA 부분에 대하여 이자 i를 지급하지 않음으로 해서 발생하는 수익을 의미하는 $i \times f$ 값을 보면, 먼저 지급이자율 i보다는 f값에서 많은 차이를 보였다. 시중은행의 f값은 1999년 0.0059 수준으로 급격히 떨어졌으나 2000년에는 예년 수준인 0.05 정도로 회복한 반면, 우체국의 경우는 1996년 0.108에서 2000년 0.037로 큰 폭으로 계속 하락하였다. 반면 지방은행의 f값은 5년 내내 음(-)의 값을 보여 전체적으로 NIM에 마이너스 요인으로 작용하였다.

종합적으로 NIM은 $r - i$와 $i \times f$의 합으로 계산되는데 [그림 6-3]에서 보듯이 세 금융기관이 확연히 다른 변화의 모습을 나타내고 있다. 시중은행의 경우 5년 동안 0.02~0.03 정도로 비교적 변화의 폭이 적어 안정적인 모습을 보인 반면에 우체국 예금은 매우 큰 폭의 변화를 보였으며, 지방은행 또한 우체국보다는 작지만 변화가 심한 모습을 볼 수 있

그림 6-3 시중은행, 지방은행, 우체국의 NIM

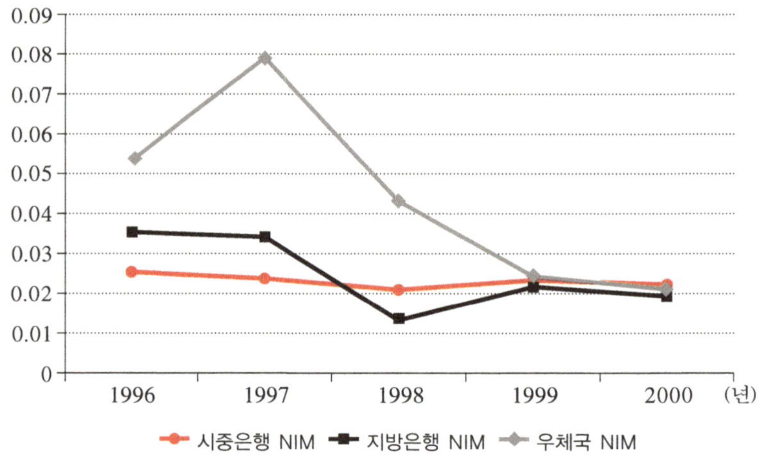

다. IMF 이전인 1997년까지 우체국 예금은 높은 수준의 값을 보였지만, 그 이후 급격한 감소세를 보이고 있으며, 지방은행도 변화폭은 작지만 우체국 금융과 비슷한 패턴을 보이고 있다. IMF 이후인 1999년과 2000년 사이에는 모두 비슷한 값을 보이지만 2000년에는 미세한 차이로 시중은행이 제일 높은 값을 기록하고 있다. 시중은행과 지방은행도 개별 은행별로 보면 변동폭이 다소 달라질 수도 있겠지만, 이와 같은 현상이 의미하는 바는 시중은행, 지방은행, 우체국 등과 같이 운영 주체에 따라 달리 나타나던 수입이자율, 지급이자율, 자금조달구조 등의 수익률 구조가 점차 구별이 없어지고 있었다는 점을 반영한다고 보아도 큰 무리가 없다는 것이다.

이와 같은 NIM의 움직임을 순이자마진의 변화인 ΔNIM 측면에서 보다 더 세부적으로 보면 우선 이자율 변동에 따른 스프레드효과인

$\Delta(r-i)$에 의해 주로 그 크기가 좌우되며, 지불해야 할 이자비용 변동에 따른 레버리지 효과인 $\Delta i \times f$, 자금 조달원의 변동에 따른 자금조달 효과인 $i \times \Delta f$, 레버리지와 자금조달의 복합효과인 $\Delta i \times \Delta f$의 영향은 그리 크지 않은 것으로 나타났다. 전체적으로 시중은행, 지방은행, 우체국 모두 NIM 분석이 보여주고 있는 주된 시사점은 효율적인 NIM 관리를 위해서는 수입이자율 및 지급이자율의 적절한 관리뿐 아니라 일부 은행의 경우 자금조달 구조 등에 대한 관리가 요구된다는 점이다.

참고로 국내 금융기관의 경우 저금리 기조하의 지난 5년간의 NIM 실적을 보면 〈표 6-3〉과 같다. 시중은행의 NIM은 1.4～1.5% 정도로, 2.2～2.5% 정도를 보이고 있는 지방은행의 NIM보다 0.7%포인트 정도 낮으며 농협의 NIM은 1.6～1.9% 정도로 시중은행과 지방은행의 중간 정도 수준으로 유지되고 있다. 우체국은 2018년을 제외하고는 다른 금융기관과 비교하여 양호한 수준을 보이고 있으며 2020년의 경우엔 3.3% 수준으로 최상의 수준을 보이고 있다. 이러한 결과는 국영금융인 우체국 예금의 자금 조달 및 운용상의 특성에 기인한 것이라 볼 수 있다. 즉, 지급이자율 측면에서 보면 예금 형태로 조달되는 자금은 국영금융의 특성상 지급불능 위험이 없기 때문에 시중 및 지방은행이나 농협보다 수신금리가 낮을 수밖에 없어 NIM에 긍정적 요인으로 작용하지만, 수입이자율 측면에서는 직접적인 대출기능이 없어 자금운용 수익률이 낮을 수밖에 없는 부정적 요인과 부실채권은 없는 긍정적 요인이 동시에 존재한다고 볼 수 있다.

표 6-3 시중은행, 지방은행, 우체국 예금의 NIM (단위 : %)

	시중은행				
	2016	2017	2018	2019	2020
국민은행	1.58	1.71	1.71	1.67	1.51
신한은행	1.49	1.56	1.62	1.54	1.37
우리은행	1.40	1.47	1.52	1.44	1.33
하나은행	1.39	1.49	1.56	1.49	1.34
평균	1.47	1.56	1.60	1.54	1.40
	지방은행				
	2016	2017	2018	2019	2020
경남은행	2.14	2.20	2.16	1.93	1.80
광주은행	2.15	2.27	2.49	2.44	2.21
대구은행	2.14	2.21	2.26	2.07	1.79
부산은행	2.26	2.30	2.32	2.06	1.88
전북은행	2.29	2.24	2.35	2.45	2.42
제주은행	2.22	2.24	2.30	2.08	1.79
평균	2.20	2.24	2.31	2.17	1.98
	우체국 및 농협				
	2016	2017	2018	2019	2020
우체국	1.31	2.52	−0.03	2.29	3.33
농협	1.87	1.81	1.93	1.77	1.65

자료 : 금융감독원

4. 자기자본이익률(ROE) 모형

일반적으로 금융기관의 성과 지표 중 가장 중요하게 사용되는 것이 자기자본이익률(Return On Equity ; ROE)이라 할 수 있는데, ROE는 자산이익률(Return On Asset ; ROA)과 레버리지(Leverage)의 정도를 나타내는 자본승수(Equity Multiplier ; EM)라는 두 요소의 결합으로 이루어져 있다. 그리고 ROA는 다시 순이자마진과 순경비(Net Overhead ; NOH) 부담률로 이루어져 있다. ROE 모형을 구체적으로 살펴보면 다음과 같이 나타낼 수 있다.

$$ROE = \frac{NI}{E} = \frac{NI}{A} \times \frac{A}{E}$$

NI : 당기순이익(Net Income), E : 자본(Equity), A : 자산(Assets)

여기서 첫번째 항($\frac{NI}{A}$)은 ROA를 나타내고 두번째 항($\frac{A}{E}$)은 레버리지의 정도를 나타내는 EM이다. 손익계산서의 형태를 고려하여 ROA를 좀 더 구체적으로 풀어 쓰면,

$$ROA = \left(\frac{NII}{EA} + \frac{NF - OH - LL}{EA}\right)(1 - t)\left(\frac{EA}{A}\right)$$

NII : 순이자수입(Net Interest Income), NF : 순수수료 수입(Net Fee Income), OH : 경비(Overhead), LL : 대손상각(Loan Loss Provision), t : 법인세율

여기서 $\frac{NII}{EA}$은 순이자마진의 정의이며, NII는 이자수입에서 이자

비용을 차감함으로써, NF는 수수료수입에서 수수료비용을 차감함으로써 얻어진다. OH는 노동 비용과 그 밖의 임금 및 관리비용을 포함하는 개념이며, LL은 대손충당금을 나타낸다. 따라서 $\frac{NF}{EA}$는 수수료가 금융기관의 수익성에서 차지하는 비중을 나타내고, $\frac{OH}{EA}$는 인건비를 위시한 제반 경비의 부담 정도를 나타내며, $\frac{LL}{EA}$은 장부상에 나타난 부실대출의 규모를 나타낸다. $\frac{EA}{A}$는 총자산 중에서 이자부자산의 비중을 나타낸다. 이러한 자산이익률 구성 항목들을 손익계산서상에 나타내면 [그림 6-4]와 같다.

그림 6-4 손익계산서

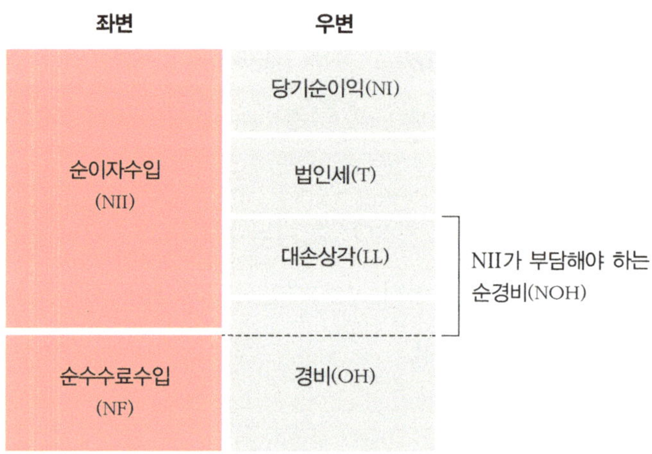

손익계산서 좌변은 수입항목으로서 순이자 수입과 순수수료 수입으로, 우변은 비용항목으로서 경비, 대손상각, 법인세 등으로 구성되어 있다. 여기서 경비와 대손상각을 합한 것이 순수수료 수입보다 큰 경우가 일반적이므로 $OH + LL - NF$를 순경비(Net Overhead ; NOH)라 부

른다. NOH는 비이자비용에서 비이자수입을 차감한 것과 같은데, 그런 의미에서 NOH는 금융기관의 경영에 있어서 부담으로 작용하는 것이다. 이러한 손익계산서 항목을 전체적으로 살펴보면 순이자수입은 당기순이익, 법인세, 순경비 등을 충당하기 위한 재원이 된다는 점에서 중요하며, 또한 순수수료 수입이 크면 클수록, 대손상각과 경비가 적으면 적을수록 순이자 수입이 부담해야 하는 순경비는 줄어들어 당기순이익을 높이는 데 기여하는 정도가 커질 것이다.

NIM과 마찬가지로 IMF 금융위기를 전후하여 1996년부터 2000년까지의 기간 동안 시중은행, 지방은행, 우체국 예금의 ROA, ROE 및 이에 영향을 미치는 여러 요소들을 계산해 보면 다음의 〈표 6-4〉와 같다.[6]

표 6-4 시중은행, 지방은행, 우체국 예금의 ROE

	시중은행				
	1996	1997	1998	1999	2000
NIM	0.0253	0.0238	0.0210	0.0233	0.0223
NOH 부담률	−0.0246	−0.0296	−0.0428	−0.0293	−0.0309
NIM + NOH 부담률	0.0007	−0.0058	−0.0218	−0.0060	−0.0085
EA/A	0.6960	0.7010	0.7445	0.8491	0.8522
ROA	0.00035	−0.0030	−0.0117	−0.0036	−0.0053
EM	19.5528	29.6114	27.9099	20.5788	22.8957
ROE	0.0073	−0.0861	−0.3259	−0.0750	−0.1197

6. 자료 : 남찬기 · 박종현 · 황진욱, 「순이자마진(NIM)모형을 통한 우체국 금융의 수익성 분석」, 『우정정보』, 2001 겨울.

	지방은행				
	1996	1997	1998	1999	2000
NIM	0.0353	0.0343	0.0133	0.0218	0.0194
NOH 부담률	−0.0335	−0.0409	−0.0778	−0.0130	−0.0180
NIM + NOH 부담률	0.0019	−0.0066	−0.0645	0.0088	0.0013
EA/A	0.6943	0.6939	0.7230	0.8802	0.8892
ROA	0.0009	−0.0033	−0.0392	0.0078	0.0012
EM	18.1474	21.5313	29.2045	29.4138	31.5825
ROE	0.0173	−0.7136	−1.1439	0.2282	0.0373
	우체국				
	1996	1997	1998	1999	2000
NIM	0.0495	0.0750	0.0403	0.0224	0.0197
NOH 부담률	−0.0454	−0.0446	−0.0339	−0.0231	−0.0241
NIM + NOH 부담률	0.0041	0.0304	0.0064	−0.0007	−0.0044
EA/A	0.8122	0.7879	0.7081	0.8413	0.8028
ROA	0.0033	0.0239	0.0045	−0.0005	−0.0036
EM	1.8330	1.7706	2.4926	3.0833	4.4627
ROE	0.0061	0.0424	0.0113	−0.0017	−0.0159

자료 : 남찬기 · 박종현 · 황진욱, 「순이자마진(NIM)모형을 통한 우체국 금융의 수익성 분석」, 『우정정보』, 2001 겨울.

먼저 NOH 부담률을 살펴보면 시중은행과 지방은행은 IMF 직후인 1998년 급격한 상승을 보인 후 1999년부터 안정을 찾아가고 있다. 이에 반해 우체국의 경우는 은행들보다 변화의 폭이 크지는 않다. 전반적으로 1999년 이후 안정적인 NOH 부담률을 보이고 있는 것은 IMF이후 모든 금융기관들이 경비를 줄이려는 노력을 한 결과로 보인다.

NIM + NOH 부담률을 살펴보면, 이는 NIM에서 NOH 부담률을 제외한 부분, 즉 영업에서 발생하는 이익률을 뜻하는 것으로서 시중은행은 1997년부터 2000년까지 음의 값을 보여 영업에서는 적자를 나타낸 반면, 지방은행은 1997년과 1998년에 영업에서 적자를 기록하다가 1999년부터 영업 흑자로 돌아섰다. 우체국의 경우 은행과는 달리 1999년부터 음의 값을 보이는데, 이는 IMF 이전 우체국의 NIM이 은행에 비해 상대적으로 높아 충격을 흡수하는 여유가 있었던 것으로 보아도 무방할 것이다. 총자산 중 이자부자산을 의미하는 EA/A는 은행의 경우 IMF 이후 점점 높아졌으며 우체국 예금의 경우는 비교적 안정적인 수치를 보이고 있다. 자산이익률을 나타내는 ROA는 시중은행, 우체국, 지방은행 모두 NIM + NOH 부담률과 비슷한 추세를 보였다. 레버리지의 정도를 나타내는 자본승수인 EM은 시중은행의 경우 1997, 1998년 최고 수준으로 상승하다가 IMF 위기가 정리되는 과정에서 1999년 이후 하락하였는데, 그 이유는 구조조정 등에 따른 자산의 축소 또는 자본이 확충되는 과정을 거친 결과로 보인다. 지방은행의 경우 EM의 지속적인 증가는 IMF 위기 이후에도 레버리지 축소가 일어나지 않아 재무구조의 개선이 일어나지 않고 있었음을 알 수 있다. 반면에 우체국의 EM은 지속적으로 상승하고는 있지만 사업 주체의 특성상 지방은행 및 시중은행에 비해 매우 낮은 값을 보였다.

ROE의 움직임을 살펴보면 [그림 6-5]에서 보듯이 은행은 1997년 소폭, 1998년 대폭 감소 후 1999년부터 회복세를 보이는 반면 우체국은 1997년 상승 후 계속 하락 추세에 있으나 시중은행 및 지방은행에 비

그림 6-5 시중은행, 지방은행, 우체국의 ROE[7]

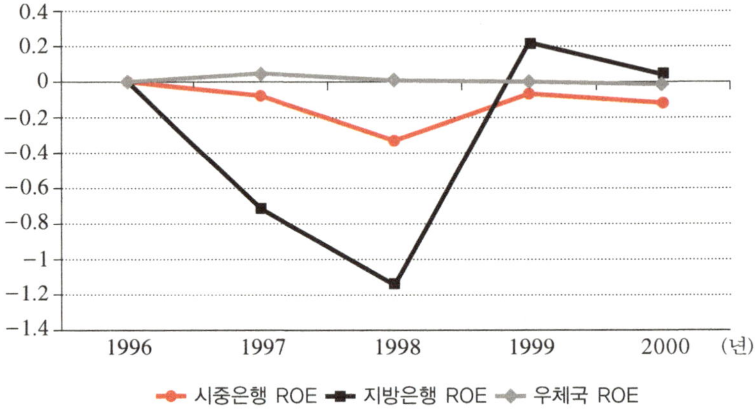

해 변화의 폭이 심하지는 않았다는 것을 알 수 있다. ROE 값이 음(−)의 값을 나타내는 이유는 NOH 부담률이 NIM보다 상대적으로 큼에 따라 NIM+NOH 부담률이 음의 값을 가질 정도로 작아지면서 ROE에 영향을 미치기 때문으로 보인다.

지금까지 1997년 말부터 시작된 IMF로 대변되는 한국 경제위기 전후로 한국 금융기관들의 상황을 NIM 모델을 통해 알아보았다. 종합해서 본다면, 먼저 NIM과 ΔNIM의 분석을 통해 본 결과는 r, i, f의 세 변수 중 하락폭이 큰 r로 인한 $r-i$의 감소와 f의 감소에 따른 지급이자의

---

7. ① 은행자료 중 자본은 자본금이 아닌 자본총계량을 의미함. 따라서 자본금 + 이익잉여금 + 자본조정을 포함한 자료임.
② 법인세의 자료는 손익계산서 상 법인세 등으로 표현된 일부은행도 있었음.
③ NOH 부담률의 계산은 제경비(영업비용 − 이자비용), 즉 비이자 경비에서 순수수료수입(영업수익 − 이자수익)을 제외한 이자부자산으로 나눈 값임.
④ 자료의 출처는 금융감독위원회의 전자공시 사업보고상 재무제표의 내용임(www.fss.or.kr).

부담이 순이자마진(NIM) 감소에 결정적인 요인으로 작용했다는 것이다. 또한 $r-i$는 NIM을 결정하는 데 크게 기여하고 있을 뿐만 아니라 NIM의 변화에도 상당한 영향력을 미치므로 금융기관들은 자금운용금리와 자금조달금리 간의 연동성을 염두에 두고 관리를 해야 하며 향후 NIM 관리에 있어서 중요한 정책 변수임을 간과해서는 안 될 것이다. 또한 ROE 분석을 통해 본 결과 ROE가 하락하는 주된 이유는 NOH 부담률이 NIM보다 상대적으로 커서 NIM + NOH 부담률이 작아지면서 ROE에 영향을 미쳤기 때문이라는 것이다. 따라서 금융기관들은 효과적인 리스크 관리를 통해 이자수익과 이자비용을 효과적으로 통제해야만 NIM을 향상시킬 수 있을 것이며, 또한 수수료 수입을 높이고 대손상각 및 기타 경비를 줄여 비이자비용과 비이자수익의 차이인 NOH 부담률을 최소화해야만 높은 ROE 이익을 얻을 수 있을 것이다.

현재 금융환경은 빠르게 변화하고 있고 금융기관 간 경쟁도 치열해지고 있다. 특히, 정보통신 및 전자기술의 발달은 대량의 신속한 정보처리를 가능하게 하고, 금융 중개에 따른 효율성을 증대시켜 이에 소요되는 비용 또한 크게 하락시켰다. 이에 따라 금융거래의 시간적 · 공간적 제약이 사라지고 수요자의 다양한 요구에 부응하는 양질의 새로운 금융상품의 개발이 가능하게 되었다. 이러한 급격한 변화와 치열한 경쟁 속에서도 금융기관들은 장기적 생존에 필수적인 수익성 유지를 위해 많은 노력을 기울일 수밖에는 없는 것이 현실이다. 따라서 금융기관 각자가 자신이 처한 상태를 점검하고자 할 때엔 NIM을 통한 수익구조 분석은 필수적인 것이라 보이며 현재 시점에서 주요 은행들의 ROA 및 ROE 실적을 보면 〈표 6-5〉 및 〈표 6-6〉과 같다. ROA의 경우 시중은행 및 지방은행은 모두 0.5% 내외를 유지하고 있으며, 농협은 2017년까지는 상대적으로 낮은 편이었으나 2018년 이후는 시중 및 지방은행과 비슷한 수준으로 회복하고 있다. 우체국은 네트워크 유지에 따른 원가 부담

표 6-5 시중은행, 지방은행, 우체국 예금의 ROA (단위 : %)

	시중은행				
	2016	2017	2018	2019	2020
국민은행	0.33	0.73	0.66	0.66	0.55
신한은행	0.64	0.55	0.67	0.59	0.48
우리은행	0.37	0.44	0.60	0.55	0.38
하나은행	0.43	0.65	0.61	0.62	0.51
평균	0.44	0.59	0.64	0.61	0.48
	지방은행				
	2016	2017	2018	2019	2020
경남은행	0.60	0.60	0.45	0.47	0.39
광주은행	0.48	0.59	0.66	0.75	0.62
대구은행	0.58	0.61	0.45	0.51	0.43
부산은행	0.65	0.39	0.66	0.68	0.52
전북은행	0.35	0.39	0.57	0.65	0.70
제주은행	0.52	0.46	0.48	0.46	0.27
평균	0.53	0.51	0.55	0.59	0.49
	우체국 및 농협				
	2016	2017	2018	2019	2020
우체국	0.22	0.29	0.22	0.29	0.36
농협	0.02	0.25	0.43	0.50	0.42

자료 : 금융감독원

표 6-6 시중은행, 지방은행, 우체국 예금의 ROE (단위 : %)

	시중은행				
	2016	2017	2018	2019	2020
국민은행	4.18	9.22	8.61	8.72	7.70
신한은행	8.58	7.39	9.33	8.48	7.09
우리은행	5.44	6.45	8.82	8.36	5.83
하나은행	5.63	8.73	8.30	8.55	7.34
평균	5.96	7.95	8.77	8.53	6.99
	지방은행				
	2016	2017	2018	2019	2020
경남은행	7.39	7.35	5.24	5.41	4.72
광주은행	6.97	8.69	9.25	9.83	8.55
대구은행	7.31	7.77	5.57	6.28	5.67
부산은행	7.82	4.58	7.31	7.35	5.76
전북은행	4.64	5.41	8.02	8.08	8.76
제주은행	7.66	6.73	6.45	5.72	3.45
평균	6.97	6.76	6.97	7.11	6.15
	우체국 및 농협				
	2016	2017	2018	2019	2020
우체국	3.01	3.66	2.70	3.80	4.41
농협	0.41	4.52	7.95	9.27	7.99

자료 : 금융감독원

등으로 은행 대비 자산운용 효율성이 낮을 것으로 보이기 때문에 ROA도 은행보다는 낮은 수준이지만 큰 변동 없이 안정적으로 유지되고 있다. ROE의 경우도 시중은행 및 지방은행은 모두 평균 7% 수준에서 움직이고 있으며, 농협은 2017년까지는 낮은 편이나 2018년 이후는 시중 및 지방은행과 비슷한 수준으로 회복하고 있어 ROA와 유사한 패턴을 보이고 있다. 우체국의 ROE도 은행보다 낮은 수준이지만 ROA와 마찬가지 이유로 큰 변동 없이 안정적으로 유지되고 있다.

07

우체국 경영평가는
무엇을 평가해야 하는가?

1. 리더십의 역할

조직에서 리더십의 역할은 조직이 미래에 나아갈 비전을 제시하고, 이를 달성하기 위한 전략을 수립하며, 동시에 활용 가능한 자원들을 통합하여 이를 실행해 나가는 것이다. 이러한 리더십의 핵심적인 역할은 그 조직의 장에 의해 대표적으로 수행된다. 조직의 장에 대한 중요성을 나타내는 일화로 어떤 기업은 입사시험 면접에서 들어오지 말아야 할 지원자 100명을 합격시키는 한이 있더라도 사장감 한 명을 놓치지 않으려고 한다는 말이 있다. 사장감 한 명이 왜 그렇게 중요하냐고 하면 회사는 그 사장의 역량만큼 성장하기 때문이라는 것이다. 사장은 그 회사의 모든 일을 속속들이 다 알지는 못할 수도 있지만, 회사와 관련된 산업의 미래를 보고 전체적인 관점에서 회사가 성장해 나아갈 방향을 제시해야 하는 것이다. 즉, 컨셉추얼 스킬(conceptual skill)을 발휘하여 조직의 비전을 제시하고, 이를 달성하기 위한 분야별 전략을 경영진과 함께 구체화시켜 나가야 하는 것이다.

특히 오늘날과 같은 디지털화된 지식에 기반한 경영환경에서는 정확한 정보가 제때에 제공되어 조직 구성원들이 스스로의 판단으로 올바른 의사결정을 할 수 있어야 하며, 동시에 이러한 과정이 지식화되어 축적될 수 있도록 해야 하는 것이 중요해진다. 그러기 위해서는 사업 경영의 전 분야에 걸쳐 계획하고 조직하고 조정해 나가는 과정이 필요하며, 이러한 일은 결국 조직의 장과 경영진 나아가 조직 구성원 전체가 원 팀(one team)으로서 회사 경영에 대한 책임을 가지고 지속적으로 추진해야 가능해진다고 할 수 있다. 이렇게 할 때만이 조직의 목표가 조직 구성원의 행동지침이 되고 조직이 달성하고자 하는 경영성과를 효과적으로, 또한 동시에 효율적으로 추구할 수 있는 분위기가 형성되는 것이다.

최고경영자의 리더십은 조직의 분위기에도 크나큰 영향을 끼칠 수 있다. 최고경영자가 모두의 공통된 목표를 제시하고 이를 달성하기 위해 모든 구성원이 자기의 직무에서 최선을 다하는 조직 분위기가 가장 바람직하다는 것은 누구나 다 동의한다. 예를 들어 모든 사람이 열심히 일하는 조직 분위기라면, 열심히 일하는 모습은 별 표시가 나지 않지만, 어느 한 사람이 일하지 않으면 금방 표시가 날 것이다. 반대로, 모든 사람이 적당히 일하는 조직 분위기에서는 열심히 일하지 않아도 별 표시가 나지 않지만, 어느 한 사람이 열심히 일하면 금방 표시가 나게 된다. 과연 어느 조직의 분위기가 바람직할까를 생각해 보면 해답은 어렵지 않게 찾을 수 있을 것이다. 그러나 공통된 조직의 목표는 가장 중요한 사회적 책임인 기업의 유지 · 성장을 지향하기 때문에 단기간에 달성되는 성질의 것이 아니라, 중장기적으로 조직 전체의 노력에 따라 달성 여부가 결정된다. 따라서 리더십의 중요한 문제 중의 하나는 어떻게 그런 분위기를 만들어 나가느냐 하는 것이다.

이와 같이 중장기적인 목표를 제시하고, 이를 추진하기 위해 바람직한 방향으로 조직 분위기를 바꾸어 나가야 하는 것이 최고경영자의 핵심적인 역할이라는 관점에서 우정사업본부를 보면 우선 본부장의 임기가 2년으로 너무 짧다. 회계연도 도중에 부임하여 그 해에 이미 진행되고 있는 사업을 마무리하고 다음 해를 준비하여 1년 일을 하다 보면 그 다음 해에는 임기가 끝난다. 어떤 사업도 최고경영자의 임기가 이렇게 짧아서는 경영정책의 지속성을 담보할 수가 없고, 때로는 성과가 나타나기도 전에 정책이 변경되는 경우가 생길 수도 있다. 아무리 우정사업이 정부기업으로 공무원 신분의 종업원에 의해 안정적으로 운영된다고 하더라도 미래지향적 경영정책의 성과는 단기적으로 나타날 수는 없다. 따라서 비록 본부장의 신분은 공무원이지만 사업을 책임지고 있는 CEO(Chief Executive Officer)로 본다면 본부장과 더불어 최상층 경영진의 빈번한 교체는 일관된 경영정책의 시행으로 인한 원 팀으로서의 경영성과를 창출하기 어렵기 때문에 본부장의 임기 2년은 재고해 볼 필요가 있는 사안으로 보인다.

2. 경영평가는 왜 하나?

조직 운영의 관점에서 경영평가가 가지는 의미는 조직이 추구하는 목표에 대한 성과와 관련하여 우등한 것과 열등한 것, 또는 바람직한 것과 바람직하지 못한 것을 일정한 측정 기준에 따라 선별해 내는 과정으로 이해될 수 있다. 즉, 경영평가는 효과성과 효율성 측면에서 경영성과(performance)를 측정하여 경영의 합리화를 위한 계획 수립에 반영함과 동시에 공정한 성과 배분을 위한 자료를 제공하는 중요한 경영관리 수단이다.

따라서 경영평가의 목적은 크게 두 가지로 나누어진다. 첫째는 조직이 추구해야 할 경영목표를 피평가자가 달성해야 할 평가지표로 제시함으로써 조직의 핵심 경영전략에 대한 방향성을 제시하는 것으로 조직의 목표 구현에 기여하는 것이다. 둘째는 평가 기간 동안 평가지표별 목표 대비 성과를 측정하고 평가하여 그 결과를 성과급 등에 반영함으로써 평과 결과를 보상체계와 연결시켜 평가대상의 총체적인 경영개선을 유도하는 것이다. 결국 평가제도의 목적은 평가자와 피평가자 사이에서 개인의 목표와 조직의 목표를 일치시킴으로써 조직 구성원 개개인에 대한 동기부여를 통하여 조직 전체에 활기를 불어넣는 데 있다고 할 수 있을 것이다. 따라서 경영환경이 변화하면 조직의 목표도 달라져야 하고, 이에 대한 경영평가 방식도 변화할 수밖에는 없을 것이다. 이러한 경영평가 과정을 그림으로 보면 [그림 7-1]과 같다.

그림 7-1 경영평가의 순환 과정

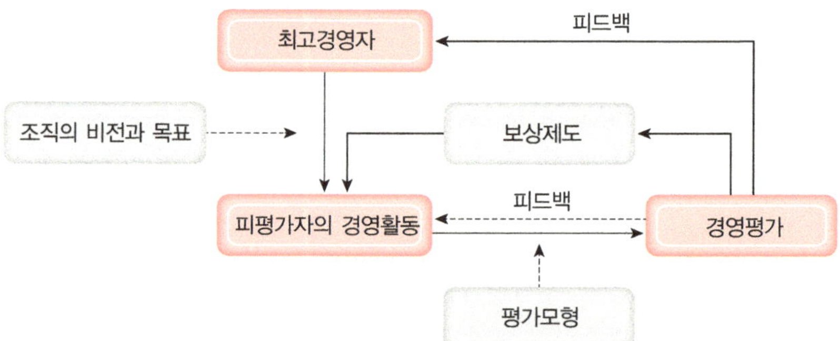

3. 우정사업의 경영평가는 어떻게 구성되어 있나?

우정사업과 관련된 경영평가는 우정사업본부 내에서의 관서 평가와 과기정통부에 의한 우정사업본부장 평가의 두 단계 프로세스로 구성되어 있다. 우정사업본부 내에서의 관서 평가는 우정사업본부장이 매년 소속 기관의 경영실적을 평가하여 그 결과를 우정사업 운영의 개선에 반영하기 위한 것이다.[1] 이 단계에서 우정사업본부장은 우정사업본부의 경영실적을 향상시키기 위해서 평가의 대상이 아닌 평가주체로서 본부장이 제시한 경영목표 등의 달성을 위하여 우정사업본부의 각 사업 및 조직이 어느 정도의 성과를 내고 있는지를 평가한다.

이에 비해 과학기술정보통신부가 우정사업을 총괄하는 우정사업본부장을 대상으로 한 평가는 우정사업본부장 임용 시 장관과 업무에 관한 계약을 체결하고 그 이행 실적에 대해 매년 평가하는 것을 말한다.[2] 우정사업본부장은 우정사업을 총괄하고 그 경영 성과에 대한 책임을 져야 하기 때문에 본부장에 대한 평가는 우정사업 전반에 걸쳐 포괄적으로 이루어질 수밖에 없다. 또한 효과적이고 효율적인 경영실적 평가의

---

1. 우정사업 운영에 관한 특례법 제6조의 3(우정사업총괄기관의 장의 책무) ② 우정사업총괄기관의 장은 매년 소속 기관의 경영실적을 평가하여 그 결과를 우정사업 운영의 개선에 반영하여야 한다.
2. 우정사업 운영에 관한 특례법 제5조의 3(우정사업총괄기관의 경영실적 등 평가) ① 과학기술정보통신부장관은 우정사업총괄기관의 경영실적 등 대통령령으로 정하는 사항을 평가하기 위하여 필요하다고 인정되는 경우에는 관계 전문가로 구성되는 우정사업경영평가단(이하 "경영평가단"이라 한다)을 구성·운영할 수 있다.

실행을 위해서는 예측된 경영환경 변화를 반영하여 달성하고자 하는 목표치를 사전에 제시하고 그 달성 정도를 평가하는 절차를 거침으로써 포괄적인 개념들을 점차 단계적으로 구체화시켜 나가는 것이 일반적인 과정이다. 계량적인 목표이든 비계량적인 목표이든 간에 우정사업본부장에 대한 평가도 이러한 과정을 거치게 되며 그 과정은 관련 법규에 규정되어 있다. 즉, 우정사업본부장은 임용 시 우정사업경영합리화 기본계획을 수립하여 과학기술정보통신부 장관의 승인을 받으며, 동시에 연차별로 시행계획을 수립하여 그 실적을 평가받는다.

4. 우정사업 소속기관 경영평가

가. 사업 소속기관 경영평가는 왜 하나?

우정사업에 대한 경영평가는 오래전부터 시행되어 왔으나 1997년을 기점으로 많은 변화가 이루어져 왔다. 그 당시도 우편사업은 국민들에게 보편적 우편서비스를 제공할 목적으로 공익성에 근간을 두고 운영되어 왔지만, 우편사업이 처한 시장 상황은 공익성 추구뿐 아니라 사업경쟁력에 기초한 수익성도 절실히 요구되는 구도로 바뀌어 가고 있었다. 이러한 시장환경의 변화 중 가장 두드러진 것으로는, 첫째로 오늘날과 마찬가지로 당시에도 정보통신기술의 발전으로 인한 대체 통신수단의 보급 확대로 통신시장에서 우편사업이 차지하는 상대적 비중은 점차 약화되어 가고 있었고, 둘째로 우편시장 내에서도 민간 사송업체의 시장 점유가 가속화되는 심각한 경쟁상황을 맞이하고 있었으며, 셋째로 국민경제의 고도화에 따른 수요 형태 변화로 우편서비스에 대한 국민들의 요구 수준도 다양화되어 가고 있었다. 이와 같은 대내외적인 경영환경 변화에 능동적으로 대응해 나갈 수 있도록 하기 위하여 우편사업 운영에 있어 자율성을 보장하고 책임경영적 요소를 가미함으로써 국민에게 양질의 우편를 제공하는 한편 그동안 지속되어 왔던 우정 적자를 해소해 나감으로써 우정사업을 견실히 하고자 "우정사업 운영에 관한 특례법" 및 동법 시행령이 제정 · 공포되어 1997년 1월 1일자로 시행하게 되었다.

이러한 우정사업의 견실화는 지속적인 경영합리화에 의해서 달성될 수밖에 없으며, 경영평가 제도도 이를 뒷받침할 수 있도록 개편되어야 한다는 당위성에 따라 1997년 새로운 지표의 개발이 이루어졌다.[3] 이와 같은 책임경영 평가 제도에서 우체국을 잘 경영했다는 것은 결국 우정사업이 창출하는 전체 부가가치에 대해 해당 우체국이 기여한 부분이 크다는 것을 의미하는데, 이를 측정해 내는 과정에서 경영 의사결정에 도움이 되는 수많은 경영 정보가 생성될 수 있다는 것이다. 이러한 책임경영 평가 시스템이 지향하는 바는 유능한 우체국장의 개념이 많은 예산과 인원으로 상대적으로 적은 물량을 처리하는 것에서 적은 예산과 인원으로 많은 물량을 처리하는 것으로 바뀌는 것이다.

우체국에 대한 경영평가는 설정된 계획과 비교하여 우체국 경영을

---

3. 1997년에 개편된 경영평가 제도는 이후 우정사업의 경영에 큰 영향을 끼쳤으며, 후속 개편도 여기에 바탕을 두고 수정한 경우가 많았다.

잘 했는가 못했는가 하는 성과를 측정하여 인사 및 보상 체계와 연결시킴으로써 조직원의 행동지침을 제시하고 제시된 방향으로 종업원의 행동 동기를 유발시키는 직접적인 효과뿐 아니라, 단위 우체국의 운영 효율성을 높이기 위한 부수적인 경영 정보도 제공하는 간접적 기능도 가지고 있다. 우편사업에 있어서 단위 우체국이 가지는 의미는 고객을 대상으로 한 모든 서비스가 제공되고 판매가 이루어지는 제1차적인 대고객 접촉점인 동시에, 우편물 접수 및 구분 등 우편서비스의 생산활동이 이루어지는 거점인 것이다. 따라서 우편사업의 경영평가의 핵심은 우편서비스 제공의 기초적 단위 조직인 현업 총괄우체국을 책임경영 단위로 설정하고 책임경영 단위별 생산성 및 수익성에 기초해 경영실적을 평가하는 것이라 할 수 있으며, 그 방법을 소개해 보면 다음과 같다.[4]

나. 평가단위 : 누구를 평가하나?

경영평가에 있어 전형적인 평가단위들은 개인, 부서, 단위 조직 등으로 구분될 수 있으며 평가 목적에 따라 달라질 수 있다. 경영성과에 대한 평가의 결과가 직접적으로 해당 부서장의 경영 노력의 증대에 기여할 수 있기 위해서는 평가단위가 사전에 명확히 구분되어야 한다. 우편사업의 경우, 경영평가 단위를 어떻게 설정할 것인가의 문제는 지방청, 총괄우체국, 관내우체국, 개인 등 여러 수준에서 고려될 수 있으나

4. 주요 항목에 대한 개념은 1997년의 경영평가제도 방안에 기초를 두고 있음.

현업체계상 책임경영의 측면에서 기본적으로 총괄국을 선택하는 것이 합당하게 보인다. 우편사업 조직체계에서 총괄국의 위치는 아래로 관내국을 거느리고 위로는 지방청에 속해 있다. 따라서 실제 현업을 담당하고 있는 총괄국 차원에서 개발된 평가제도가 성공적으로 운영될 경우에는, 이를 관내국 차원으로 세분해 나가더라도 현업 업무의 연장선상에 있기 때문에 큰 문제점이 없을 것이며, 총괄국이 소속된 지방청 차원으로 통합되더라도 지방청의 경영성과가 소속 총괄국의 평균성과에 의해 결정될 수밖에 없기 때문에 이 또한 어려운 점이 없을 것이다.[5]

다. 평가대상 분야 : 무엇을 평가하나?

일반적으로 평가대상 분야는 조직 구성원의 경영 노력 결과로 나타난 모든 경영실적으로서 평가단위 조직 내에서 창출된 가치의 수준과 효율성 등을 측정하기 위한 항목들로 구성되어 있다. 구체적으로 예를 들면 계량적으로 표시되는 수익, 비용, 손익, 자본생산성, 노동생산성, 성장성, 관리효율성 등과 함께 장기전략, 노사관리, 인력관리, 서비스의 질, 연구개발, 조직 이미지와 같이 계량화하기에 어려움이 있는 분야도 포함되어 있으며, 경우에 따라서는 결과뿐만 아니라 업무집행 과정도 평가대상 분야에 포함될 수 있다.[6]

---

5. 2022년 현재는 우정사업본부가 지방우정청을 평가하고, 지방우정청이 소속 총괄국을 평가하는 구조로 운영되고 있지만 지방우정청의 평가지표와 총괄국의 평가지표 사이에는 유사성이 크다고 볼 수 있다.
6. 다수의 평가지표를 동시에 고려하다보면 어느 한 지표에서의 성과 차이가 여타 지표들에

그러나 우정사업의 경우에는 우정사업 운영에 관한 특례법을 제정하고 경영합리화 계획을 수립·집행하며, 경영평가를 실시하는 근본적인 목적은 우편사업의 경영을 공익적 목적 추구를 위하여 국가경영 체제로 유지하되, 대내외적 환경변화에 능동적으로 대응하여 지속 가능성을 향상시킬 수 있는 수익성 요소를 가미함으로써 우편사업을 견실히 해나가는 것이다. 만약 우편사업이 지속적인 적자를 보인다면, 장기적으로 결국 사업을 중단하거나, 아니면 적자를 상쇄하기 위한 재정적 보조금의 투입이 필요해진다. 이와 같은 보조금 지급은 사회 전체적인 측면에서 우편서비스를 많이 이용하지 않는 사람으로부터 많이 이용하는 사람에게로 부(富)를 이전시키는 바람직하지 못한 결과를 초래하므로, 우편사업도 최대한 적자를 보지 않으면서 운영되도록 노력을 경주해야 하는 것이다. 공익성과 수익성을 동시에 추구해야 하는 우편사업의 양면적인 성격 때문에 때로는 공익성이, 때로는 수익성이 강조되는 경우가 발생하고 있지만, 그동안 지속되어 왔던 우편사업 적자를 해소시키는 독립채산이 제1차적인 목표라면, 우체국의 주요 평가대상 분야는 효율성 측면에서 수익성과 생산성 향상을 통한 조직 활성화로 설정되는 것이 바람직할 것이다.

수익성과 생산성 지표가 가지고 있는 의미를 살펴보면, 우선 수익성은 일정 기간 동안 조직활동의 경영성과를 총체적으로 나타내는 지표

서 나타나는 성과 차이를 무시할 수 있을 정도로 큰 경우가 있다. 모든 지표의 중요도를 이들 지표들에 부여한 가중치에 따라 고려하기 위해서는 지표별 성과를 표준화시킨 뒤 가중치를 적용하여 총점을 산출하는 방법을 쓰기도 한다.

로서 조직의 모든 경영정책 및 의사결정 등의 결과를 수익과 비용을 대비시켜 측정하는 것으로 경영자의 업적을 집약적으로 평가하는 데 널리 사용되는 지표이다. 다음으로, 생산성은 기업 활동의 능률을 측정하는 지표로 투입물과 산출물을 대비시켜 자원배분의 효율성과 합리성을 분석하는 데 그 목적이 있는 것으로, 생산에 관계되는 제반 요소들이 어떻게 유효하게 이용되었는가를 계량적으로 파악하기 때문에 경영합리화의 척도를 나타낼 수 있는 지표라 할 수 있다.

라. 개별 우체국 단위의 수익은 어떻게 측정하나? : 배분수익[7]

어떤 우체국이 우편물을 접수하고 우표를 판매하면 그 판매대금은 그 우체국의 경상세입이 된다. 그러나 우편사업의 성격상 그 우편물이 접수된 우체국에서 배달되는 것은 극히 일부이고(자국접수 자국배달), 나머지는 다른 우체국으로 운송되어 배달된다. 따라서 우체국의 수지율과 관계된 가장 중요한 문제점은 어떤 우체국이 우표를 판매했다고 해서 그 판매대금이 모두 그 우체국의 수익이 될 수는 없으며 우편물이 최종 배달되기까지의 과정에서 제공되는 활동(예, 창구 접수, 발송 및 도착, 운송, 집배 등)에 배분되는 것이 합당할 것이다.

예를 들어, 어느 농촌 지역 우체국이 우편물 발송 수요가 거의 없어 우표 판매액은 아주 적지만 서울 등 타 도시 지역에서 운송되어 온 우편

---

7. 참조 : 남찬기 · 김신곤, 「우편사업 책임경영 평가 모형의 개발에 관한 연구」, 『정보통신정책연구』, Vol. 4 No.1, 1997.

물의 양은 아주 많다면, 접수 우편 물량은 적지만 배달해야 할 우편 물량은 상대적으로 많을 수 있다. 이와 같은 경우, 농촌 지역 우체국은 경상세입은 제로에 가깝고 배달에 따라 발생하는 경상세출은 증가하여 분명히 수지율은 아주 떨어지는 결과를 초래한다. 이는 경상세입과 경상세출이 서로 상관관계 없이 수익·비용 대응의 원칙에 어긋나게 잡혀있기 때문이다. 따라서 우편물을 최종 배달하는 우체국도 배달 활동이 수익창출에 기여하는 정도, 즉 배달 활동이 창출해 내는 부가가치의 상대적 크기에 따라 우표 판매에 따른 수익도 배분되는 것이 합당할 것이다.

우체국이 실제로 우편서비스 활동을 수행한 만큼 수익이 배분되는 배분수익을 측정하기 위해서는 보통통상, 특수통상, 소포 등 서비스 종류별로 집계된 총 수익을 해당 우체국의 창구(접수), 발착, 운송, 배달 등 활동 단계별 처리물량이 해당 활동 단계별 전국 총처리물량에서 차지하는 비중에 따라 수익이 배분되어야 한다.

해당 우체국 배분수익 = ∑서비스 종류별 배분수익

(서비스 종류 : 보통통상서비스, 특수통상서비스, 소포서비스)

서비스 종류별 배분수익 = ∑활동 단계별 배분수익

(활동 단계 : 창구(접수)활동, 발착활동, 운송활동, 배달활동)

이 경우 창구(접수), 발착, 운송, 배달 등 활동 단계별 상대적 비중은 이들 활동이 수익 창출에 기여하는 정도에 따라 결정되는 것이 이론적으로 합당하지만 수익창출에 대한 기여도는 결국 원가 구성비로 나타난다고 본다면 이를 대리 값(proxy)으로 사용할 수도 있다. 이에 따른 특정 우체국의 서비스 종류별 배분수익을 계산해 보면 다음과 같다.

$$
\begin{aligned}
&\text{보통통상 배분수익} = \text{보통통상 전국 총수익} \times \\
&\Big(\frac{\text{보통통상 해당 우체국 창구물량}}{\text{보통통상 전국 창구물량}} \times \text{창구원가 구성비} \\
&+ \frac{\text{보통통상 해당 우체국 발착물량}}{\text{보통통상 전국 발착물량}} \times \text{발착원가 구성비} \\
&+ \frac{\text{보통통상 해당 우체국 운송물량}}{\text{보통통상 전국 운송물량}} \times \text{운송원가 구성비} \\
&+ \frac{\text{보통통상 해당 우체국 집배물량}}{\text{보통통상 전국 집배물량}} \times \text{집배원가 구성비}\Big)
\end{aligned}
$$

특수통상과 소포의 배분수익도 이와 동등한 방법으로 추정해 낼 수 있다.[8] 어느 특정 우체국의 배분수익이 결정되면 이를 그 우체국의 우편사업비와 대비시켜 다음과 같이 우편 수익률을 계산해 낼 수 있다.

$$\text{우편 수익률} = \text{우편 배분수익} / \text{우편사업비}$$

---

8. 서비스 종류는 상기 세 종류 외에도 국제우편, EMS 등을 분리하여 확대할 수 있으나, 발착, 운송, 배달활동 단계별 물량 파악이 거의 불가능할 뿐 아니라 이들 서비스의 수익이 전체 수익에서 차지하는 상대적 비중이 낮아 논의의 전개에 크게 영향을 미치지 않는다고 보여지면 이들 서비스를 따로 구분하지 않고 보통통상, 특수통상, 소포서비스에 포함시킬 수 있다.

마. 우체국은 어떤 생산성에 초점을 맞추어야 하나? : 노동생산성

우편서비스 중 구분과 관련된 작업에는 자동화가 도입되어 자본 집약적 요소가 많이 가미되어 있지만, 창구(접수), 배달 등과 관련된 작업은 많은 수의 사람들이 직접 처리해야 하는 전형적인 노동 집약적 사업이다. 따라서 자본생산성도 중요하지만 노동생산성이 우선적으로 다루어져야 할 것으로 보인다. 그러면 우체국의 노동생산성은 어떻게 측정되어야 하는가? 우편사업을 전반적으로 보면 1인당 경상세입과 같은 것도 중요하지만, 실제로 우체국 전체 인력 중에서 우편세입 증대를 위해 직접적으로 마케팅 활동을 담당하는 직원의 수는 적고 창구 접수, 발착, 집배와 같이 우편서비스 생산을 위한 활동에 투입되는 인력이 대부분이기 때문에 이러한 활동과 직접 연계된 생산성을 측정하는 것이 보다 구체적이고 유용한 평가정보를 제공할 것이다.

좀 더 구체적으로 보면, 우편서비스의 생산은 창구 접수, 발착, 운송, 집배 등 우편서비스가 제공되는 활동 단계별로 이루어지기 때문에 노동생산성도 우편서비스의 활동 단계별로 측정되어야 하며, 이를 위해서는 각 단계별로 투입 직원 1인당 우편물의 접수, 발착, 운송, 집배 등의 물량이 파악되어야 한다. 그러나 각 활동 단계별로 처리되는 물량을 측정함에 있어서 각 활동 단계에서 처리되는 서비스 종류별 물량을 단순히 더해 가지고는 문제가 발생한다.

예를 들면, 창구에서 접수하는 우편물의 종류는 보통통상, 특수통상, 소포 등으로 나눌 수 있는데 이들 우편물을 처리하는 데 드는 노력의 정도가 서로 다를 수 있다. 즉, 특수통상 1통을 처리하는 데 드는 시간이 보통통상 1통을 처리하는 데 드는 시간보다 10배 정도 많다면, 보통통상 1통을 처리하는 창구와 특수통상 1통을 처리하는 창구의 노동생산성을 같다고 보기는 어렵다. 이러한 문제를 해결하기 위해 서비스별로 창구 처리에 드는 단위원가를 구하고, 보통통상을 기준으로 한 단위원가의 상대적 비중을 가중치로 하여 창구활동의 가중처리 물량을 계산할 수 있다. 발착, 운송, 집배활동의 가중처리물량도 동일한 방법으로 계산될 수 있을 것이며, 이를 투입 인원과 대비시키면 활동 단계별 1인당 가중처리 물량을 측정할 수 있을 것이다.

바. 어떻게 평가하나? : 평가방법

지표를 평가하는 방법에는 크게 나누어 수준적합성을 보는 방법과 실적개선도를 보는 방법, 두 가지가 있다. 수준적합성이란 특정 평가지표의 실적치가 최소한 어느 정도의 수준은 유지되어야 하는가 하는 달성 수준에 대한 기대치와 비교해 그 적합성을 평가하는 것이다. 예를 들어 어느 특정 우체국의 실적치가 기대치보다 높게 나타나면 그 분야에 있어서 해당 우체국의 경영실적은 만족할 만한 수준으로 향후에도 지속적으로 일정 수준을 유지하는 것이 바람직하다는 것이고, 반대로 실적치가 기대치보다 낮으면 좀 더 노력하여 요구되는 수준에 도달해야 한다는 것을 의미한다. 따라서 수준적합성 평가의 의의는 사업 경영상 특정 평가지표에 있어서 바람직한 최소 수준을 계속 유지해야 한다는 점을 강조하여 사업 경영의 건전성을 도모하는 데 있다고 하겠다.

실적개선도란 전년도 실적에 대한 개선 노력의 정도를 평가하는 것으로 당년도 실적을 전년도 실적으로 나누어 계산된 결과치를 평점에 반영하는 방식으로 산출될 수 있다. 실적개선도 평가의 의의는 바람직한 실적 수준에 아직 도달하지 못한 지표에 대해 한 해의 실적개선 정도에 만족하지 않고 지속적인 실적개선 노력을 유도해 장기적으로 바람직한 수준의 실적에 도달시켜 사업 발전을 도모하는 데 있다고 하겠다.

사. 어떻게 상대적인 비교평가를 할 수 있나? : 유사군

우체국 상호 간에 경영실적을 비교 평가하는 데 있어서 주의해야 할 점은 우체국마다 처한 경영환경이 서로 상이하다는 것이다. 여기서 경영환경은 수익, 비용, 생산성 등에 영향을 미칠 수 있는 우체국 사업 환경을 의미하는 것으로 통제 불가능한 성격이 강한 외생 변수로 볼 수 있다. 즉, 대도시 도심에 소재한 우체국과 군 단위에 소재한 우체국의 사업 여건은 많이 다를 수밖에는 없을 것이다.

우체국이 이윤 추구를 최종 목적으로 하는 민간기업이라면 우편수익률 자체만으로 충분한 평가기준이 될 수 있으나, 전국적으로 보편적 서비스를 제공해야 하는 우체국의 입장에서는 해당 우체국이 처한 경영환경을 고려하는 것이 필요하다. 즉, 보편적 서비스 제공을 위해 적자가 나더라도 상당 부분 우체국 네트워크를 유지해야 할 필요성이 있다면, 이 우체국은 전체 우편사업 운영상 필요한 조직이기 때문에 이들을 수익성이 좋은 입지조건에 위치한 우체국과 우편사업 수익률만 가지고 비교하는 데는 문제점이 있을 수 있다.

이를 보완하기 위하여 경영환경이 비슷한 우체국을 유사군으로 묶어 동일 평가군으로 설정하고, 이들을 상호 비교 평가하는 방안이 합리적일 것이다. 즉, 동일 평가군 내 우체국 우편수익률의 평균을 기대치로 설정하고 이를 특정 우체국의 우편수익률과 비교하여 그 우체국의 우편수익률이 적합한지를 판단하는 수준적합성 평가를 할 수 있다는 것이다. 우편수익률 계산과 유사군 설정 및 기대치 개념을 활용하여 우편수익률에 대한 수준적합성과 실적개선도 평가를 산식으로 표현하면 다음과 같이 나타낼 수 있다.

$$\text{우편수익률 수준적합성} = \frac{\text{우편수익률}}{\text{기대치}} \times 100$$

$$\text{기대치} = \text{동일 평가군 내 총괄국 우편수익률 평균}$$

$$= \frac{\text{동일 평가군 내 총괄국 우편수익률의 합}}{\text{동일 평가군 내 총괄국 수}}$$

$$= (\Sigma \frac{\text{총괄국 우편 배분수익}}{\text{총괄국 우편사업비}}) / \text{동일 평가군 내 총괄국 수}$$

$$\text{우편수익률 실적개선도} = \frac{\text{당기우편수익률}}{\text{전기우편수익률}} \times 100$$

경영환경이 비슷한 우체국을 동일 평가군으로 묶는 유사군의 개념을 생산성 평가에도 그대로 적용해 동일 평가군 내 총괄국 활동 단계별 1인당 가중 우편처리물량 산술평균을 기대치로 하여 특정 우체국을 자기와 비슷한 경영환경을 가진 다른 총괄국들과 비교하여 노동생산성이 높은가 낮은가를 비교할 수 있을 것이다. 활동 단계별 우편활동 생산성이 계산된다면, 이는 총괄국이 특정 우편활동에 있어서 동일 평가군 내의 다른 우체국과 비교해 생산성이 높은가 낮은가를 판단할 수도 있지만, 동시에 해당 총괄국별로 생산성이라는 하나의 지표를 계산해 낼 수도 있다. 이를 위해선 노동생산성이라는 특성상 각 활동 단계별로 투입된 인력을 가중치로 함이 타당할 것으로 보인다. 이와 같은 방법으로 우체국의 활동 단계별 우편활동 생산성을 수준적합성과 실적개선도 측면에서 살펴보면 다음과 같다.

$$\text{활동 단계별 1인당 가중처리 물량} = \frac{\text{활동 단계별 가중 우편물 처리 물량}}{\text{활동 단계별 투입 인원 수}}$$

$$\text{활동 단계별 우편활동 생산성} = \frac{\text{활동 단계별 1인당 가중처리 물량}}{\text{기대치}}$$

$$\text{수준적합성 산식} = \Sigma\left(\text{활동 단계별 우편활동 생산성} \times \frac{\text{활동 단계별 우편부문 인원 수}}{\text{우편부문 인원 수}}\right)$$

$$\text{실적개선도 산식} = \frac{\text{당기 우편활동 생산성}}{\text{전기 우편활동 생산성}} \times 100$$

이러한 유사군 설정에 있어서 주의해야 할 점은 우체국의 사업환경도 변화한다는 것이다. 따라서 우체국에 신도시 개발과 같은 사업환경상의 변화가 생기면 당연히 유사군도 조정되어야 할 것이다. 그러나 어떤 우체국이 서로 다른 유사군 사이의 경계선상에 있다면, 어느 유사군에 속하느냐에 따라 상대평가 순위가 달라질 수 있다. 이는 유사군 분류 방법이 가지고 있는 한계이기도 하기 때문에 유사군 설정 시 어느 정도로 고려해야 하는지에 대한 어려움도 있다.

아. 소속 관서 경영평가를 통해 무엇을 보고자 하는가?

원래 책임경영 평가는 경영의 인력, 예산 등에 관한 자율적 의사결정이 보장되는 상황에서 그 경영성과에 대해 책임을 묻는 것이 원칙이다. 그러나 우편사업의 경우 정부조직의 일부로서 사업 운영이 이루어지고 있기 때문에 인력, 예산 등과 관련된 의사결정은 우체국 수준에서 이루어진다기보다 관련 법규의 적용을 받아 범정부 차원에서 이루어지고 있다. 따라서 우편사업에 있어서 경영의 자율성은 민간기업과 같다고 볼 수 없다. 또한 종사자들의 신분도 공무원인 관계로 회사의 영업실적에 따라 보수를 지급받는 것이 아니라 영업실적과는 무관하게 보수를 지급받고 있으며 신분도 보장되어 있기 때문에 민간기업과 비교해 볼 때 적극적인 동기유발 요인이 낮은 것도 사실이다. 이와 같은 상황에서도 경영합리화 노력은 중단될 수 없으며 경영평가 제도도 이러한 노력의 일환으로 여겨질 수 있다. 경영평가가 어느 특정한 한 해의 시행으로 그치는 것이 아니라 지속적으로 시행되고, 그 결과가 어떤 형태로든 인사, 보수 등에 중요한 요인으로 연결된다면 경영평가에서 지향하는 목표가 종사원들의 행동 방향 내지는 지침이 될 수 있기 때문이다.

5. 우정사업본부장 경영실적 평가

우정사업총괄기관의 장인 우정사업본부장에 대한 장관의 평가는 우정사업본부의 전반적인 경영사항에 대한 평가일 수밖에 없고, 이는 우정사업본부장의 임무와 직결되어 있다. 우정사업본부장의 기본적인 임무는 과학기술정보통신부장관과 체결한 채용 계약의 내용을 성실하게 이행하여야 하며, 우정사업조직 운영의 공익성과 효율성 향상, 우정사업의 경영합리화와 서비스의 질적 개선을 위하여 노력하여야 한다는 것이다.[9] 이를 좀 더 구체적으로 살펴보면, 우정사업 경영평가단에 의한 평가는 우정사업본부의 경영목표 추진실적에 관한 사항과 본부장의 채용계약 이행에 관한 사항으로 구분되어 있다.[10] 따라서 평가, 내용을 보다 더 자세히 알아 보기 위해서는 경영목표는 어떻게 설정되는지, 채용계약의 내용이 무엇인지를 살펴보아야 한다.

우선 경영목표와 관련하여 우정사업본부장은 우정사업의 경영합리화에 관한 기본 계획(경영합리화 계획)을 수립하여 과학기술정보통신부

---

9. 우정사업 운영에 관한 특례법 제6조의 3(우정사업총괄기관의 장의 책무) ① 우정사업총괄기관의 장은 과학기술정보통신부장관과 체결한 채용계약의 내용을 성실하게 이행하여야 하며, 우정사업조직 운영의 공익성과 효율성 향상, 우정사업의 경영합리화와 서비스의 질적 개선을 위하여 노력하여야 한다.

10. 우정사업 운영에 관한 특례법 시행령 제9조의 2(우정사업에 관한 경영평가사항) 법 제5조의 3 제1항에 따른 우정사업경영평가단(이하 "경영평가단"이라 한다)의 평가사항은 다음 각 호와 같다.
    1. 우정사업본부의 경영목표 추진실적에 관한 사항
    2. 우정사업본부의 장(이하 "본부장"이라 한다)의 채용계약의 이행에 관한 사항

장관에게 승인을 받아 시행함과 동시에 경영합리화 계획에 따른 연차별 시행계획도 수립 · 제출하여야 하는 바, 이 연차별 시행계획에는 우정사업 본부가 달성할 구체적 사업성과의 목표와 이를 객관적으로 측정할 수 있는 성과지표가 포함되어 있다. 따라서 경영 목표 추진실적을 평가한다고 하는 것은 결국은 경영합리화 계획에 따른 연차별 시행계획상에 제시된 성과지표를 평가하는 것이라 볼 수 있다.[11]

다음으로 본부장의 채용계약 사항을 보면 본부장이 수행할 직무 등 우정사업 운영에 필요한 사항들이 광범위하게 들어갈 수 있으나 평가와 관련한 핵심적 사항은 우정사업의 경영목표 및 그에 따르는 성과목표에 관한 사항으로 볼 수 있다.[12] 이렇게 본다면 우정사업본부장에 대한 장

---

11. 우정사업 운영에 관한 특례법 제6조(경영합리화 계획)
   ① 우정사업총괄기관의 장은 우정사업의 경영합리화에 관한 기본 계획(이하 "경영합리화 계획"이라 한다)을 수립하여 과학기술정보통신부장관의 승인을 받아 시행하여야 한다.
   ② 경영합리화계획에는 다음 각 호의 사항이 포함되어야 한다.
      1. 경영합리화의 목표와 기본방침에 관한 사항
      2. 우체국의 설치 · 폐지, 사업량 및 직원 수 등 경영 규모의 조정에 관한 사항
      3. 우정서비스의 품질 및 생산성 향상에 관한 사항
      4. 요금, 수수료 및 우체국 예금 · 보험 등의 적정화에 관한 사항
      5. 그 밖에 경영합리화에 필요한 사항
   ③ 우정사업총괄기관의 장은 경영합리화계획에 따라 연차별 시행계획을 수립하여 과학기술정보통신부장관에게 제출하여야 한다. 연차별 시행계획을 변경하는 경우에도 또한 같다.
   ④ 제3항에 따른 연차별 시행계획에는 우정사업총괄기관이 달성할 구체적인 사업성과의 목표와 이를 객관적으로 측정할 수 있는 성과측정지표가 포함되어야 한다.
12. 우정사업 운영에 관한 특례법 시행령 제9조의 8(본부장의 채용계약)
   ① 본부장 채용계약서에는 다음 각 호의 사항이 포함되어야 한다.
      1. 본부장이 수행할 직무의 내용

관의 평가는 경영합리화 기본계획과 이에 따른 연차별 시행계획상의 성과 평가지표를 위주로 한 경영계약상의 여타 사항이 될 것이다. 이러한 경영평가 대상이 정해지면 다음으로 평가지표의 구성, 평가지표에 대한 가중치 및 목표치 설정, 목표치 달성 정도에 따른 점수 부여 등과 같은 과정을 거치며, 이를 도식화해 보면 [그림 7-2]와 같이 나타낼 수 있다.

우정사업본부장에 대한 경영평가 과정에서 눈여겨보아야 할 사항으로는 과연 우정사업본부장의 기본적인 책무인 우정사업조직 운영의 공익성과 효율성 향상, 우정사업의 경영합리화와 서비스의 질적 개선을 위한 노력이 경영합리화 기본 계획 및 연도별 실행계획에 제대로 반영되어 있으며 이에 대한 평가지표가 적절히 제시되어 있느냐 하는 것이다. 우정사업을 둘러싼 경영환경은 ICT 기술의 발전에 따른 통상우편물의 지속적인 감소 등 빠르게 변화하고 있다. 이러한 상황에서 단기적인 수익성 측면이 너무 강조되면 장래 성장을 위한 투자가 위축되어 결국 사업의 규모가 점진적으로 축소되는 부작용을 초래하게 되며, 이와 반대로 효율성이 무시된 공익성 추구나 감당하기 힘든 무리한 투자가 이루어지면 유동성 부족에 빠질 위험이 있다. 따라서 이들 두 정책방향에 대한 현실적인 조화가 필요하며 이는 당면하고 있는 경영환경에 대한 공감대 위에서 평가자와 피평가자 사이에 의견 일치가 이루어져야

2. 본부장의 보수에 관한 사항
3. 우정사업의 경영목표 및 그에 따른 성과목표에 관한 사항
4. 성과에 따른 처우에 관한 사항
5. 채용계약의 갱신이나 해지에 관한 사항
6. 그 밖에 우정사업본부의 운영에 필요한 사항

그림 7-2 우정사업 경영평가 체계 프로세스[13]

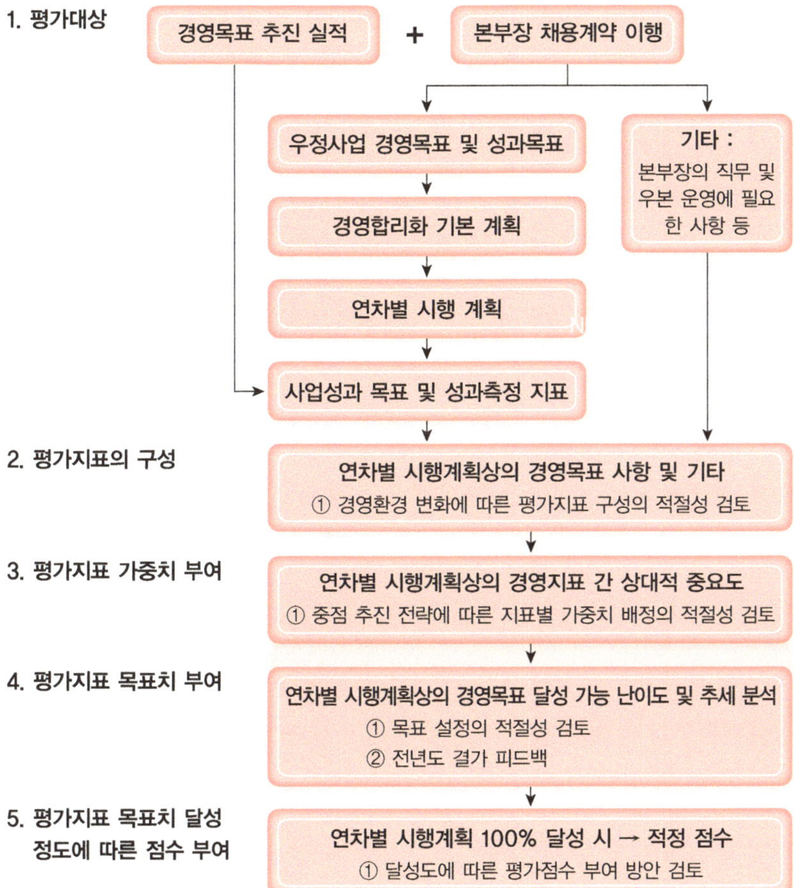

하는 부분이다. 즉, 우정사업의 경영환경과 향후 지향점에 대한 평가자와 피평가자 사이의 동조화가 필요하다는 것이다.

---

13. 남찬기 · 김용규 · 윤지웅 · 정선민 · 양승호 · 최고야, "우정사업 환경 변화에 따른 경영평가 체계 개선방안 연구", 한국정보사회학회, 2017. 12. 참조.

다음으로 평가지표 간 가중치 부여는 결국 우정사업본부가 추구하는 여러 가지 목표 중에서 어느 것을 상대적으로 보다 더 중요하게 보는지에 대한 정책적 판단에 따라 달라진다. 경영학적 관점에서 볼 때 어느 정책이든 절대적으로 항상 우선적인 것은 없다. 모든 정책은 그때 당시의 경영환경에 따라 발생하는 문제를 극복하고 과제를 해결하기 위하여 채택되는 것이기 때문에, 당면하고 있는 경영문제 중 시급하게 해결해야 되는 우선순위가 높은 문제와 관련된 지표일수록 가중치가 높을 것이다. 평가지표와 가중치가 구성되고 나면 지표별 달성 목표를 설정해야 하는데, 이때 고려해야 할 점은 열심히 노력하면 달성이 가능한 수준으로 목표치가 설정되어야 하는 목표 수준의 적정성이다. 목표가 너무 낮으면 목표로서의 의미가 없으며, 너무 높으면 중도에 포기할 수도 있기 때문이다. 이러한 목표치는 경영합리화 기본 계획과 연차별 실행계획에 반영되어 구체적인 수치로 나타나야 할 것으로 보인다. 따라서 우정사업본부장에 대한 평가는 결국 우정사업 운영에 관한 특례법상 본부장의 책무와 주요 업무 등을 토대로 널리 사용되고 있는 경영성과평가 기법 중의 하나인 균형성과표(Balanced Scorecard)적 관점에서 실행되고 있다고 볼 수 있다.

끝으로, 목표 달성도에 따라 어떻게 평가점수를 부여하고 이에 따른 성과급을 지급하느냐 하는 문제가 남는다. 예를 들어 목표를 100% 달성했다면 100점을 부여하는 방법과 100% 초과 달성을 위한 노력을 유도하기 위하여 100% 달성 시 90점, 초과 달성 정도에 따라 나머지 10점을 추가 배분하는 방법 등이 있을 수 있다. 이때 점수에 따른 성과급 지급 방법도 초과 달성에 따라 획득한 추가 점수에 대해서는 단위 점수당 성과급 지급액을 높게 책정할 수도 있다. 예를 들어 성과급 지급률이 최대 200% 이내로 책정되어 있고 70점 이하는 성과급을 지급하지 않는다면, 처음 100%는 70～90 구간에서 분배하고 나머지 100%는 90～100점 구간에서 분배하는 것과 같은 것이다. 이 경우 득점 대비 성과급 지급률의 관계는 [그림 7-3]과 같이 70～90 구간에서는 1점당 5%씩 성과급 지급률이 상승하지만 90～100 구간에서는 1점당 10%씩 상승한다. 이와 같은 성과급 디자인을 사용하는 가장 큰 이유는 첫째로 목표를 초과 달성하기 위해서는 그만큼 힘든 노력이 필요하기 때문이며, 다음으로 피평가자가 목표 설정 시 목표에 대한 초과 달성을 염두에 두고 그 수준을 정하는 경우에 대응하는 것으로 경영학에서 흔히 논란이 되는 대리인 문제(agency problem)에 대응할 수도 있기 때문이다.

이와 같은 평가의 결과로 우정사업본부의 경영실적 등이 우수하다

그림 7-3 득점 대비 성과급 지급률(예)

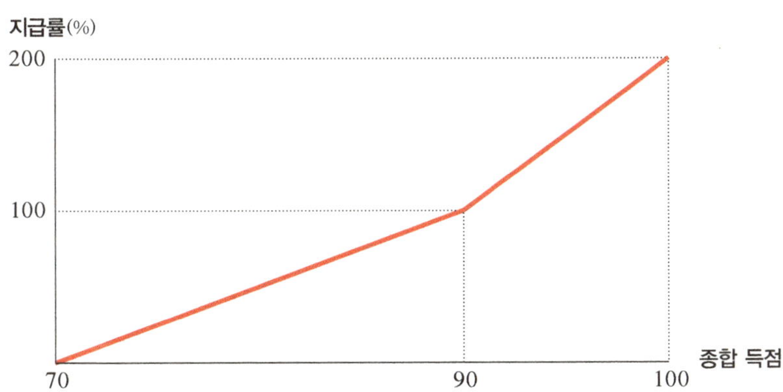

고 인정되는 경우에는 본부장의 채용기간 만료 시 소정의 절차를 거치지 아니하고 채용계약을 갱신할 수 있는 반면, 본부장의 중대한 귀책 사유로 우정사업본부의 운영성과가 매우 저조한 경우에는 채용계약을 해지할 수도 있다.[14] 동시에 이러한 경영평가의 결과는 우정사업본부장 및 우정사업본부 직원에 대한 성과급에도 반영되고 있다.

---

14. 우정사업 운영에 관한 특례법 시행령 제9 조의 9(채용계약의 해지)
과학기술정보통신부장관은 본부장이 다음 각 호의 어느 하나에 해당하는 경우에는 지체 없이 채용계약을 해지하여야 한다.
5. 본부장의 중대한 귀책사유로 우정사업본부의 운영성과가 매우 저조한 경우
우정사업 운영에 관한 특례법 시행령 제9 조의 10(채용계약의 갱신)
과학기술정보통신부장관은 법 제5 조의 3에 따른 우정사업본부의 경영실적 등에 대한 평가 결과가 우수하다고 인정되는 경우에는 본부장의 채용기간 만료 시 제9 조의 7에 따른 절차를 거치지 아니하고 채용계약을 갱신할 수 있다.

08

우편사업의 미래 진화 방향은 무엇인가?

1. 기술 발전은 산업 형태를 어떻게 바꾸고 있는가?

기술의 발전은 하루 아침에 갑자기 이루어지지 않는다. 오랜 기간 연구개발이 이루어지고 난 뒤 실제로 현실에 적용되기까지는 많은 시행착오를 거치기 마련이다. 동일한 종류의 기술도 그 개발 진행 수준에 따라 이름이 달라지기도 하며, 시대적 상황에 따라 특정 기술 또는 트렌드가 각광을 받기도 한다. 최근 이슈가 되고 있는 기술 발전의 트렌드를 한마디로 요약하면 디지털 전환(Digital transformation)이라 할 수 있으며, 이는 디지털 기술을 활용해 빠르게 변화하는 사업이나 시장으로부터의 요구 사항을 충족시키기 위하여 기존의 비즈니스 프로세스, 문화, 고객 태도 등을 수정하거나 새롭게 창조하는 과정이라 할 수 있다.

디지털 전환을 위해서는 [그림 8-1]에서 보는 바와 같이 아날로그 형태의 데이터를 디지털 형태로 변환하는 전산화(digitization) 단계와 산업에 정보통신기술을 활용하는 디지털화(digitalization) 단계를 거쳐

그림 8-1 디지털 전환의 단계

- 아날로그 데이터의 디지털 변환(Digitization)
- 디지털로 전환된 데이터를 바탕으로 한 업무 프로세스의 디지털화 (Digitalization)
- 디지털화된 업무 프로세스를 바탕으로 한 디지털 전환으로 새로운 비즈니스 모델의 창조(Digital Transformation)

야 한다.[1]

이전의 비즈니스 관련 데이터는 아날로그 형태로 종이에 기록되었으나 컴퓨터의 활용과 더불어 이러한 기록들은 디지털 데이터로 컴퓨터 파일에 저장되기 시작하였으며, 이와 같이 아날로그에서 디지털로 데이터의 저장 형태가 바뀌는 것을 전산화라 한다. 비즈니스 의사결정에서 디지털 데이터는 아날로그 데이터에 비해 그 효율성이 기하급수적으로 상승하지만, 관련 정보를 찾아 분석하는 비즈니스 시스템이나 프로세스는 여전히 아날로그적 처리 방식에 기반을 두고 있다. 디지털화란 여기서 한 걸음 더 나아가 디지털로 전환된 데이터를 이용하여 업무 프로세스를 디지털화하여 기존에 확립된 업무 처리 방식을 보다 더 효율화시키는 것을 말한다. 그러나 디지털화 단계에서도 기존에 일하던 방식을 디지털 기술을 활용하여 보다 효율적으로 바꾸기는 하지만, 비즈니스 모델까지 바꾸지는 않는다.

이에 비해 디지털 전환은 전산화와 디지털화의 개념을 모두 포함하고 여기에 비즈니스 모델의 변화까지 포함하는 가장 광의의 개념으로 볼 수 있다. 즉, 디지털 기술이 새롭게 등장함에 따라 기존 비즈니스 수행 방식의 효율화를 넘어서 어떻게 하면 이들로부터 새로운 비즈니스 아이디어를 창출해 낼 수 있을까 하는 방향으로 생각의 전환이 이루어지게 되는데, 바로 이 점이 디지털 전환의 시작점이 되는 것이다. 따라

1. https://terms.naver.com/entry.naver?docId=3596818&cid=42346&categoryId=42 346. 때로는 Digitalization은 Digitization과 같은 의미로 소개되기도 하지만 여기서는 개념의 명확화를 위해 디지털화와 전산화로 구분하여 기술한다.

서 디지털 전환은 지금까지 관행적으로 이어져 오던 비즈니스 프로세스를 바꾸는 것을 넘어서서 전혀 새로운 형태의 비즈니스 모델을 창조해 내는 것이라 할 수 있다. 예를 들어 비디오 콘텐츠의 디지털화는 넷플릭스(Netflix)[2]로 하여금 영화와 같은 비디오 콘텐츠를 고객들에게 직접적으로 스트리밍할 수 있는 가능성을 제공해 주었으며, 동시에 지금까지 불가능했던 고객들의 선호나 태도 등에 대한 통찰력을 가질 수 있게 하였다. 이를 활용하여 넷플릭스는 영화를 선택해 빌려 보기 위해 비디오 가게를 방문하는 비즈니스 모델을 전혀 새로운 스트리밍 모델로 바꾸어 놓았으며, 인공지능(artificial intelligence ; AI)에 근거한 콘텐츠 추천과 같은 혁신적 시스템도 갖출 수 있게 되었다. 이와 같은 사례가 시사하는 바를 보면 디지털 전환의 핵심적 요소는 기술의 잠재성을 이해하고, 이를 새로운 비즈니스 모델로 응용해 내는 통찰력이라 하겠다.[3]

이와 같은 디지털 전환이 성공적으로 이루어지기 위해서는 많은 연관 기술의 발전이 필요하며, 그중 최근까지 중요한 화두로 언급되고 있는 핵심 기술들을 나열해 보면, 수많은 대상을 서로 연결시켜 주는 사물

---

2. 1997년 미국에서 창업된 세계 최대 영상 스트리밍 플랫폼 기업.
3. 디지털 변환에 따른 변화가 크게 나타나고 있는 가장 대표적인 산업으로는 미디어, 금융, 통신 등 서비스 업종과 소매, 자동차, 운송업 등을 들 수 있으며("물류산업 내 차세대 무선 기술", DHL, 2020. 7.), 메킨지의 예측에 따르면 이들 산업에서 미래 수익 및 영업이익에 가장 큰 영향을 미치는 요인은 공급망의 디지털 전환(digitization of supply chains)이 될 것이며, 디지털 전환이 완전하게 이루어졌을 경우 그 영향은 해당 기업 영업이익(Earnings before interest and tax ; EBIT) 미래 성장률의 2/3, 미래 수익(Revenue) 성장률의 3/4 정도가 디지털 공급망의 효율성과 새로운 기회에서 발생한다고 추정하고 있다("Digital Mckinsey : Insight, Reinvention through digital", 2017.).

인터넷(Internet of things ; IoT), 거기서 생성되는(Sensing) 대용량의 데이터(Big data)가 초고속으로 소통될 수 있게 해주는 통신망 관련 기술(차세대 무선통신 기술), 수많은 연결 대상에서 생겨나는 엄청난 양의 정형화되지 않은 데이터를 저장하고(Cloud) 분석하여 유용한 정보로 생산해 내는 분석 기술(AI) 등을 들 수 있다. 또한 중요한 것은 이들이 상호 독립적인 관계로 존재하는 것이 아니라 서로 연결되어 상호 작용하고 있다는 점이다. 이러한 기술의 상호 작용을 기반으로 한 디지털 전환은 거의 모든 산업에 적용되어 과거에는 생각하지 못했던 제품이나 서비스들이 출현하고 있으며 이에 따른 변화는 제4차 산업혁명이라 불리기도 한다.

여기서 제4차 산업혁명이 오기까지의 과정을 기반 기술을 중심으로 요약해 보면 [그림 8-2]와 같이 나타낼 수 있다. 즉, 증기기관 기반의 기계화 혁명(제1차 산업혁명)을 거쳐 전기-에너지 기반의 대량생산

그림 8-2 제4차 산업혁명

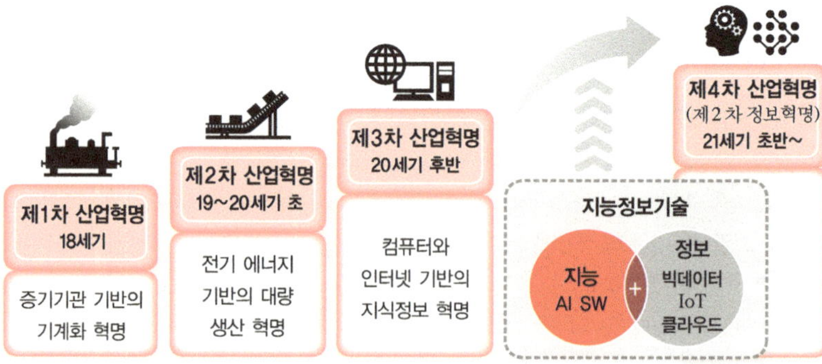

참조 : 과학기술정보통신부 블로그

혁명(제2차 산업혁명)이 일어나고, 이어서 컴퓨터와 인터넷 기반의 지식 정보 혁명(제3차 산업혁명)이 일어나 현재에 이르렀다. 앞으로는 지능정보기술 기반의 제4차 산업혁명 시대로 나아갈 것으로 보고 있으며, 이때의 핵심 기술이 AI 및 소프트웨어(Soft ware ; SW) 기반의 지능과 빅데이터 및 클라우드 기반의 정보가 결합된 지능정보기술이라는 것이다.

이와 같은 네 차례의 산업혁명 중 근래에 일어나서 현재에도 진행 중인 제3차 산업혁명을 통한 변화를 디지털 혁신이 일어나는 과정을 중심으로 재구성해 보면 기술의 융합이라는 메가트렌드가 나타나게 된다. 기술의 융합은 여러 단계를 거쳐 일어났고, 앞으로도 지속적으로 일어날 것으로 보이는 바, 이를 ICT(Information and Communications Technology) 산업의 입장에서 요약 · 정리해 보면 [그림 8-3]과 같이 나타낼 수도 있다. 가장 초기에는 유선과 무선통신에서 각각 VoIP(Voice over Internet Protocol)를 기반으로 음성과 데이터의 융합이 이루어졌고, 다음으로는 통신산업 내에서 전송 속도는 높으나 모빌리티 수준이 낮은 유

그림 8-3 기술융합 메가 트렌드

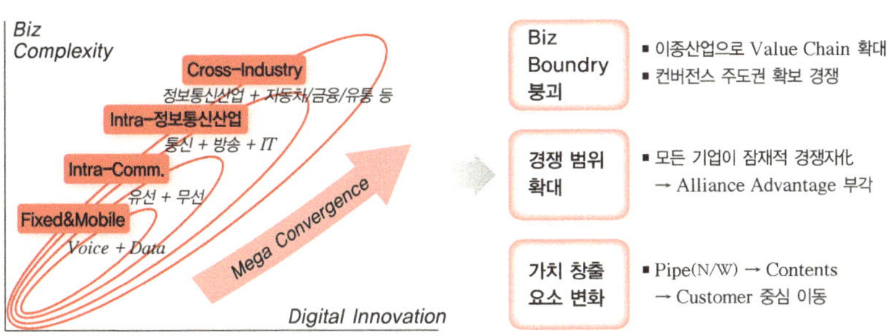

참조 : SKT 발표 자료

선과 전송 속도는 낮으나 모빌리티 수준은 높은 무선 간에 네트워크 통합이 이루어졌으며, 다음으로는 정보통신산업 내에서 All-IP 네트워크 구축에 따른 통신의 광대역화와 방송의 양방향화를 기반으로 한 통신과 방송, IT의 융합이 이루어졌다. 그리고 현재는 각종 이종산업 간의 융합이 이루어지고 있으며, 이러한 추세는 앞으로도 지속될 것으로 보인다.

이러한 융합의 효과는 산업 간의 경계를 모호하게 함과 동시에 가치사슬이 이종산업으로 확대되는 결과를 초래하여 융합 과정에서 산업 간 주도권 확보 경쟁이 치열하게 벌어지는 현상을 낳게 한다. 예를 들어 대형 IT 관련 기업이 새로운 기술을 무기 삼아 지급결제 시장에 뛰어들거나, 심지어 스마트카(smart car) 산업에 진출하고자 하는 것 등이 있다. 만약, Apple이 자사가 가지고 있는 기술을 기반으로 스마트카 사업에 진출하면서 기존 자동차 회사의 생산 라인을 이용하는 형태가 성공적으로 정착된다면, 기존 자동차 회사는 Apple의 하청 생산기지의 역할을 수행하게 될 수도 있다. 이 경우 자동차는 운송수단이라기보다는 오히려 움직이는 컴퓨터 내지는 단말기라는 개념이 보다 더 적합할 수도 있다.

이러한 예에서도 볼 수 있듯이 미래에는 동일 산업 내에 있는 기업뿐 아니라 다른 산업에 속하는 기업이라도 언제든지 잠재적 경쟁기업이 될 수 있다. 이러한 상황에서 이종 기업 간에 서로 협력할 수밖에 없다면, 어느 기업과 협력 관계를 구축하는 것이 가장 유리한가 하는 협력적 공생 관계의 선택은 해당 개별 기업들의 장기적인 성공뿐만 아니라 해당 비즈니스 생태계 전체 차원에서의 경쟁력 제고를 위해서 그 중요성이 크게 부각될 것이다. 즉, 고객에게 가치 있는 이동통신 서비스를 제공하기 위해 네트워크 사업자, 단말기 제조업체, 플랫폼 사업자, 콘텐츠 제공자 등이 협력해야 하는 구조라면, 예전에는 기업과 기업 간의 경쟁 체제였지만, 앞으로는 비전과 목표를 공유하는 기업군과 기업군 간에 일종의 비즈니스 생태계 차원의 경쟁이 펼쳐질 수도 있을 것으로 보인다.

생태계의 역할이 각각의 보완재 제공자들이 가지고 있는 능력들을 통합하여 이를 혁신하고 가치를 창출할 수 있게끔 해주는 것이라고 한다면, 동일 생태계 내에서도 어느 기업이 주도권을 가지고 생태계를 이끌어 나가는 것이 가장 경쟁력이 있을까 하는 것도 중요한 문제 중의 하나이다. 이 문제는 누가 가장 핵심적인 대체 불가능한 역량 또는 기술을 가지고 있느냐에 따라 달라질 것이다. 핵심적인 역량을 가진다는 것은 그 역량에 의해 생산되는 경제적 부가가치가 가장 크다는 것을 의미하고, 대체 불가능하다는 것은 그 기업이 빠지면 생태계의 형성이 어렵다는 것이므로 이러한 핵심적인 역량을 가지고 생태계를 이끌어 나가는 기업을 키스톤(key stone) 기업이라 하며, 나머지 참여 기업군은 생태계 내 틈새시장에서 키스톤과 협력하면서 각자의 목표를 추구하는 니치(niche) 기업이라고 한다. 생태계를 주도하는 키스톤 기업 입장에서는 어떤 역량은 내재화하고 어떤 역량은 외부로부터 지원받을 것인지를 결정함으로써 스스로의 가치뿐 아니라 생태계 전체의 가치 창출 능력을 최대화하려고 할 것이다.[4]

---

4. Teece, D. J., “next-generation competition: new concepts for understanding how innovation shapes competition and policy in digital economy”, *Journal of law*

핵심적인 역량을 보유한 키스톤 회사도 기술과 비즈니스 환경이 변해감에 따라 달라질 수 있다. 통신산업의 경우를 보면, 처음에는 유선통신회사가 중심적인 역할을 수행하였으나, 곧 무선통신회사로 중심점이 이동하였고, 다음엔 스마트폰 등장과 함께 단말기 제조사의 역할이 크게 증대하였으며, 지금은 플랫폼 사업자가 생태계의 중심에 있다고 보여지고, 앞으로는 콘텐츠 사업자로 중심점이 이동할 것으로 예측하는 사람들이 많다.[5] 이와 같은 과정을 보면 기술의 발전은 기업들의 행동양식을 단순 경쟁구도에서 상호 의존적 공생 관계인 협력적 경쟁 관계로[6] 바꾸어 놓고 있으며, 생태계 구성요소들은 공동의 목표를 갖고 공진화하거나[7] 함께 소멸하는 공동 운명체적 모습을 보일 것으로 여겨진다. 즉, 개별 구성요소들이 홀로 창조할 수 없는 가치를 생태계의 구성원이 함께 창조하며 진화한다는 것이고, 비즈니스 생태계에서 키스톤은 이를 위한 플랫폼을 제공하며 의식적인 공진화를 주도한다고 볼 수 있다. 플랫폼은 많은 수의 제품과 서비스의 생성을 용이하게 해주는 역할

---

economics & policy, Vol 9, 2002.

5. 김성철 · 남찬기, "모바일 생태계 진화와 시사점", SKT 연구보고서, 2010.
6. cooperation + competition = copetition
7. 공진화란 인류학에서 유래된 개념으로서 상호의존적 종들이 끊임없는 상호 작용의 순환 속에서 진화하는 과정을 의미(Bateson, 1979)한다. 예를 들어 순록과 늑대의 경우를 보면 (Moore, 1997) 늑대는 순록 무리 중 상대적으로 약한 개체를 잡아먹음으로써 결과적으로는 순록 무리를 강화시키지만, 반대로 상대적으로 강한 순록 무리의 존재는 늑대가 이들을 사냥하기 위해 스스로를 더욱 강화시키면서 진화 · 발전하도록 하는 동기를 부여해 주기 때문에 늑대의 생존을 위해서는 꼭 필요한 존재가 된다. 이것은 단순한 경쟁이나 협력이 아닌 공진화의 양식이라 할 수 있으며, 시간이 흐르면 공진화의 진행과 더불어 전체 시스템은 더욱 견고해진다.

을 하며, 보완재 공급자들인 니치 기업들은 플랫폼에서 제공하는 리소스(resources)를 활용하여 고객들에게 가치 있는 제품과 서비스를 공급하는 역할을 하는 것이다.[8]

2. 기술 발전과 물류산업

물류란 재화가 공급자로부터 조달 · 생산되어 수요자에게 전달되거나 소비자로부터 회수되어 폐기될 때까지 이루어지는 운송 · 보관 · 하역 등과 이에 부가되어 가치를 창출하는 가공 · 조립 · 분류 · 수리 · 포장 · 상표부착 · 판매 · 정보통신 등을 말한다.[9] 최근 일어나고 있는 물류산업의 동향을 보면, 전 세계적으로 코로나19로 인한 비대면, 비접촉 풍조 확산에 따라 택배 물량이 지속적으로 증가하고 있는 가운데, 지능정보기술의 발전과 더불어 전통적으로 노동집약적인 성격을 지니고 있는 물류산업도 새로운 기술을 접목하여 효율성을 높이려는 시도를 하고 있는 중이다. DHL이 요약 · 정리한 기술동향을 보면[10] 물류업에 미치는 영향력이 높다고 평가되고 있는 기술로는 [그림 8-4]에서 보는 바와 같이 사물인터넷, 빅데이터, 클라우드(Cloud), 인공지능, 로보틱스(Robotics), 자율주행 자동차(Autonomous vehicle ; AV) 등 6가지가 있

8. Gawer, A. · Cusumano, M.a., "Industry platforms and ecosystem innovation", *Journal of Product Innovation Management* 31, 2014.
9. 물류정책기본법 제2조.
10. Logistics Trend Radar(2020).

그림 8-4 물류산업의 디지털 전환 과정에 영향력이 높은 기술 : 6+1

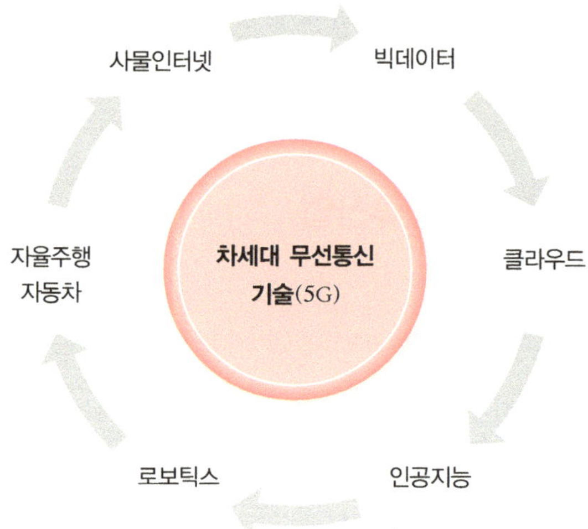

으며, 이들을 서로 연결시켜 유기적으로 작동하게 해주는 기반 인프라 기술로 차세대 무선통신 기술이 있다.

먼저 사물인터넷의 주요 역할을 보면 모든 것이 인터넷에 연결되어 개체 상호 간에 데이터를 주고 받음으로써 물류업의 지능정보기술 활용 기반이 되는 물류 데이터의 생성과 수집의 통로라는 것이다. 이를 통해 수집된 데이터는 물류 시스템의 전반적인 효율성을 높일 뿐만 아니라 더 나은 서비스를 제공하는 원동력이 될 수도 있는 것이다.

빅데이터는 물류 프로세스 각 단계에서 사물인터넷을 통해 수집된 방대한 양의 데이터를 말하며, 이들은 물류 시스템상의 위험 감소 및 운영 효율성 제고, 고객 서비스 개선 및 새로운 비즈니스 모델 개발 등에 활용되고 있다.

클라우드의 핵심은 클라우드를 제어하는 API(Application programming interface)라고 할 수 있는데, 데이터베이스에 대한 출입구 역할을 하면서 프로그램들이 서로 상호 작용하는 것을 도와주는 매개체로 주문형 물류 서비스 또는 실시간 데이터 처리의 기반을 제공하고 있다.[11]

인공지능의 주요 기능은 라스트 마일의 다양성과 복잡성이 증가하는 가운데 배달 요구 시각, 임시 픽업, 교통 패턴 등 다양한 변수를 관리하여 배달 경로를 최적화하고, 예측 물류 차원에서 고객에게 정확한 배달 시간을 안내하는 것이라 할 수 있다.

로보틱스는 주로 물류 프로세스 자동화를 통한 효율성 향상에 이용되고 있다. 예를 들어 월마트 알파봇(Alphabot)은 물류 창고 내부를 수직 및 수평으로 이동하면서 물품을 픽업해서 작업자에게 전달하는 GTP(Goods-to-Person) 방식으로 사람의 10배 이상의 생산성을 발휘하고 있는 것으로 알려져 있다.[12]

자동주행 자동차를 이용한 도로나 공공장소에서의 운행은 아직까지 실험 단계이며, 향후 라스트 마일보다는 먼저 장거리 운송 트럭 등에서 효율성을 높일 것으로 기대되고 있다.

이러한 여섯 가지 기술에 더하여 이들을 서로 연결시켜 유기적으로 작동하게 해주는 기반 인프라 기술이 필요하며, 그중 가장 중요한 것이

11. API는 음식점 점원의 역할에 비유되기도 한다. 점원은 손님이 주문할 수 있는 메뉴를 알려주고 주문 받은 메뉴를 주방에 전달한다. 주방에서 요리가 완성되면 이를 다시 손님에게 전달한다. 이와 같이 손님(Apps, IoT devices, Mobile 등)과 주방(Backend systems) 사이에서 매개자 역할을 하는 것이 API와 유사하다는 것이다.

12. 앞으로 PTG(Person-to-Goods) 방식이 도입되면 효율성은 더 높아질 것으로 예상되고 있다.

무선통신 기술이다. 왜냐하면, 무선통신 기술은 디지털 기술과 결합하여 멀지 않은 장래에 대부분의 활동을 온라인화시킬 것으로 예측되고 있기 때문이다. DHL의 글로벌 동향 보고서에[13] 따르면 디지털 전환에 따라 많은 변화가 일어나고 있는 산업들에[14] 공통적으로 나타나고 있는 특성 중의 하나는 상호 연결성(connectivity)이 중요하게 작용하고 있다는 것이다. 특히 여러 단계의 서비스 제공 과정에서 사물인터넷 관련 기술을 활용하고 있는 물류기업 입장에서 보면 차세대 무선 기술은 물류산업의 디지털 전환 과정에서 핵심적인 역할을 하게 될 것으로 보인다. 즉, 어디에 위치하든 장소에 상관없이 공급망 사슬에 있는 모든 사람들과 사물들을 연결시킴으로써 데이터에 기반한 의사결정을 하게 될 것이며, 결과적으로 영업 구조를 최적화시켜 보다 적은 비용으로 서비스의 질을 향상시킬 수 있는 효율성 제고 기회를 가지게 된다는 것이다.

여기서 한 걸음 더 나아가 근거리부터 장거리에 이르기까지 모든 차세대 무선망이 전체적으로 연결된다면 정확한 고객의 요구 사항부터 정확한 배달 장소, 물품의 상태, 재고, 유통망 등에 이르기까지 모든 종류의 공급망 데이터에 대한 시스템적 접근이 가능하게 되어 모든 배송 물품에 대하여 신속, 정확하며 비용 효율적으로 운송할 수 있는 경로를 찾아내 줄 뿐 아니라 예측 및 위험관리 능력 또한 높아질 것이다. 이러한 물류 및 공급망은 대량의 데이터를 분석해 낼 수 있는 능력을 가진 강력

13. "Next-generation wireless in logistics", DHL Trend Research, 2020. 7.
14. 가장 대표적인 산업으로 미디어, 금융, 통신 등 서비스 업종과 소매, 자동차, 운송업 등을 들고 있다.

한 AI 시스템과 연결되고, 그 산출물은 로보틱스의 자동화 소프트웨어에 입력되어 수많은 의사결정들이 자동적으로 이루어질 수 있는 환경이 조성되는 것이다. 이와 같이 완전하게 연결된 미래 물류의 개념도는 [그림 8-5]와 같이 나타낼 수도 있다. 컨트롤 타워에서는 end-to-end 가시성을 무기로 예측 물류 컨트롤을 하고, 블루투스 같은 단거리 기술을 바탕으로 웨어러블이나 바이오틱스 등에 관한 정보를 처리하며, 근거리 네트워크는 로보틱스에 대한 정확한 관리를 가능하게 한다. 원거리 네트워크를 통하여 스마트 로드 및 자율 운송, 공항 등에서의 옥외 자산에 대한 추적(tracking)을 할 수 있고, 위성 네트워크를 통하여는 해상 운송 등에 대한 가시성을 높일 수 있다는 것이다.

이와 같은 논의에서 한 가지 분명한 것은 물류산업에서 지능정보기

그림 8-5 미래 물류 개념도

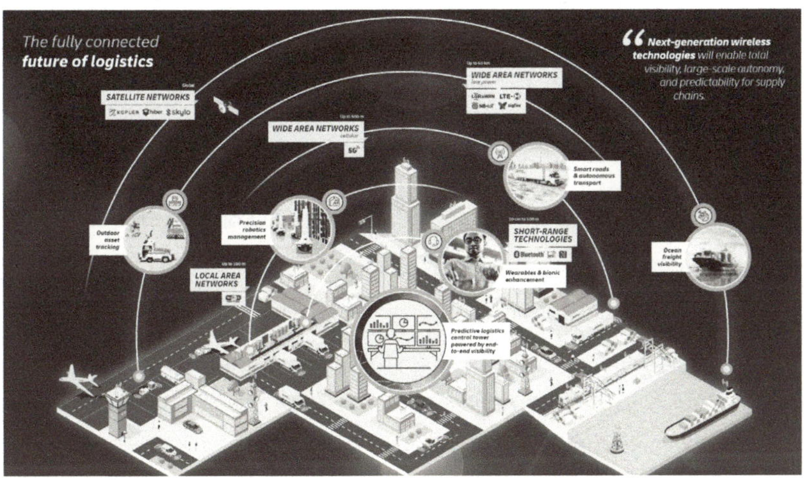

참조 : Next-Generation Wireless in Logistics, DHL Trend Research, 2020.

술의 활용은 이미 시작되었다는 것이다. 지능정보기술의 활용이 선택 사항이 아니라 생존에 꼭 필요한 필수 사항이 되어가고 있는 상황에서는 지능정보기술 활용에 소극적인 물류기업은 기업 자체의 미래 존속가능성을 장담하기 어려울 수도 있을 것이다. 따라서 물류기업이 지속 가능한 유지 · 성장을 추구하기 위해서는 변화된 사업 여건과 기술 환경을 고려하여 기술정보기술의 적용 가능성 검토와 함께 미래 물류 시스템 구축에 나서야 할 것으로 보인다.[15]

3. 기술 발전과 우체국 물류 시스템의 변화

오늘날 우편사업의 사업 환경은 보편적 서비스를 제공해야 하는 의무 속에서 서신 물량의 감소, 소포사업에서의 경쟁 심화 및 수익성 감소, 최종 배달(last-mile services) 구간에서의 경쟁 심화, 과부하 또는 저부하에 따른 우편망 조정의 어려움 등 쉽지 않는 사업 여건에 당면해 있다. 이에 대응하여 각 나라의 우체국은 다양한 분야의 새로운 서비스로 진출을 시도하였으며, 그 결과 전 세계적으로 소포, 금융, 물류 및 소매 활동 등에서 발생하는 수익이 전통적인 서신 배달에서 생겨나는 수익보다 2014년을 기점으로 그 크기가 역전되었다.[16]

15. 코로나19로 촉발된 비대면, 비접촉 풍조 확산이 초래한 사업 여건 변화, 관련 기술의 진보 등 급변하는 환경에 기민하게 대응해야 하는 상황에서 물류업이 언제까지 지능정보기술 활용의 사각지대에 머물 수는 없을 것으로 예상하는 연구도 있다(최중범, "물류업의 지능정보기술 활용 가능성", KISDI, 2021).

16. Gilbert Saggia, "The Future of Postal Services: Digital Transformation Driving

전 세계적으로 우편사업자들이 직면하고 있는 가장 공통적인 추세는 [그림 8-6]의 UPU 자료에 나타난 바와 같이 통상우편에 비해 소포의 비중이 커지고 있다는 점이다. 그 결과 2025년경의 소포 물량은 우편사업자의 경우 통상우편물 대비 25%인 3:1 수준이지만 시장 전체로 보면 50%인 1:1 수준으로까지 성장할 것으로 보았다. 즉, 우편사업자 입장에서는 통상우편물은 줄어들고 소포 물량은 늘어나는 상황에서 전통적인 통상우편물만으로는 지속 가능한 성장을 이룰 수 없으며, 좋든 싫든 소포 시장으로의 사업 확대가 생존을 위한 필수 불가결의 선택이 될 수밖에 없다는 것이다. 그러나 소포 시장에는 이미 많은 민간 물류회

그림 8-6 서신 대비 소포 물량 성장 예측

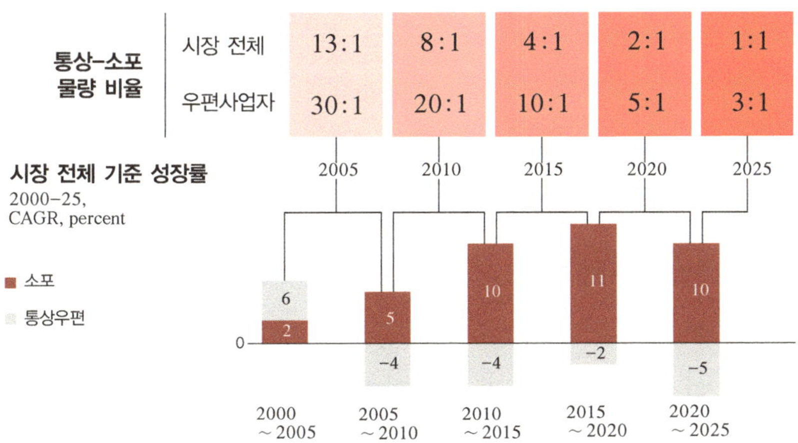

출처 : Transport Intelligence ; UPU ; industry experts ; Mckinsey.

New Business Models", East Africa at SAP Africa, Mar 2, 2018., http://news.sap.com/africa/2018/03

사들이 활발한 영업활동을 하고 있기 때문에 우편사업자 입장에서는 어떤 전략으로 이에 대응하느냐가 아주 중요한 이슈로 떠오르고 있다.

따라서 소포시장에서 물류사업자와 경쟁해야 하는 우편사업자의 입장에서 가장 시급히 요구되는 중요한 전략방향 중 하나는 물류 시스템을 혁신하는 것이며, 이를 통하여 우편물 처리 시스템의 운영 효율성을 증대시키고 서비스 경쟁력을 향상시킴으로써 양질의 보편적 서비스가 지속적으로 제공될 수 있는 기반을 구축하는 것이다. 이와 같은 전략을 추진함에 있어서 DHL이 제시한 IoT, 빅데이터, 클라우드, AI, 로보틱스(Robotics), 자율주행 자동차 등과 이들을 서로 연결시켜 유기적으로 작동하게 해주는 차세대 무선통신 기술 등 물류산업의 디지털 전환 과정에 영향력이 높은 기반 기술들이 우편사업의 디지털 전환 과정에도 그대로 적용될 수 있다고 보고 이들이 우편사업 운영시스템 고도화에 필요한 주요 활동분야에 과연 어떻게 활용되어 결과적으로 당면 과제인 운영 효율성 증대와 서비스 경쟁력 확보 및 양질의 보편적 서비스에 기여할 수 있는지를 요약해 보면 [그림 8-7]과 같이 정리될 수 있다.[17]

IoT는 실시간 모니터링을 통한 위치 기반 정보 제공으로 물류자산 유지 · 관리뿐 아니라 위험요인에 대응한 운송 경로 자동 변경과 같은 공급망 리스크 관리 등에 활용될 수 있을 것이다. 그리고 빅데이터는 물류정보 예측을 통한 운송 배달 최적화, 거시 환경 예측, 예측 발송 등

17. 참고자료 : 이준서 · 김용철 · 정윤혁, "과학기술정보통신과 연계한 우정사업 플랫폼 활용" 선진우정포럼, 2018. ; "Next-Generation Wireless in Logistics", DHL Trend Research, 2020.

그림 8-7 디지털 기반 기술의 활용과 우편사업의 당면과제

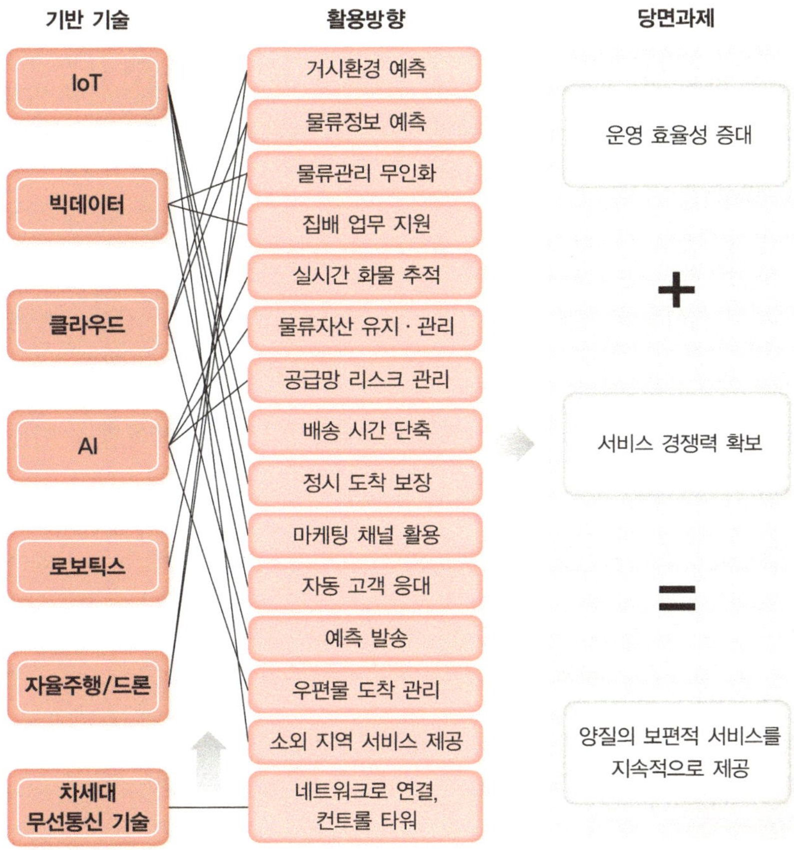

에, 클라우드는 거시환경 및 물류 예측 등에, AI는 물류관리 무인화, 집배 업무 지원, 자동 고객 응대 등에, 로보틱스는 물류 무인화에, 드론 및 항공 배송은 공간적 제약을 극복함으로써 배송 시간 단축, 정시 도착 및 소외 지역 보편적 서비스 등에 활용될 수 있을 것이다. 이와 더불어 차세대 무선통신 기술은 이들 6가지 기술들을 네트워크로 엮어 관리 · 통

제하는 데 기여하는 것으로 볼 수 있다. 이 기술들 모두 우편물류에 커다란 영향을 미치겠지만, 이들에 대한 상대적인 우선순위는 그 기술이 어느 정도 매력이 있는가, 그 기술의 구현이 현재의 상황에서 어느 정도 가능한가, 파급 효과가 어느 정도인가 하는 등의 판단 기준에 따라 정해질 것이다.

다음으로는 이와 같은 제4차 산업 관련 주요 기반 기술들은 우편사업의 가치사슬을 구성하고 있는 수집, 구분, 운송, 집배 등 가장 기본적인 우편물 처리 프로세스에 있어서도 발전적 진화를 초래할 수 있으며, 예측 가능한 예를 들어 보면 [그림 8-8]과 같이 요약 · 정리될 수 있을 것이다. 우체국 창구에서의 접수 프로세스는 우편물 발송자가 중장기적으로 개인에서 기업으로 바뀜에 따라 개인 중심 우편물 접수 기능은

그림 8-8 우편물 처리 프로세스의 진화

접수
- 개인 중심 우체국 접수 기능 축소, 무인우편접수 확대
- 기업 중심 우편물 발송으로 집중국과 물류센터가 주요 접수 거점화
- 밀크런 방식 접수 및 물류 창고 운영

구분
- 유통부문 풀필먼트 요구에 따라 구분 기능을 가진 집중국의 물류센터화
- 물류센터에서의 작업을 위한 로봇 및 드론 등의 활용

운송
- 운송차량 공유경제, 자율운행 자동차, 드론 등 복잡하고 다양한 운송방식 등장
- 빅데이터 기반 물류 예측과 위치 기반 운송차량 통제로 운송 스케줄 최적화

배달
- 무인 배달, 스마트 보관함 등 다양한 라스트 마일 딜리버리 서비스 등장
- 공유경제를 활용한 배달체계 구축 및 수요자 맞춤형 배달 서비스 제공

자료(내용 재정리) : 우정경영연구센터, "4차 산업혁명 대비 우정사업 발전전략", KISDI, 2018.

축소되어 무인화가 이루어지고, 기업 중심 우편물은 집중국과 물류센터로 직접 접수될 것으로 보인다. 또한 발송업체가 일정 지역에 집중되어 있는 경우에는 민간에서 도입하고 있는 밀크런[18] 방식의 접수와 물류창고 운용으로의 사업 확장도 시도될 수 있을 것이다. 다음으로 우편물 구분 프로세스에 있어서는 구분 기능을 가진 집중국이 유통부문 물류 전문업체들의 풀필먼트[19] 동향에 따라 물류센터화되고, 물류센터에서의 작업은 로봇 및 드론 등을 활용한 자동화가 이루어질 수 있다는 것이다. 우편물 운송 프로세스에 있어서는 운송차량 공유경제, 자율운행 자동차, 드론 등 복잡하고 다양한 운송 방식 등장하고, 빅데이터 기반 물류 예측과 위치 기반 운송차량 통제로 운송 스케줄이 최적화되는 현상이 나타날 수 있을 것이다. 우편물 배달 프로세스에 있어서도 무인 배달, 스마트 보관함 등 다양한 라스트 마일 딜리버리 서비스가 등장하고, 공유경제를 활용한 배달체계가 구축되기도 할 것이며, 나아가 고객이 원하는 배달 시간 및 장소도 선택할 수 있는 수요자 맞춤형 배달 서비스가

---

18. 밀크런(milk run)이란 과거 우유회사가 매일 축산 농가를 순서대로 돌면서 원유를 수집한 데서 유래된 물류방식으로 구입처가 여러 거래처를 돌며 상품을 모으는 방식.

19. 풀필먼트(fulfillment) 서비스란 물류 전문업체가 물건을 판매하려는 업체들의 위탁을 받아 배송과 보관, 포장, 배송, 재고관리, 교환 · 환불 서비스 등의 모든 과정을 담당하는 물류 일괄 대행 서비스를 말한다. 즉, 고객이 온라인을 통해 상품을 주문하게 되면 물류창고에서 해당 상품을 집어서(picketing), 포장(packing)하고, 배송(delivery)하고, 고객의 요청에 따라 환불(refund)과 교환(exchange)까지 모든 과정을 일괄 처리하는 것을 말한다. 대표적인 예로 세계 최대 전자상거래업체인 미국 아마존이 제공하는 FBA (Fulfillment By Amazon) 서비스가 있고, 우리나라에선 쿠팡이 2014년 로켓배송 서비스를 본격화하면서 해당 서비스를 도입했으며, 이베이코리아도 해당 서비스를 제공하고 있다.

제공되는 방향으로 서비스 고도화가 이루어질 것으로 보인다.

4. 우체국 물류 플랫폼

우편사업은 기본적으로 네트워크 산업의 일종으로 오프라인 측면에서 보면 지점망에 기초를 둔 물리적인 물류 네트워크이며, 온라인 측면에서 보면 우편물의 접수, 구분, 운송, 배달 등에 따른 종적 추적 시스템과 같은 정보의 흐름으로 구성되어 있다. 서비스 제공에서 이 두 측면의 네트워크가 결합되어 유기적으로 작동해야 네트워크 전체의 효율성이 증대되고 경쟁력이 생기는 것이다. 우편사업이 온·오프라인이 결합된 종합 물류 시스템으로 발전해 나간다면 우체국의 미래상은 제3자 물류[20] 제공자, 나아가 제4자 물류[21] 제공자와 같은 일종의 종합 물류 플랫폼으로 발전해 나갈 수도 있다고 보여진다. 이를 위해서는 우편물류 플랫폼도 민간과의 협력이 가능한 개방형 물류 통합 플랫폼을 지향할 수도 있고, 우체국 통합 물류 플랫폼을 운영함에 있어서는 우체국의 핵심 역량이라 할 수 있는 라스트 마일 딜리버리의 강점을 중심으로 수요와 공급을 이어주는 메치 메이커(match-maker) 역할을 수행하며, 핵심 역량을 제외한 나머지 부분은 민간 공유를 확대해 기존 물류업체들

---

20. 제3자 물류를 3PL(Third Party Logistics ; TPL)이라고도 하며 물류활동을 제3자에게 위탁하는 것을 말한다.

21. 제4자 물류를 4PL(Forth Party Logistics ; FPL)이라고도 하며 제3자 물류가 확장된 개념으로 제3자 물류 서비스와 더불어 포괄적인 공급 사슬 솔루션과 컨설팅, 그리고 IT 서비스를 추가적으로 제공하는 것을 말한다.

의 전문성을 활용하는 것도 좋은 방안이 될 수 있을 것이다. 여기서 한 걸음 더 나아간다면 핵심 역량에 기초한 사이버 물리 시스템(cyber physical systems ; CPS)[22]을 통한 옴니채널[23] 구축도 고려해 볼 수 있을 것이다.[24]

우체국도 물건 배달 기능만 가지고는 장기적으로 물류 생태계에서 주도권을 지닐 수 없다. 오프라인 배달 기능만 강조하다가는 미래에는 다른 종합 물류 플랫폼에 종속된 협력업체로 전락할 수도 있는 것이다. 오프라인 무역 플랫폼의 대표적 사례였던 종합무역상사 시대에는 샘플을 들고 전 세계를 돌아 다니면서 세일즈를 하였기 때문에 글로벌 지점망이 경쟁력의 원천이었다. 그러나 인터넷의 발달로 전 세계를 돌아다니지 않고도 온라인으로 세일즈를 할 수 있게 되자 온라인 플랫폼에 그 역할을 넘기고 말았다. 따라서 우체국의 장기적인 발전 방향도 물류의 모든 프로세스 전반에 걸친 정보의 생산 및 가공 능력을 보유한 통합 물류 플랫폼이 되어야 할 것으로 보인다.

우편사업을 종합적인 물류 플랫폼 관점에서 본다면 우편사업자들

22. 미국의 National Science Foundation은 CPS에 대해 물리적 자원과 컴퓨터 자원 간의 강한 결합과 조화로 정의하고 있는데, 부연하면 CPS는 IoT, 빅데이터 등의 기술을 활용하여 물리적인 세상을 사이버 세상에 반영하고, 사이버 세상의 기술을 활용하여 실제의 물리적인 세상을 통제하고 제어하는 시스템으로 볼 수 있다(강형묵 · 황경태, "제조 분야 사이버 물리 시스템(CPS) 연구 동향 분석", 『정보화 정책』 제25권 3호, 2018).

23. 모든 것을 뜻하는 옴니(omni)와 제품의 유통경로를 뜻하는 채널(channel)의 합성어로 소비자가 온라인, 오프라인, 모바일 등 다양한 경로를 통하여 상품을 검색하고 구매할 수 있도록 한 서비스.

24. 우정경영연구센터, "4차 산업혁명 대비 우정사업 발전전략", KISDI, 2018.

이 당면한 경영전략적 이슈는 기술적인 측면에만 머무르지 않고 물류시장 전체의 시장변화에 대응하는 것이 필요하고, 이에 대하여 메킨지(McKinsey)가 내어놓은 분석을 보면 우편사업자들은 기본적으로 경쟁기업들보다 더 적극적이고 신속한 혁신을 추진하여야 하며, 그 핵심 방향은 소비자 중심의 제품 및 서비스 전략에 있다고 주장하고 있다.[25] 즉, 모든 의사결정의 시작은 소비자 평가로부터 시작된다는 원칙하에 우체국의 혁신 로드맵은 아직까지 충족되지 않고 있는 소비자의 욕구를 파악하고, 미래의 핵심 서비스에 대한 시장 규모와 요금 수준 등에 초점이 맞추어져야 한다는 것이다.

이와 같은 과정을 거쳐 제품 및 서비스 전략이 완성되고 나면 기술적인 측면에서 이를 달성하기 위해 필요한 디지털 및 데이터 전략 또한 [그림 8-9]와 같이 요약 · 정리해 제시할 수 있다. 디지털 혁신을 실행하기 위해서는 견고한 기술적 토대가 요구되는데, 데이터, 단말, 통신 등의 관련 기술이 디지털 혁신의 주요 엔진이 될 것으로 보았다. 특히, 중요성이 대두되고 있는 데이터 분야로 데이터베이스 구축, 빅데이터 수집 및 분석, 데이터 보호 등을 강조하고 있으며, 나아가 IT체계 구축과 관련해서는 효율성 중심의 안정적이고 예측 가능한 전통적 IT 방식과 가치중심으로 신속한 대응과 속도를 중시하는 IT 방식 두 가지를 모두 효과적으로 수용하고 소화하는 Two-speed IT체계를 추천하고 있다.[26]

---

25. "The endgame for postal networks : how to win in the age of e-commerce", McKinsey & company, 2019.

26. 오늘날 급변하는 경영환경 속에서는 상호 이질적인 Two-speed IT 체계의 동시 추구는

그림 8-9 혁신 엔진으로서의 우체국 디지털 및 데이터 전략

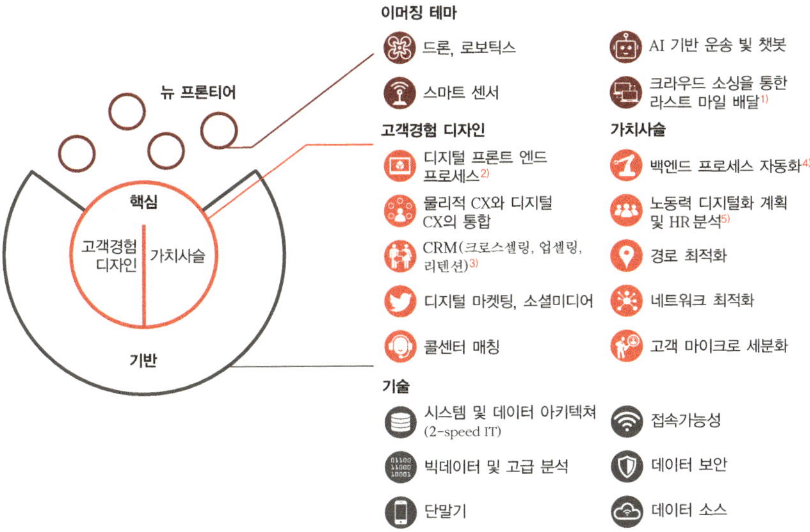

주 : 1) 크라우드 소싱(crowd-sourcing) : 기업의 활동에 대중을 참여시켜 해결책을 얻는 방법
2) 프론트 엔드(front end) : 사용자가 직접 상호 작용하는 인터페이스 부분
3) CRM(Customer Relationship Management) : 고객관계 관리
4) 백엔드(back end) : 프론트 엔드 서비스를 간접적으로 지원
5) HR(Human Resource) : 조직이 보유한 인적 자원

자료 : Mckinsey, "The endgame for postal networks", 2019. 4.

다음으로 이러한 기초 기술이 효과적으로 응용되고 적용되기 위해서는 두 가지 핵심 요인이 충족되어야 하는데, 그 첫 번째가 고객경험 디자인(customer experience(CX) design)에 대한 고려이며, 다음으로는 가치사슬(value chain)에 대한 고려이다. CX 디자인은 서비스 제공과 관련된 전 과정이 디지털화되는 상황에서 고객의 경험을 최적화하기 위

조직의 방향에 대해 갈등을 초래할 소지가 있어 신속한 대응만이 요구된다는 주장도 있음.

한 과정이라 할 수 있는데, 모든 고객 접점에서 서비스의 즉시성, 개별성, 전체적인 이미지 등에 대하여 고객과의 관계를 효율적으로 설정, 통합, 관리, 소통해 나가는 것을 말한다. 다음으로, 가치사슬과 관련해서는 가치를 발생시키는 서비스 제공 프로세스를 단계별로 자동화·최적화하는 것이라 할 수 있다. 여기에서 한 걸음 더 나아가 우편사업자들은 각자가 처한 사정에 따라 뉴프론티어 차원에서의 유통 혁신을 위한 새로운 기술적 아젠다와 균형을 유지해야 할 필요성이 있으며, 이에는 드론, 로보틱스, 스마트 센싱, AI 기반 운송 등 여러 가지가 있을 수 있다는 것이다.

5. 미래 우체국 창구망

우정사업을 영위하기 위한 가치사슬 구성 요소 중 가장 기본적인 인프라인 우체국 창구는 우정서비스를 이용하는 고객들과 처음으로 만나는 오프라인 접점으로 대부분의 우정서비스가 시작되는 출발점이며 동시에 매출이 이루어지는 수익센터이기도 하다. 따라서 미래의 우체국 창구는 미래의 우정 서비스 제공 방식과 밀접하게 연관되어 변화해 나갈 것으로 보인다. 창구망과 관련된 이슈는 크게 두 가지로 구분해서 볼 수가 있는데 첫 번째는 일선 창구망의 분포를 어떻게 하느냐 하는 것이고, 두 번째는 창구의 형태를 어떻게 가지고 가느냐 하는 것이다.

첫 번째 이슈인 일선 우체국의 창구망의 개수 및 위치를 어떻게 정하는 것이 가장 바람직할 것인가 하는 문제는 그동안 많은 논의가 되어 왔지만 워낙 이해관계자들이 많아 쉽게 결론이 나지 않은 이슈로 볼 수 있다. 그럼에도 불구하고, 우체국 창구망의 효율적인 분포는 우정사업의 수익 창출과 비용 절감의 기반이 된다는 점에서 아주 중요한 사안 중의 하나라 할 수 있다. 그러나 총괄국 또는 우편집중국은 각 지역별 거점 중심인 시 · 군 · 구에 위치하므로 이를 조정하는 것은 우편물 집배망과 결합되어 있어 쉽지가 않다. 반면에 소형 우체국은 주요 업무가 우편물 접수 및 금융 서비스 등 창구 업무이므로 우정사업 운영에 무리가 되지 않는 범위 내에서 창구망 합리화를 추구해 볼 수도 있다.

많은 수의 창구망이 유지된다면 가까운 거리에 위치하고 있는 접근성이 좋은 일선 우체국에 편리하게 와서 소량의 우편물을 발송한다거나, 혹은 필요한 금융서비스를 이용하는 일반적인 우체국 이용자 입장에서는 만족도가 당연히 높아지겠지만, 접수 물량이 지속적으로 줄어들어 창구 효율성이 감소하고 있는 상황에서는 이러한 창구망 유지에 따른 비용 부담이 커져서 서비스 제공이 장기적으로는 지속 가능하지 않

그림 8-10 창구망 조정 시나리오 도출

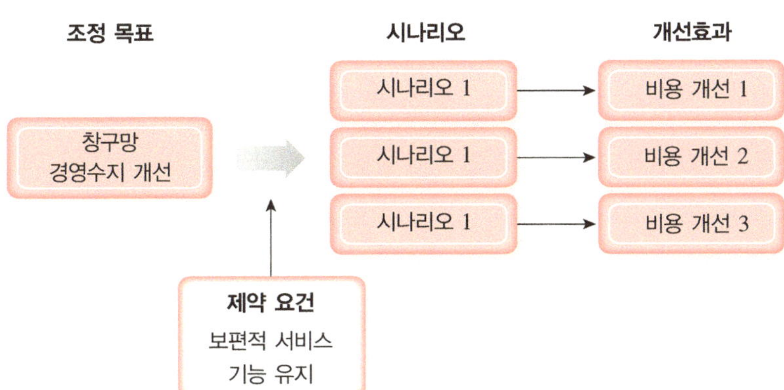

을 수 있다는 점이 문제이다. 따라서 소형 우체국 창구망 조정은 [그림 8-10]에서 보는 바와 같이 우체국 본연의 의무인 보편적 서비스를 원활히 제공하는 동시에 기존 창구망의 경영수지를 개선할 수 있도록 하는 방향으로 진행되는 것이 가장 바람직할 것으로 보인다.

예를 들면, 도시와 농어촌 지역을 구분하여 보편적 서비스 제공에 요구되는 우체국의 특성을 규정하고, 이 특성이 저해되어 문제가 발생하지 않도록 하는 범위 내에서 소형 우체국 창구망 조정을 할 수도 있을 것이다. 우선, 인구가 밀집한 도시 지역은 1개 동에 여러 우체국이 존재하는 경우도 있으나 인구밀도가 낮은 농어촌 지역에서는 1개 면에 1개 우체국을 배치하는 것이 현재까지의 일반적 가이드라인이다. 그러나 도시 지역의 경우 우체국의 분포상 인접 우체국 위치가 일정 거리 이내인 경우에는 망을 일원화하더라도 서비스 접근성에 큰 무리가 없을 것으로 보인다. 다만, 통상우편물 접수물량이 많은 우체국은 수요가 많다는 의미이고, 집배국은 우편물 배달 경로상에서 필요한 역할을 수행 중인 것으로 볼 수 있기 때문에 일원화보다는 우체국을 그대로 유지하는 것이 바람직하다고 할 수도 있을 것이다.

다음으로는 미래의 우체국 일선 창구는 어떤 모습으로 바뀌어 나갈까 하는 것이다. 즉, 다량 우편물은 운송 및 배달 네트워크의 주요 거점에 위치하고 있는 집중국에 직접 접수시키는 경향이 많은 현실에서 과연 고객과의 오프라인 접점에 해당하는 일선 우체국망은 어떤 모습으로 유지되어야 하는가 하는 것이다. 물론 창구의 형태는 그 창구에서 무슨 서비스를 어떻게 제공하느냐와 직접적으로 연결되어 있다. 정부 서비스를 추가적으로 제공하든가, 상품 판매를 곁들이는 포스트숍(Post Shop) 형태라든가, 또는 부동산 가치 증대를 위한 재개발 노력 등도 모두 우체국 창구의 형태와 관련이 있을 것이다.[27] 그러나 여기서는 관련 기술의 발전에 부응하고 비용 효율적인 일선 창구 모습에 중점을 두고 무인화 및 자동화 창구 도입과 창구 아웃소싱(outsourcing) 동향에 대해 살펴보고자 한다.

우선, 무인화 및 자동화를 통한 창구 서비스는 현재에도 진행되고 있으며, 그 사례로는 고객이 직접 우편물을 발송하거나 수령할 수 있는 접수·배달 통합기인 무인택배함을 들 수 있다. 우리나라에도 이러한 통합기를 활용하고 있기는 하나 보급 속도는 다소 느린 편이고, 외국의 경우에는 늘어나는 소포 물량에 적극적으로 대응하며 서비스 경쟁력을 높이기 위해 무인택배함 활용을 점차 확대해 나가고 있다.

해외의 무인택배함 활용 사례 중의 하나는 [그림 8-11]에서 보는 바와 같은 독일의 DHL에서 운영 중인 팩스테이션(Packstation)으로, 대형통상 우편물과 소포를 주 7일 24시간에 걸쳐 수집 및 배달하기 위해 제공되는 자동화된 부스(booth)를 말한다. 팩스테이션은 2001년 시범사업을 거친 후 빠르게 확장되어 2021년 현재 전국적으로 약 8,000여 개 이상이 설치되어 있다. 다른 여러 나라 우체국에서도 도심 등 필요한 지역에 이와 비슷한 서비스 제공을 시작하고 있으며, 오스트리아의 "Post.24-Station", 일본의 "hako post", 미국의 "gopost" 등이 좋은

27. 김영규 · 김성철 · 남찬기, "경영환경 변화에 따른 미래 우체국 모델 개발을 위한 연구", 선진우정포럼, 2013.

그림 8-11 무인 자동화 창구

독일 Packstation

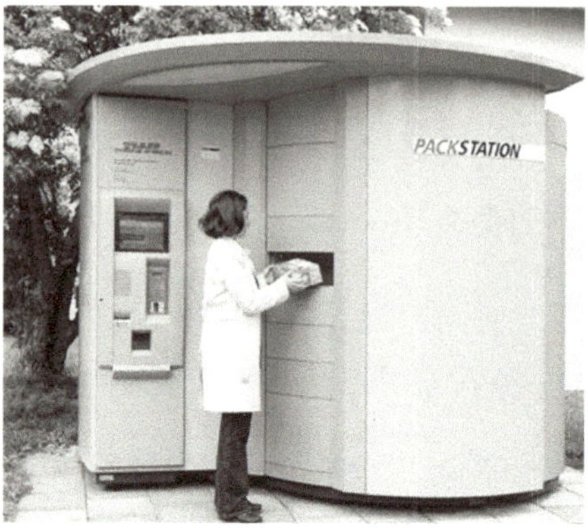

우리나라 우편자동접수기

예이다. 우리나라도 우편자동접수기가 우체국 내부에 주로 설치되어 있으며 수요가 많은 일부 외부장소에도 설치되어 있다. 우체국뿐만 아니라 "Amazon Lockers"와 같이 배달이 필요한 일반 온라인 소매업체 등에서도 비슷한 시도를 하고 있다. 무인택배함과 관련한 특징적인 사항은 설치 및 운영에 소요되는 비용을 상쇄할 정도로 사용량이 많아야 하기 때문에 고객 밀집도가 높은 지역에 설치하거나 여타 소매업체와 제휴하는 방안 등이 나타나고 있다는 점이다.

다음으로 창구 아웃소싱과 관련해서는 우리나라의 경우 우편 취급국을 예로 들 수 있다. 공무원이 아닌 민간 신분의 직원이 금융서비스를 제외한 우편서비스를 제공하고 있으며 수입의 원천은 우편물 취급 수수료이다. 다른 나라에서도 이와 유사한 형태가 존재하고 있고, 미국의 경우를 예로 보면 USPS와의 계약하에 민간인이 우편서비스를 제공하며 우편물 처리 실적에 따라 보상을 받는 CPU(Contract Postal Unit)가 있다. 주요 CPU 참여자들은 일반 소매상들이며, 이들이 참여하는 주요 목적은 우편서비스 자체만으로 충분한 수익을 올리려는 것이 아니라 자신들의 고객들에게 추가적인 우편서비스 편익을 제공하기 위한 것으로 볼 수 있다.[28]

또한 CPU 외에 시골 지역에서는 우편서비스 접근성을 높이기 위해 2011년 VPO(Village Post Office)라는 제도도 도입하였다. 처음에는 VPO 도입이 시골 지역 정규 우체국의 대체제로 시도되었으나, 도입 초기부터 성공적인 제도 정착을 어렵게 하는 두 가지 문제점이 발생하였다. 첫째로 기존 우체국의 폐국이 예상되는 지역에서 유력 VPO 후보자인 기존 소매점 등이 VPO를 신청할 경우, 우체국 폐국에 동조하고 있다는 비난을 받아 본업인 소매업까지도 타격을 받지 않을까 하는 우려에서 이들이 VPO 신청을 하지 않는 사태가 발생하였다. 두 번째로는 우체국 폐국 등에 대해 권고 의견을 내는 PRC(Postal Regulatory Commission)에서 VPO의 유용성은 기존 우체국의 보완제이지 대체제 성격이 아니라는 의견을 제시하였다. 결국, VPO 도입을 통한 시골 지역 우체국망 조정 시도는 많은 반대에 부딪쳐 폐국 대신 영업 시간 단축으로 정책 방향이 수정되기에 이르렀고, VPO는 우체국에 추가적인 수익성보다는 추가적인 비용 부담을 주는 결과를 초래하였다. 이러한 상황에서 미국의 우정사업이 생각하고 있는 아웃소싱을 통한 우체국망의 개편은 전통적인 우체국 창구망에 민간을 활용하는 방향으로 나가는 것

---

28. AlternateAccess@usps.gov.

은 틀림이 없지만 그 과정에서 VPO가 중요한 역할을 하지는 못하고 있다는 것이다. 만약 Walmart나 Staples 같은 대형 소매점들이 그들의 영업 시간 동안 우편서비스를 제공한다면 고객들의 편의를 크게 향상시킬 뿐만 아니라 기존 우체국의 영업 시간이나 그 분포상의 위치 변경 및 개수에도 변화가 있을 것으로 보고 있지만,[29] 현재 그렇게 주목받고 있지 못하는 실정이다.

29. "It takes a village post office, but for what?", 2014. 11. 2., Savethepostoffice.com

09

우체국 금융사업의
미래 진화 방향은 무엇인가?

1. 금융의 디지털 전환 과정

디지털 전환의 확산이 금융산업에 미치는 영향은 거의 절대적이다. 금융과 통신의 융합을 발판으로 인터넷을 통하여 금융정보가 실시간으로 제공되는 인터넷 뱅킹, 여기에 이동성을 가미하여 고객 편의를 증대시킨 모바일 뱅킹, 이제는 소위 핀테크, 테크핀, 나아가 메타버스 등의 이름으로 금융사업 전방위에 걸쳐 혁신적 변화가 일어나고 있다.

이러한 금융의 디지털 전환 진화 과정을 일어나는 순서에 따라 나누어 보면 [그림 9-1]에서 보는 바와 같이 대략 5단계로 볼 수 있다. 최초의 제1단계는 가장 초보적인 전자금융 단계라고 할 수 있는 지점망 내부의 전산화 단계로 주로 창구업무의 자동화 및 온라인화가 추진되었던

그림 9-1 금융의 디지털 전환 진화 과정

제1단계	▪ 지점망 전산화	– 은행 지점망 내부의 전산화 도입
제2단계	▪ 업무자동화	– 금융기관 내 온라인 시스템 구축
제3단계	▪ 네트워크 구축	– 금융권별 네트워크 구축 / 금융기관 간 공동망 구축
제4단계	▪ 사이버 금융의 활성화	– 서비스 채널의 다양화
제5단계	▪ 모든 정보 교환의 전자화	– 고객별 맞춤 서비스

단계라고 볼 수 있다. 다음 제2단계는 업무자동화가 이루어졌던 단계로 지점망 내부 전산화를 기초로 하여 업무처리가 네트워크화되고 자동화가 광범위하게 진전되었던 단계라고 할 수 있다.[1] 제3단계는 타 금융기관 전산망과 상호 연결하여 통합된 금융 네트워크를 구축하고 이에 기반한 새로운 금융서비스를 제공하는 단계로 금융기관 상호 간 네트워크가 구축되며 이에 기반한 통합된 서비스가 제공되었던 단계라 할 수 있다.[2] 따라서 이 단계에서는 각 금융기관이 각각의 독립성을 유지하면서도 자금결제 기능 면에서는 하나의 조직과 같이 긴밀히 운영됨으로써 전국이 1일 금융권으로 통합되고 새로운 지급결제 서비스가 개발되는 바탕이 되는 것이다. 제4단계는 사이버 금융의 활성화 단계로 금융기관과 고객 간에 물리적인 접촉 없이 금융서비스를 제공하고 제공받을 수 있는 다양한 서비스채널을 이용할 수 있는 단계로 가상적인 공간에서 금융서비스가 이루어지게 된다. 이 단계에서는 전화를 이용한 텔레뱅킹, PC나 모바일 기기를 이용한 인터넷 금융거래가 일반화됨에 따라 물리적 점포의 중요성은 점차 줄어들어 가는 추세를 보인다. 제5단계는 모든 정보의 흐름이나 교환이 전자화되는 금융 EDI(Electronic Data Interchange) 단계로 금융기관들은 자체 데이터베이스를 구축하고 이를

---

1. 이 시기에 본·지점 간의 온라인망 구축이나 CD(Cash Dispenser)/ATM(Automated Teller Machine)망 구축 등이 이루어졌다.
2. 우리나라의 경우를 보면 CD, 타행환, 자금관리서비스(Cash Management Service ; CMS) 등 은행공동망 서비스가 이에 해당한다. 이 단계에서는 점포에 CD나 ATM만이 배치되어 있는 무인 점포가 운영될 수 있으며, 기업이나 개인 고객들은 홈뱅킹이나 펌뱅킹 등을 활용하여 원격지원 서비스를 제공받을 수도 있다.

이용한 정보관리를 통해 개별 고객의 특수한 금융수요를 정확히 파악할 수 있게 될 것이다. 이 단계에서는 상품의 성격 및 금리 등에서 맞춤형 금융서비스를 제공할 수 있게 됨에 따라 고객 기반을 더욱 강화하고 이를 활용하여 새로운 부가가치 창출 기회도 가지게 될 것으로 보인다. 이와 같은 진화 단계를 상정할 경우 우리나라는 4단계에서 5단계로 도약하는 단계에 있다고 보여진다.

2. 핀테크 : 금융과 ICT의 융합

금융산업 내에서 일어났던 지금까지의 금융의 전산화나 디지털화가 어떻게 하면 효율적으로 고객에게 금융서비스를 제공할 수 있느냐 하는 금융기관의 업무 프로세스 효율화 측면이 강조되어 일어나는 현상이었다면, 핀테크(fintech)는 이름 그대로 금융(finance)과 기술(technology)이 결합한 서비스 또는 그런 서비스를 하는 회사를 가리키는 말로 ICT 기술을 기반으로 금융산업 내외로 산업 간 융합이 이루어지는 현상을 말한다. 금융산업과 ICT 산업과의 융합은 두 가지 측면으로 나누어 볼 수 있다.[3] 첫 번째는 금융산업이 ICT 기술을 활용하여 업무를 효율화하거나 새로운 서비스를 제공하는 것인데 이는 금융의 전산화나 디지털화와 크게 다를 바 없다. 금융거래의 대부분을 전산으로

3. 핀테크라는 용어를 가장 빈번하게 사용하는 영국의 경우, 기술 기반 금융서비스 혁신을 전통 핀테크(Traditional Fintech)로, 혁신적 비금융기업의 금융서비스 직접 제공을 신생 핀테크(Emergent Fintech)로 정의한다.

처리하고 인터넷 뱅킹, 모바일 뱅킹 등의 서비스를 제공하고 있는 금융산업은 그 성격상 ICT 산업 다음으로 ICT 기술을 많이 활용하고 있는 실정이다. 두 번째로는 ICT 기술을 가진 회사가 ICT 기술을 활용한 새로운 금융서비스를 제공하면서 전통적인 금융산업 영역으로 진입해 들어오고 있는 현상으로, 미래에는 이들의 영향력이 점차 증가하여 전통적 금융산업의 영업 기반을 일정 부분 흔들 수 있을 정도까지 크게 나타날 수도 있을 것이다.

핀테크를 중심으로 금융산업과 연관이 있는 ICT 기술로는 여러 가지가 있을 수 있겠지만 대표적인 것은 생체인증, 빅데이터, AI, 블록체인, IoT, 클라우드, 모바일 등을 들 수 있으며, 이들은 다양한 형태의 금융서비스에 적용되어 금융산업의 패러다임 변화(paradigm shift)를 촉진시키고 있다고 볼 수 있다. 이러한 기술들이 주로 적용되는 금융서비스 분야로는 디지털 통화, 바이오 인증, 간편 결제, 간편 송금, 소액 해외송금, 로보어드바이저, 데이터 분석 등을 들 수 있으며, 이를 통해 금융산업에 일어날 것으로 예상되는 패러다임 변화로는 [그림 9-2]에서 보는 바와 같이 지급결제 수단의 다양화, 신기술 접목을 통한 맞춤형 금융서비스 고도화, 금융서비스의 편리성 및 효율성 증대, 금융 플랫폼 경쟁의 가속화 등 다양하게 나타날 수 있다.

우선 지급결제 수단의 다양화는 신기술을 활용한 지급결제 수단의 발전이 예상됨에 따라 간편 결제, 간편 송금, 가상화폐 등 신종 전자지급 서비스 시장이 빠르게 성장하면서 저렴하고 간편한 다양한 방식의 모바일 결제 제도가 활성화된다는 것이다. 지급결제 서비스 분야는

그림 9-2 기반 기술과 금융산업의 패러다임 변화[4]

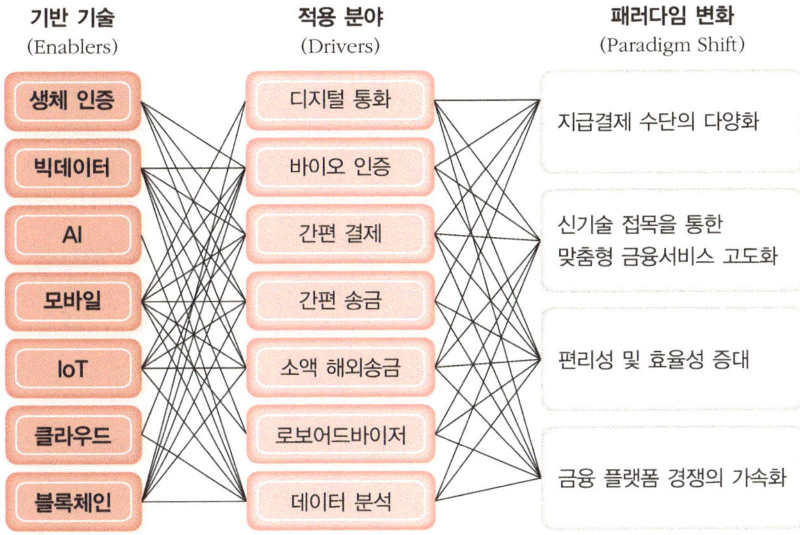

ICT 기업의 진출이 가장 활발한 시장 중의 하나로 금융기관과의 경쟁이 치열하게 일어나고 있다. 지급결제 서비스의 가장 중요한 핵심 성공요인 중 하나는 사용자가 쓰기 쉽게 만드는 것이다. 온라인과 모바일 환경에서 사용자가 쉽고 편리하게 쓸 수 있는 서비스를 만드는 일은 ICT 기업의 전문 분야이기 때문에 많은 ICT 기업이 제일 먼저 지급결제 부문에 진출하려고 하는 것은 어쩌면 당연한 선택이라 할 수 있다. 우리나라의 경우 이러한 간편 결제 서비스로는 하드웨어 기반의 모바일 서비스

4. 박재석, 「4차 산업혁명에 대응한 우체국금융 발전 방향」, 『우정정보』, 2020 겨울 내용 일부 수정. 영국 무역투자청(UKTI, 2015)에서도 금융과 ICT의 융합이 이루어지고 있는 대표적인 분야로 지급결제, 금융 데이터 분석, 금융 소프트웨어, 플랫폼 등 크게 4가지를 제시하고 있다.

인 삼성페이, 앱 기반의 카카오페이 등을 들 수 있다.

신기술 접목을 통한 맞춤형 금융서비스 고도화란 기존 재무 관련 정보뿐 아니라 SNS 정보와 같은 비정형 데이터까지도 AI 등을 활용한 실증 분석이 가능해짐에 따라 고객별 맞춤형 서비스를 보다 쉽게 제공하여 금융서비스를 고도화시킨다는 것이다. 금융 데이터 분석을 보면 초기에는 고객의 금융거래를 바탕으로 신용도를 파악하는 것이 주된 업무였다면, 핀테크 기술은 한 걸음 더 나아가 금융거래 이외의 광범위한 데이터를 바탕으로 신용도를 평가함으로써 신용평가 관련 업무를 한 차원 더 발전시켰다고 할 수 있다. 이와 관련한 사례로는 미국의 온라인 소액대출 회사인 온덱(OnDeck)을 들 수 있다. 온덱의 기본 아이디어는 소규모 신생 창업 기업인 스타트업(Start-up)의 신용도에는 신용평가 점수 이상의 그 무엇이 있다는 생각을 바탕으로, 데이터 분석과 디지털 기술을 선구적으로 활용하고 사회적 관계망 서비스(Social Network Service ; SNS)나 인터넷 활동 내역 등 수천의 관련 데이터 포인트를 모으고 분석하여 소상공인의 신용도를 신속 정확하게 평가하고자 하는 것이었다.[5]

금융서비스의 편리성 및 효율성 증대는 핀테크를 기반으로 한 디지털 혁신을 통하여 고객 접근에 대한 편의성 향상, 품질개선, 비용절감 등의 경영 및 자원배분의 효율성을 높여 신성장 동력으로서 역할을 한

5. 온덱은 소규모 상공인의 자금 조달에 따른 시간과 노력을 절감해 주는 온라인 앱 기반 대출 서비스를 도입하여 점포는 하나도 없는 온라인 대출 회사이지만, 2006년 설립된 이후 2014년 말 뉴욕증권거래소(NYSE)에 상장되고, 2015년에는 캐나다와 호주로 서비스를 확장하였으며, 2021년 현재 대출금 잔고가 130억 달러에 이르고 있다.

다는 것이다. 금융서비스의 편리성 및 효율성 증대는 금융업무를 보다 더 효율적으로 만드는 소프트웨어를 통해 이루어진다. 예를 들면, 이상 금융거래 탐지 시스템(Fraud Detection System ; FDS)과 같이 데이터 분석 기술 등을 바탕으로 결제와 관련한 다양한 정보를 수집하여 패턴화하고, 평소 정상 패턴과 다른 이상 징후를 발견하면 거래를 즉시 중단시키는 것 등이 이러한 범주에 들어간다. 즉, 오후에 서울에서 결제가 이뤄진 신용카드가 1시간도 채 지나지 않아 영국 런던에서 결제 요청이 접수되면 상황을 비정상으로 판단하여 즉시 확인 후 거래를 중단시키는 방식으로 소비자 피해를 방지할 수 있게 함으로써 금융 시스템의 효율성을 높이는 것이다. 이러한 FDS가 제대로 작동하려면 금융 소비자의 소비 패턴과 금융사기의 사례 등이 모여 빅데이터로 활용되어야 하기 때문에 데이터를 축적하는 데 상당한 기간이 필요하다. FDS는 누구에게나 언제든지 지급결제를 가능하게 한다는 모토를 내세우는 미국의 전자결제 서비스인 페이팔(PayPal)에서 2001년 해킹 공격으로 여러 계정에서 소액 탈취 사건이 발생하자 이를 계기로 개발되었으며,[6] 비자나 마스터카드 같은 국제적인 신용카드 회사들도 자체적으로 FDS를 가동 중에 있다. 후발 주자인 국내 은행들도 FDS 구축을 완료하고 현재 시스템 고도화를 통하여 관련 산업인 유통업체와 제휴하여 시너지 창출에 나서고 있는 실정이다.[7]

끝으로 금융 플랫폼은 금융기관이 고객들 사이에서 금융서비스를

6. CNN World News, 2021. 8. 17.

7. 시사저널e, 2021. 8. 17.

중개하지 않더라도 전 세계의 고객들이 자유롭게 금융업무를 처리할 수 있는 기반을 제공하는 것으로,[8] 금융 플랫폼 경쟁의 가속화는 금융시장 구조가 수요자 중심으로 전환되고, 금융산업의 핵심 경쟁력이 점포 중심의 물적 기반에서 신기술 중심의 네트워크 기반으로 이동함에 따라 고객의 요구를 즉각적으로 반영할 수 있도록 하는 선도적 금융 플랫폼 구축 경쟁이 가속화된다는 것이다. 최근 국내 일반은행들도 디지털과 모바일을 중심으로 여러 금융사의 상품과 사용자를 연결하는 경쟁력 있는 금융 플랫폼 구축에 사활을 걸고 있는 실정이며, 대표적인 것이 모든 관련 업무를 동시에 제공할 수 있는 종합 금융 플랫폼의 구축이라 할 수 있다. 은행이 플랫폼화를 지향하는 가장 큰 이유는 플랫폼을 통해 쌓아지는 많은 데이터를 활용하면 은행 본연의 업무를 보다 더 효율적으로, 효과적으로 잘 수행할 수 있다는 것이다. 왜냐하면 개별화, 맞춤화되어 가는 금융서비스로 경쟁하는 상황에서는 누가 더 고객 정보를 얼마나 많이 가지고 있느냐가 핵심 경쟁력이기 때문이다. 예를 들어 [그림 9-3]에서 보는 바와 같이 은행 서비스를 제공하는 앱이 고객의 소비생활 등과 연계된 생활 금융 플랫폼으로 그 역할이 확장된다면 더 많은 고객

8. 애초 플랫폼은 컴퓨터 시스템 용어로 다양한 컴퓨터 소프트웨어를 소화할 수 있는 하나의 운영체제를 의미하는데, 일반적인 PC에서 사용하는 마이크로소프트의 윈도우즈(Windows)와 애플 아이폰에서 사용하는 아이오에스(iOS)가 대표적인 사례이다. 즉, 윈도우즈 플랫폼에서 다양한 인터넷 브라우저와 소프트웨어를 이용할 수 있는 것처럼 플랫폼의 의미는 하나의 기업이 업종을 넘나드는 다양한 서비스를 제공하는 기반을 나타내는 표현으로 자리매김하게 되었다. 예를 들어 네이버는 검색은 물론 쇼핑, 엔터테이먼트, 뉴스 등 다양한 콘텐츠에 대한 서비스를 제공하는 대표적인 플랫폼 사업자인 것이다.

관련 데이터를 보유할 수 있게 되고, 결과적으로 금융업무 본연의 경쟁력도 한 단계 더 향상시킬 수 있게 된다는 것이다.

그림 9-3 생활 금융 플랫폼

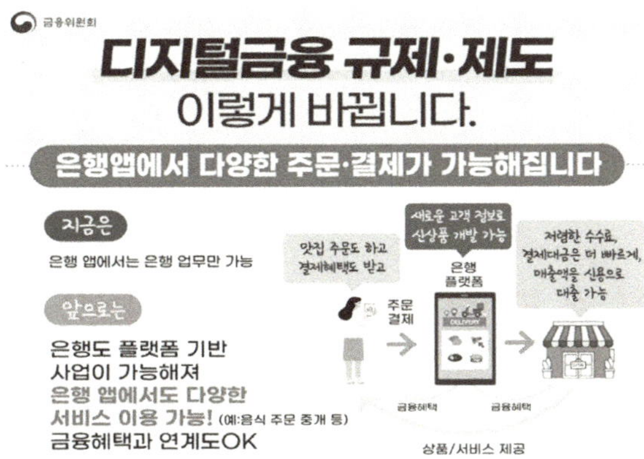

이러한 패러다임 변화는 금융시장의 모습도 새롭게 탈바꿈시켜 금융서비스 제공의 탈집중화(decentralization) 및 탈중개화(disintermediation), 비대면 금융거래의 확산 등을 초래할 것으로 보인다. 금융서비스의 탈집중화 및 탈중개화는 금융서비스 수요자와 공급자 간에 직접거래가 활성화됨에 따라 금융서비스의 제공이 기존 금융 시스템과 분리되는 현상이 가속화되어 기존 금융기관에 대한 수요를 감소시킨다는 것을 말한다. 다음으로, 비대면 금융거래의 확산은 언제 어디서나 원하는 금융서비스를 이용할 수 있는 환경이 조성되어 지점이나 창구를 방문하지 않고도 금융거래를 수행하는 비대면 거래가 일상화된다는 것이며, 이러한 비대면 업무의 증가는 은행의 가장 전통적인 영업 형태인 물리적인 지점망에 대한 의존도를 줄여 지점 간 통폐합이나 넓은 지역을 관할하는 센터 중심으로 지점망 재편을 촉진하는 결과를 초래할 수도 있을 것이다. 실제로 은행의 오프라인 지점망 폐쇄에도 불구하고 모바일 뱅킹, 채팅봇, 사기예방 등과 같은 분야에서의 첨단기술이 지급결제와 송금, 대출과 투자, 자산운용 등 과거에는 오프라인에서 이루어지던 서비스를 고객들이 온라인 플랫폼에서 직접 주도할 수 있게 만들어 전통적인 오프라인 지점이 문을 닫음으로써 발생할 수 있는 문제들을 최소화시킬 수 있을 것이라는 전망도 나오고 있다.[9]

3. 금융시장 변화의 사례 : P2P

이와 같은 ICT와 금융의 융합 과정에서 금융기관 경영에 가장 심각하게 영향을 미치는 것으로는 금융기관 인프라를 거치지 아니하고[10] 금융서비스를 제공하는 금융 플랫폼의 등장이며, 그 대표적인 것 중의 하나가 P2P(Pear to Pear) 금융이다. P2P란 개인 대 개인을 뜻하며,

9. 모바일 뱅킹은 '손 안의 은행'으로서 모바일 지급결제 확산을 촉진시켜 소액 거래에서조차 현금 사용 비중을 현저히 감소시킬 뿐만 아니라 예금, 적금, 펀드 등 다양한 금융서비스를 제공하고 있어 비대면 거래의 비중을 급격히 높이고 있고, 채팅 봇은 빅데이터 분석을 기반으로 로보어드바이저에 의한 자산관리 프로그램 등에 활용되어 인간의 수익률을 뛰어 넘는 수준으로 발전하고 있기도 하다.

10. 금융 시스템에서 중개자 역할을 하는 은행, 증권사, 카드사 등의 통제를 받지 않는 금융 생태계를 디파이라고도 한다. 탈중앙화를 뜻하는 'decentralize'와 금융을 의미하는 'finance'의 합성어로 탈중앙화된 금융 시스템을 일컫는다. 즉, 은행 계좌나 신용카드가 없어도 인터넷 연결만 가능하면 블록체인 기술로 예금은 물론이고 결제, 보험, 투자 등의 다양한 금융서비스가 가능하게 하는 것으로, 기존 금융 시스템을 블록체인 기반의 서비스로 대체하려는 움직임으로 볼 수 있다. 자산 토큰화(tokenization), 스테이블 코인(stable coin, 비변동성 암호화폐), 탈중앙화 거래소(DEX, 중개인이 없이 자산을 P2P 방식으로 관리하는 분산화된 자산 거래소) 등이 대표적인 디파이 서비스 모델로 꼽힌다. 디파이는 금융서비스 진입 장벽을 낮추고 거래비용을 절감할 수 있는 반면, 보안사고 등이 발생했을 때 책임을 질 주체가 없다는 것이 문제가 된다.

P2P 금융이란 개인 간의 거래를 중개해 주는 금융서비스를 이야기하는 것이다. 은행 인프라를 거치지 않고 이러한 금융서비스를 제공한다는 것은 결국 브로커[11] 역할을 하는 플랫폼을 온라인으로 구축하여 기존 금융기관들을 우회, 즉 바이패스(bypass)한다는 것이며, 이를 통하여 거래 비용을 획기적으로 절감하고 그 이득을 이용자들에게 돌리자는 의미가 있어 비즈니스 모델로 성공할 수 있다는 것이다. 이러한 P2P 금융에 대한 새로운 시도는 대출이나 해외송금 분야에서 수요자와 공급자를 직접적으로 연결하여 서비스를 제공하는 플랫폼 형태로 나타나고 있으며, 그 특징은 다음과 같은 사례에 잘 나타나 있다.

대출분야의 대표적 P2P 사례 중 하나가 2007년 창업한 P2P 대출 플랫폼인 렌딩클럽(LendingClub)이다. 렌딩클럽은 대출을 원하는 사람과 이러한 대출 상품에 투자를 하고자 하는 사람을 연결해 주는 역할을 수행하는 플랫폼으로 볼 수 있다. 대출 신청자의 신용등급을 A~G로

---

11. 브로커는 금융 상품의 구매자와 판매자 사이에 상품에 관한 정보만 제공하고 양쪽으로부터 수수료를 받으며, 거래는 구매자와 판매자가 직접 자기명의로 이루어진다. 우리나라의 복덕방을 생각하면 이해가 쉽게 될 수 있다. 이에 비해 딜러의 역할은 중개하는 상품을 판매자로부터 자기명의로 사 두었다가 구매자에게 판매하는 것이다. 따라서 딜러의 수입원은 구매자에게 판매할 때 요구하는 가격(asked price)과 판매자로부터 사 들일 때 제시하는 가격(bid price)과의 차이이며 이를 스프레드(spread)라 한다. 은행들이 외환을 사고파는 경우가 이에 해당한다. 이에 비해 은행은 자금의 공급자로부터 저축이라는 형태로 자금을 조달하여 자금의 수요자에게 대출이라는 형태로 자금을 운용하여 자금을 중개한다. 저축과 대출 사이엔 액면, 만기, 위험 등 금융 상품의 중요한 성격들이 모두 다르지만 은행의 기능은 이를 조정하여 중개하는 것이다 즉, 자금 중개 과정에서 조달하는 자금의 성격과 운용하는 자금의 성격을 서로 다르게 변형 시키는데, 이를 협의의 중개자(intermediary)라 한다. 광의의 중개자는 세 가지를 모두 포함하는 자금 중개를 말한다.

나눠 웹사이트에 기재하면 개인 투자자들은 대출 신청자 명단과 신용등급을 보고 원하는 사람에게 투자하는 형식이다.[12] 렌딩클럽의 이와 같은 비즈니스 모델에서는 투자금 모집과 대출 신청 및 집행이 모두 온라인 플랫폼에서 이루어지기 때문에 오프라인 지점이 필요 없어 운영자금이 많이 들지 않는다는 장점이 있다.

창업 초기 핀테크 열풍에 힘입어 빠르게 성장한 렌딩클럽은 2014년 뉴욕증권거래소에 상장까지 했으나 무리하게 늘린 대출자산 중 신용평가가 저조한 대출 신청자들에게서 발생한 부실 채권으로 인한 누적 손실과 2016년 창업자의 부실 대출 주선 파문 등이 겹치면서 큰 타격을 입었다. 그후 2020년 인터넷 은행인 Radius Bank를 인수하면서 P2P 대출 플랫폼을 폐쇄하였고, 더 이상 P2P 금융에 투자할 수 없게 된 기존 투자자들에게는 250,000달러까지 미국 예금보험공사(Federal Deposit Insurance Corporation ; FDIC)의 예금자 보험이 적용되는 Radius Bank의 고수익 저축 상품을 제공하고 있다. 이러한 사례에서 보면 핀테크는 새로운 비즈니스 기회도 제공하지만, 거기에 따르는 위험을 제대로 관리하지 못하면 일시적으로 성공할 수는 있어도 장기적으로 생존하기는 쉽지 않다는 것을 보여 준다.

우리나라에서도 많은 P2P 기업이 출범하고 온라인투자연계금융업

12. 투자 금액은 1건당 최소 25달러이며 대출자들에게 분산투자도 할 수 있기 때문에 일종의 펀딩(funding)의 개념도 들어 있다고 볼 수 있다. 대출 이자는 보통 6~10% 수준에서 결정되며 대출 이자 수익의 1~3%는 회사의 수수료로 지불되고 나머지 금액은 투자자에게 수익으로 제공되는 시스템이다.

및 이용자 보호에 관한 법률도 제정되었지만[13] 대출상품에서 지속적으로 발생하고 있는 원금손실로 인해 많은 어려움을 겪고 있는 실정이다. P2P 업체들의 주력 시장이 제1금융권에 비해 상대적으로 위험도가 높은 중금리 시장인 이상, 대출 신청자들에 대한 신용평가가 정확히 이루어지지 않고서는 부실 대출 위험을 줄일 수가 없다. 따라서 미국의 경우와 마찬가지로 우리나라에서도 P2P 업체들의 성공 여부는 어느 정도로 신뢰성 있는 신용평가 모델을 구축하느냐에 달려 있다. 이러한 전제 조건들이 충족되지 않는다면 P2P 금융은 종국적으로는 고위험 고수익을 추구하는 일부 투자자들만이 이용하는 극히 제한된 금융서비스로 전락할 위험이 있다고 하겠다.

핀테크를 활용한 또 다른 P2P 플랫폼 사업자를 보면 은행 인프라를 거치지 않고 바로 해외송금을 가능하게 해주는 플랫폼 회사인 트랜스퍼와이즈(TransferWise)를 들 수 있다. 2011년 영국에서 설립된 이 회사의 송금 방식은 [그림 9-4]에서 보는 바와 같이 기존 은행의 송금 방식

---

13. 2019. 11. 26. 제정, 2021. 5. 1. 시행.

제1조(목적) 이 법은 온라인투자연계금융업의 등록 및 감독에 필요한 사항과 온라인투자연계금융업의 이용자 보호에 관한 사항을 정함으로써 온라인투자연계금융업을 건전하게 육성하고 금융혁신과 국민경제의 발전에 기여함을 목적으로 한다.

제2조(정의) 이 법에서 사용하는 용어의 뜻은 다음과 같다.

1. "온라인투자연계금융"이란 온라인 플랫폼을 통하여 특정 차입자에게 자금을 제공할 목적으로 투자(이하 "연계투자"라 한다)한 투자자의 자금을 투자자가 지정한 해당 차입자에게 대출(어음할인 · 양도담보, 그 밖에 이와 비슷한 방법을 통한 자금의 제공을 포함한다. 이하 "연계대출"이라 한다)하고 그 연계대출에 따른 원리금수취권을 투자자에게 제공하는 것을 말한다.
2. "온라인투자연계금융업"이란 온라인투자연계금융을 업으로 하는 것을 말한다.

그림 9-4 P2P 송금 방식

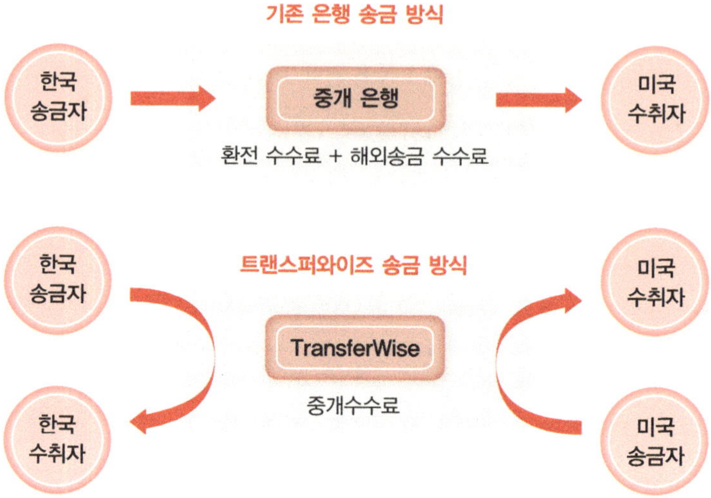

과는 달리 중개 은행을 통하지 않고 플랫폼상에서 양방향으로 송금을 하고자 하는 거래를 각 나라 내에서 서로 연결(matching)시켜 줌으로써 양쪽 고객의 입장에서는 실제로 송금한 것과 같은 동일한 효과를 보도록 하는 것이다. 이러한 송금 방식은 통화가 서로 환전되지 않기 때문에 환전 수수료가 없고 시간도 짧게 걸리지만, 거액 송금에는 적합하지 않은 면이 있기도 하다.

이와 같이 금융업무에 밀착된 P2P와 같은 핀테크 서비스는 은행 계좌 없이 송·수금을 가능하게 하여 은행의 요구불 예금에 대한 수요의 상당 부분을 상쇄시킨다거나, 또는 고객들로 하여금 오프라인 지점이 없이도 온라인을 통해 관련 금융업무를 볼 수 있게 하여 은행 업무 제공 양식을 크게 변화시킬 수도 있을 것이다.

4. 테크핀/빅테크의 등장

최근에는 ICT 대기업이 주도하는 금융혁신을 핀테크 대신 테크핀(Techfin)이라고 표현하기도 한다. 핀테크가 금융 중심 기술 접목이라면 테크핀은 기술 중심 금융 접목 정도로 보면 될 것 같다. 또한 이러한 테크핀을 주도하는 것이 대형 ICT 기업이라는 면에서 빅테크(Bigtech)라고 하기도 하고, 대표적인 회사로는 GAFAM(Google, Amazon, Facebook, Apple, Microsoft)으로 불리는 미국의 빅5 기업들과 BAT(Baidu, Alibaba, Tencent)로 대표되는 중국의 빅테크 기업들이 있으며, 한국의 네이버, 카카오 등이 이에 해당한다. 이 테크핀들은 주로 ICT 기업이 가지고 있는 고객 관련 데이터 및 독자적인 ICT 기술력을 바탕으로 무점포, 비대면 서비스가 가능한 차별화된 금융서비스를 만들어 내고 있으며 송금과 결제뿐만 아니라 자산관리, 보험 판매 시장까지 진출 영역을 넓혀 나가고 있다.

특히, 이들은 전통적인 금융기관들이 제공하는 지급결제, 대출, 자산관리, 보험 등 모든 서비스를 일률적으로 제공하는 것이 아니라 그중 자기들이 가지고 있는 비교우위를 적극 활용해 스스로 제일 잘 할 수 있는 서비스에 초점을 맞춰 시장에 진입하고 난 뒤, 점차적으로 서비스 제공 범위를 넓혀 가기 때문에 전통적인 기존 금융기관보다 해당 서비스에 대해 상당한 경쟁력을 가질 수 있다. 예를 들면, 현재 경쟁력 있는 금융 플랫폼 구축을 시도하고 있는 카카오 페이의 경우, 2014년 국내 최초 간편결제 서비스로 출발해 2021년 6월 말 기준 누적 가입자 수

3,650만 명을 돌파하였고, 결제 · 송금부터 보험, 투자, 대출중개, 자산 관리까지 아우르는 국민 생활 금융 플랫폼을 구축하고 있다.[14] 이 ICT 기업들이 선보인 간편 송금, 비대면 대출 등 주요 서비스를 이용해 보지 않은 사람은 있어도 한 번만 이용하는 경우는 없다는 말이 설득력 있게 받아들여지고 있는 것이 현실이다. 따라서 이제는 금융시장의 경쟁 구조가 금융산업 내 금융기관끼리 경쟁하던 시대를 지나 전통적인 금융산업 경계를 벗어나 있는 ICT 기업과의 경쟁도 피할 수 없게 되었다.

전 세계적으로 이러한 빅테크 기업들이 제공하고 있는 금융서비스를 서비스가 제공되는 주요 사업지역별로 나누어 보면 〈표 9-1〉과 같이 요약 · 정리될 수 있다. 구미 지역에서 전 세계를 상대로 금융서비스를 제공하고 있는 빅테크 기업들은 대체적으로 금융기관과 협업을 통해 이들이 제공하고 있는 지급결제 서비스에 대해 보완적인 성격의 서비스 제공에 초점을 맞추고 있는 것으로 보인다. 그러나 그 외의 지역이나 이머징 시장의 경우에는 대출, 보험, 자산 관리 등 보다 광범위한 금융서비스가 제공되고 있고 이는 금융시장의 발전 정도, 금융 관련 규제 및 금융서비스에 대한 지역별 접근 가능성 등의 차이에 따른 것으로 보인다.

앞으로도 새롭게 등장하는 혁신적 기술에 바탕을 둔 새로운 서비스가 금융산업의 발전을 주도하는 형태로 일정 기간 계속될 것으로 보임에 따라 핀테크 또는 테크핀의 성장세는 더욱 빨라지고, 금융기관과 ICT 기업 간 기술 제휴도 보다 빈번해질 것으로 보인다. 금융시장에서

---

14. 연합뉴스, 2021. 10. 25.

표 9-1 빅테크 기업에 의해 제공되는 금융서비스

	주요 활동 지역	지급결제 (payments)	MMF/보험	신용 (credit)
구미 지역				
Google	Worldwide	△		○/△
Amazon, eBay/Patpal	Worldwide	△		△
Apple, Facebook, Microsoft	Worldwide	△		
Orange	France	△		△
Groupon	Worldwide	○		
그외 지역				
KT	Korea	△	○	○/△
Kakao	Korea	○/△		○/△
Samsung	Korea	△		
Line, Rakuten	Japan	○	○	○
NTT Docomo	Japan	○	○	△
Alibaba/Alipay, Tencent	China	○	○/△	○
Baidu	China	○	○/△	△
Go-lek, Ola Cabs	Southeast Asia	○		
Grab	Southeast Asia	○	△	
Vodafone M-Pesa	East Africa, Egypt and India	○		△
Mercado Libre	Argentina, Brazil and Mexico	○		○

주 : ○ : 전통적인 금융 네트워크 밖에서 서비스 제공, △ : 기존 금융기관과 협업으로 서비스 제공.

자료 : BIS Annual Economic Report 2019.

통할 수 있는 비즈니스 아이디어와 이를 뒷받침할 수 있는 ICT 기술력만 있으면 금융산업으로의 진출이 어렵지 않는 상황이 계속되다 보면, 언젠가는 금융기관과 ICT 기업과의 산업 간 경계가 모호해질 수도 있을 것이다. 전통적인 금융기관 입장에서 핀테크 또는 테크핀으로 인한 변화에 주목해야 하는 이유는 이러한 변화가 금융기관으로서의 생존을 위협할 정도로 그 영향이 클 수 있기 때문이다. 따라서 전통적인 금융기관들도 지속 가능한 비즈니스 모델의 유지를 위해서는 기술 발전이 초래하는 이러한 경영환경 변화에 능동적으로 대처해야 할 것으로 보인다.

5. 혁신적 신기술에 의한 금융환경의 거시적 변화 동향과 금융의 미래

가. CBDC(Central Bank Digital Currency)

지금까지 살펴본 바와 같이 금융기관의 업무 제공 양식은 핀테크, 빅테크 등에 의해 많은 변화가 있을 것으로 보여지지만, 이들과 더불어 미래의 금융업무에 무시할 수 없는 영향을 미칠 것으로 예상되는 것이 바로 디지털 화폐이며 그중 특히 주목을 받는 것이 중앙은행이 발행하는 디지털 화폐인 CBDC(Central Bank Digital Currency)라 할 수 있다. 지불결제 수단으로 쓰이는 디지털 형태의 화폐를 통칭 디지털 화폐라 한다면 그 종류는 [그림 9-5]와 같이 구분할 수 있을 것이다.

최근 분산원장기술(distributed-ledger technology)[15]을 기반으로 비트코인, 이더리움, 리플 등 수많은 암호화폐가 등장하여 거래되고 있지만 미래에 일어날 화폐 혁명의 진정한 게임 체인저는 비트코인보다는 CBDC가 될 것이라고 전망되기도 한다. 중앙은행이 발행하는 디지털

15. 분산원장기술(distributed-ledger technology)은 거래 정보가 기록된 원장을 특정 기관의 중앙 서버가 아닌 P2P(peer to peer) 방식의 공유 네트워크에 분산하여 참가자가 공동으로 기록 · 관리하는 기술. 거래 내용이 담긴 블록(block)을 사슬처럼 연결(chain)한 것이라 하여 블록체인(blockchain)이라고도 한다.

그림 9-5 디지털 화폐의 종류

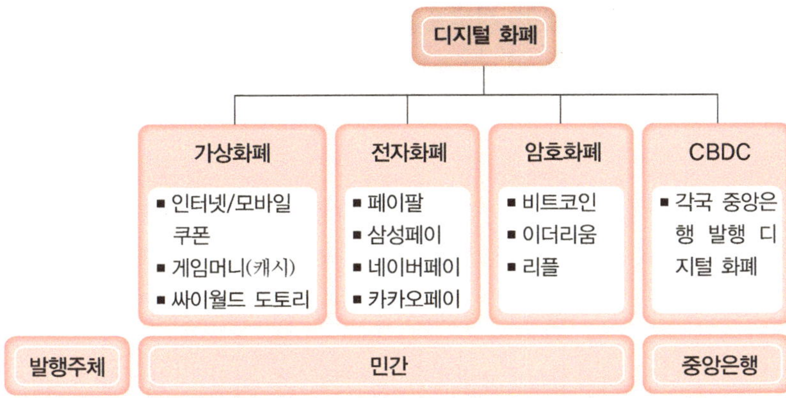

참조 : 한국정부통신기술협회, IT용어사전

형태의 명목화폐(fiat currency)인[16] CBDC는 돈을 종이에 인쇄하여 찍어내는 대신 정부의 신용과 신뢰를 기반으로 전자적 코인이나 계정 형태로 발행하는 디지털 화폐라 할 수 있다. CBDC는 민간기관이 아닌 정부가 보증하는 중앙은행의 부채라는 점에서 신용카드와 차별이 되고 소위 말하는 암호화폐와도 차별화된다. 미래에 CBDC가 성공적으로 도입되어 금융 시스템의 일부로 자리매김할 경우에는 CBDC로 예금이 대체되면서 은행계좌를 통한 자금중개 기능이 약해질 수도 있기 때문에 CBDC 도입이 금융기관 및 우체국 예금의 경영에 미치는 영향도 적지만은 않을 것으로 보인다.

CBDC는 〈표 9-2〉에서 보는 바와 같이 경제 규모가 작은 일부 국

16. 명목화폐(fiat currency)란 물건이 가지는 실질적 가치와는 관계없이 표시되어 있는 화폐 단위로 통용되는 화폐로 이를 발행하는 정부로부터 가치가 파생되는 법적 통화를 말함.

가들은 이미 발행하고 있으나, 경제 규모가 큰 나라들 중에는 중국 등이 시범 운영을 하고 있으며, 미국을 비롯한 유럽뿐 아니라 우리나라 등도 CBDC를 핵심 중장기 과제로 인식하고 관련 연구 및 도입 준비 업무를 본격 추진 중에 있다. 이 중에서 가장 앞서가는 나라가 중국인데 현재 중국이 시범 운영[17] 중인 CBDC인 DCEP(Digital Currency Electronic Payment)는 중국 인민은행이 주요 은행에 DCEP를 발행하면, 이들은 자기 은행 내에 계좌를 개설하지 않고 자기들이 만든 전자 지갑을 통해 고객에게 다시 배포하고, 고객들은 스마트폰의 전자 지갑 앱으로 서로 DCEP를 주고 받을 수 있게 된다.

표 9-2 **주요국 CBDC 추진현황**(2022년 1월 현재)

구분	국가
도입	바하마[1)], 동카리브[2)], 나이지리아[3)]
시범 운영	중국, 우크라이나, 우루과이
모의실험	한국, 유럽연합, 일본, 스웨덴, 러시아, 터키
기초연구(개념 검증 등)	미국, 영국, 캐나다, 호주, 노르웨이, 태국

주 : 1) 2020년 10월 도입
2) 2021년 3월 도입. 단, 현재 시범 발행(pilot) 중
3) 2021년 10월 도입. 단, 현재 시범 발행(pilot) 중

자료 : 한국은행, 2022. 1.

중국이 디지털 위안화 도입을 서두르는 의도를 요약해 보면 다음과 같이 정리될 수 있다.[18] 우선 디지털 위안화는 국가나 은행이 아닌 민간

17. 심천(深圳), 성도(成都), 소주(苏州), 웅안신구(雄安新区) 등 지역에서 시범사업이 진행 중이며 2022년 베이징 동계 올림픽에서 실험적으로 사용하였음.

18. 재정리 : 박재곤, "디지털 위안화의 도입과 의미", 『이슈 분석』, 산업연구원, 2020. 9.

기업이 담당하는 제3자 결제 방식인 알리페이와 위챗페이의 지급결제 수단으로의 영향력을 감소시켜 통화에 대한 중앙은행의 독점적 권한을 강화하려는 의도가 있다고 보여진다. 다음으로는 인민은행의 효과적인 통화정책 수행에 도움이 될 수 있다는 기대감으로 볼 수 있다. 팬데믹 상황에서 중앙은행이 금리를 낮추거나 통화량을 늘리는 등 적극적인 통화정책을 펴도 부실 대출을 우려한 상업은행들이 대출을 늘려 이에 호응하지 않으면 중앙은행의 통화정책 효과는 그만큼 줄어들게 될 것이다. 이와 같이 대부분의 자금이 상업은행을 통해 유통되어 신용을 확장시킬 수 있는 힘을 상업은행이 가지고 있다면, DCEP는 중앙은행인 인민은행 입장에서 상업은행을 통하지 않고 신용을 확장시킬 수 있는 신용 관리의 수단이 될 수 있는 것이다. 마지막으로 디지털 위안화는 물리적 제한이 있는 지폐와 달리 중국 밖에서도 사용이 용이하고, 그 결과 석유, 원자재 등 중국과 관련된 글로벌 지급결제 통화로 활용될 가능성이 커져 결국에는 위안화의 국제화에 기여할 것으로 기대된다. 이와 같은 디지털 위안화의 국제화는 미국의 중국에 대한 금융제재 가능성에 예방적으로 대응하는 의미도 있기 때문에 위안화의 국제화와 영향력 확대를 위한 노력의 일환으로 중국은 CBDC의 도입을 서두르고 있고, 결과적으로 주요국 중 CBDC를 발행하는 최초의 나라가 될 가능성이 크다고 볼 수 있다. 이러한 디지털 위안화의 도입이 초래할 수 있는 문제점으로는 우선 기존의 현금에 비해 화폐의 유통 속도가 빨라져서 이에 따른 인플레이션이 유발될 우려가 있다는 점과 사용하는 개인과 법인의 거래내역이 쉽게 파악될 수 있어 익명성이 보장되지 않아 이에 따르는 프라이버시 침해와 통제에 대한 우려가 존재한다는 점이 있다.

그러면, 미국은 왜 CBDC를 통해 달러를 디지털 화폐로 전환하는데 덜 적극적인가? 달러는 국제결제 비중이 위안화에 비해 비교가 되지 않을 정도로 큰[19] 기축통화이기 때문에 미국의 입장에서 굳이 CBDC를 도입하여 기축통화로서의 달러의 위상에 변화를 줄 필요성이 없으며, 동시에 세계적으로 많은 나라들과 이해관계가 결부되어 있어 디지털 달러의 발행은 미국 연방준비위원회가 독자적으로 결정한다기보다는 이들 이해관계자들과 일정 부분 협의도 필요하기 때문에 추진한다고 해도 위안화보다는 어려울 뿐만 아니라 시간도 상당히 걸릴 것으로 보인다.

나. 메타버스와 금융

금융과 관련된 가장 최근의 화두는 가상을 의미하는 메타(Meta)와 세계를 의미하는 유니버스(Universe)의 합성어로 현실 세계와 같은 사회·경제·문화 활동이 이루어지는 가상의 세계를 의미하는 메타버스(Metaverse)라 할 수 있을 것이다.[20] 금융권에서도 비대면 금융서비스가

---

19. 국제은행간통신협회(SWIFT)에 따른 2021년 1월 글로벌 결제에서 통화 비중 : 달러(38.26%), 유로(36.60%), 영국 파운드(6.80%), 일본 엔(3.49%), 위안화(2.42%) 등임.

20. 메타버스는 이전부터 연구·개발되어 오던 증강현실(Augumented reality ; AR), 가상세계(Virtual Worlds ; VR), 라이프로깅(Life logging), 거울세계(Mirror Worlds) 등의 기술이 융합되면서 생성된 용어라 할 수 있다("메타버스 플랫폼의 개인 데이터 생태계", KISA Report, 한국인터넷진흥원, Vol. 6, 2021.). 증강현실이란 포켓몬고와 같이 현실에 가상의 물체를 증강시켜 제공하는 환경을 의미하며, 가상세계는 가상의 공간에서 개인의 활동이 이루어질 수 있는 환경을 의미하는데, 미국의 게임 플랫폼 서비스인 로블록스(Roblox)나

진화함에 따라 비록 초기 단계이지만 은행을 중심으로 메타버스를 활용한 금융서비스 제공 시도가 비교적 활발하게 이루어지고 있는데,[21] 이는 코로나19로 인한 비대면 고객 서비스의 확장 필요성과 부합하는 면도 있다. 이러한 금융권의 메타버스 활용 시도는 인터넷 뱅킹에 대한 선호도가 높은 미래 고객인 MZ세대와의 접점을 확대해 나가야 한다는 필요성과 메타버스 내에서 유통되는 자산이 미래에는 실제 자산과 연동될 가능성이 높기 때문에 이에 대한 대비 차원으로도 볼 수 있다.[22]

메타버스라는 새로운 디지털 세상 속에서 경제 활동이 이루어지기 위해서는 메타버스 세계 속에서 구현되는 자산들의 가치나 유일성을 입증하는 도구가 필요하며, 이러한 역할을 수행하는 것이 대체 불가능 토큰인 NFT(Non-Fungible Token)이다. NFT는 토큰화된 디지털 자산으로 메타버스 세계 속의 재화나 아이템들에 대해 사유재산임을 증명하는 역할을 하기 때문에 거래 가능한 게임 내 자산, 경매 가능한 예술 작품, 가상공간의 토지 소유권 등 다양한 자산에 대하여 NFT화하는 작업이 이루어지고 있다. 사람들이 토큰화된 디지털 자산의 희소성을 인정하

네이버에서 제공하는 국내 콘텐츠 플랫폼 서비스인 제페토(Zepeto) 등이 좋은 예가 된다. 라이프로깅은 개인의 일상에 대한 정보를 기록 및 공유할 수 있는 환경을 의미하며, 예로는 웨어러블 디바이스 기반 서비스 같은 것이 있다. 거울세계는 현실을 가상의 공간에 그대로 재현하고, 현실과 같은 경험을 할 수 있는 환경을 의미하며 배달의 민족 같은 것이 예가 될 수 있다("메타버스 관련 국내외 금융업의 현황과 이슈", ZOOM-IN 19호 II, 자본시장연구원, 2021.).

21. 보험업계의 경우 대면 영업이 중심이 되는 메타버스의 활용이 비교적 더딘 것으로 보이나 일부 손해 보험 등을 중심으로 초기적인 활용이 시도되고 있다(아시아 경제, 2021. 7. 5.).

22. Business Watch, 2021. 5. 25.

고 그것을 얻기 위해 실제 현실의 돈이나 노력을 기울이게 된다면, 디지털 세상 속의 경제는 현실 세계 속의 경제와 연결되어 상호 작용이 일어날 수 있다.[23] 이러한 상태가 발전하면 가상세계 속에서 일어나는 일과 현실 세계 속에서 일어나는 일 사이에 구분이 모호해지는 결과까지도 낳을 수 있을 것이다. 따라서 NFT와 메타버스는 서로 불가분의 관계에 있으며, 메타버스와 NFT의 조합은 디지털 자산 시대의 새로운 비즈니스 모델로 떠오르는 추세라 할 수 있다.[24]

실제 재화가 오고 가는 메타버스 플랫폼이 각광받기 시작하면서 금융권 역시 관심을 가지지 않을 수 없게 되었다. 블록체인 경제와 연결된 메타버스가 각광받으면 받을수록 플랫폼 스스로 재화를 관리하기가 힘들어질 수 있으며, 현실 세계에서 자금 중개 역할을 수행하고 있는 금융기관 입장에서는 새로운 비즈니스를 창출할 수 있는 기회가 될 수도 있다는 것이다. 기존 금융권 입장에서는 새로운 메타버스 플랫폼을 스스로 만들어 관련 서비스를 제공하면 가장 이상적이겠지만 이는 쉬운 일이 아니다. 따라서 은행을 위시한 금융기관의 메타버스 플랫폼에 대한 기본적인 접근 방향은 경쟁력 있는 메타버스 플랫폼 내에서 자금의 관리 기능을 맡는 형식으로 이루어지고 있다고 보면 될 것이다.[25]

현재까지 은행들의 메타버스 활용 방향을 보면 [그림 9-6]에서 보

---

23. 2021년 말 기준 메타버스 내 가상자산 거래 규모는 약 540억 달러(약 68조 7,000억 원)로, 2030년의 수수료 수익 규모는 65억 달러(약 8조 2,500억 원)에 달할 것으로 예상된다("JP모건의 메타버스 비즈니스 전략과 시사점", 2022.).
24. IT 조선, "NFT & 메타버스 산업, 韓 주도 가능", 2021. 4. 8.
25. Business Watch, 2021. 5. 25.

는 바와 같이 크게 두 가지 형태로 나타나고 있는데, 첫 번째는 내부 행사와 소통을 강화하는 방안으로 활용하는 것으로 이는 디지털 기기에 익숙한 미래 고객인 MZ세대와의 만남의 효과를 극대화할 수 있는데 그 이유는 메타버스 공간은 감염의 우려를 피할 수 있는 장점을 가지고 있기 때문이다. 두 번째는 한 걸음 더 나아가 가상 영업점, 즉 메타버스 영업점까지 구축하여 장래에 일부 오프라인 영업점을 대체하고자 하는 움직임이다. 비대면 자산관리 수요가 계속 증가하면 메타버스 시장도 따라서 커질 것이기 때문에 서비스 진화는 필연적인 것이 될 것이며, 미래에는 자금조달, 중개, 투자 서비스 등을 제공하는 금융사나 증권사 모델도 나올 것으로 기대된다. 즉, 메타버스가 활성화된 장래에는 고객접점이 온라인 가상공간으로 이동하여 지점망이 재구성되는 수준에 이르러 새로운 비즈니스 기회가 생겨나면 메타버스 영업점은 금융서비스를 직접 제공하는 영업 수단으로 활용될 것으로 보인다.[26] 이와 같은 상황

그림 9-6 은행들의 메타버스 활용 방향

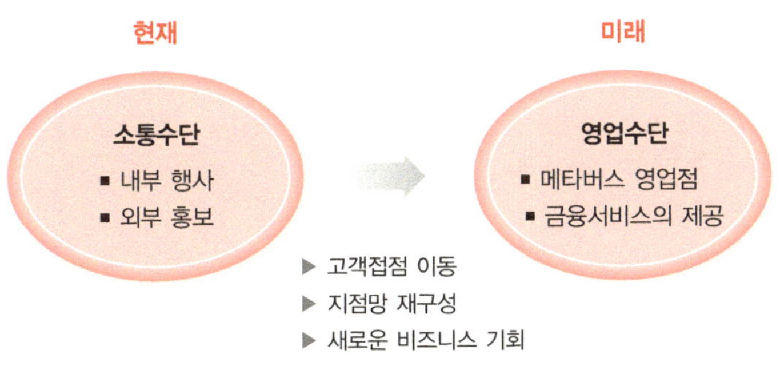

26. 예를 들면 국내에서 국민은행은 미국의 게더타운(gather.town) 플랫폼을 활용하여 내부

에서 메타버스 영업점의 성공 여부는 이들을 차별화된 수익모델로 여하히 연결할 수 있느냐 하는 것이며, 여기에 참여하지 못한 소규모 은행은 물리적 점포망의 경쟁력을 상실하고 결국에는 영업 존폐 여부까지 고민해야 할 수도 있을 것이다.[27]

국내 4대 시중의 경우에도 메타버스를 주로 내부 행사나 외부 홍보 등의 소통 수단으로 활용하고 있다.[28] 이와 같이 국내 은행들의 메타버스 활용 상황은 아직까지 초기 단계에 있어 은행의 경영환경을 크게 변화시킨다거나, 수익성에 영향을 주고 있다고는 보기 어렵다. 그러나 장래에는 메타버스 플랫폼의 특성을 반영한 법률체계가 정비되고 메타버스를 통한 은행의 활동이 고객 접점의 이동, 지점망의 재구성, 새로운 비즈니스 기회 등과 같이 많은 부분에서 변화가 이루어질 것으로 예상된다.[29] 메타버스의 활용이 비록 당장에는 추가적인 원가 부담을 수반하여 은행의 수익성에 도움이 되지 않는다 하더라도 미래에 도래할 기

행사나 이벤트 용도보다 한발 더 나아가 메타버스 기반 영업점인 "KB 금융 타운"을 구축하여 고객상담, 이체, 상품 가입 등 금융서비스 제공 가능성을 검증할 계획을 추진 중이며, 해외에서도 메타버스 도입을 선도하고 있는 JP모건은 메타버스를 직원 교육, 외부 홍보 등 소통 수단으로 활용하고 있을 뿐만 아니라 지급결제, 대출 등의 금융서비스까지 제공하는 공간으로 활용할 계획임. (아주경제, 2022. 5. 1.)

27. IT조선, 2022. 2. 23.

28. 예를 들면 하나은행은 네이버의 제페토 플랫폼을 활용하여 "하나글로벌 캠퍼스"를 메타버스 플랫폼에 재현하고 연수원을 오픈함.

29. JP Morgan의 경우 기존의 경쟁력 있는 cross border payments, foreign exchange, financial assets creation, trading and safekeeping 등과 이와 관련한 고객 기반은 메타버스에서도 중요한 역할을 수행할 수 있을 것으로 보고 있음. https://www.fstech.co.uk/fst/JP_Morgan_Reveals_Metaverse_Strategy.php

술적 진보와 소비자 성향 등 구조적 변화가 예상되는 경영환경을 생각한다면 메타버스의 활용은 단순히 시장 경쟁력 차원의 선택 사항이 아니라 생존 차원의 필수 사항이 될 수도 있다. 우체국 입장에서도 메타버스 영업점은 우체국이 비교 우위를 가지고 있는 물리적 점포망을 바이패스할 수 있다는 점에서 향후 그 영향을 주시해 볼 필요가 있다.

다. 마이데이터

최근 이슈로 대두되고 있는 마이데이터 사업도 따지고 보면 데이터 중심의 플랫폼을 지향하고 있다. 마이데이터는 공공기관 및 행정기관이 보유한 개인의 데이터를 주도적으로 활용하게 하여 정보의 주체인 개인의 자산관리와 신용관리를 도와주는 서비스이며[30] 업권별로 제공되는 주요 정보는 〈표 9 - 3〉과 같다.

마이데이터는 금융 데이터의 주인을 금융회사가 아니라 개인으로 정의하기 때문에 개인이 자기가 원하는 사업자를 선택하여 여러 곳에 산재되어 있는 자신의 각종 정보를 한꺼번에 제공하고, 이를 토대로 맞춤형 자산관리와 컨설팅 등의 금융서비스를 받는 것이다. 이 사업에 진출하고 있는 사업자로는 은행, 카드사, 증권사, 핀테크 등이고,[31] 이들

---

30. 2020년 1월 데이터 3법(개인정보보호법 · 정보통신망법 · 신용정보법 개정안)이 국회를 통과하면서 법적 근거가 마련됨.

31. 2022년 1월 5일 현재 마이데이터 사업자는 10개 은행, 6개 카드사, 4개 증권사, 1개 저축은행, 1개 상호금융, 1개 신용평가사, 10개 핀테크 등 총 33개 회사이다. (출처 : 금융위원회)

표 9-3 **업권별 마이데이터 주요 정보제공 내용**

업권	업권별 주요 정보제공
은행	▪ 예금 · 적금 계좌 잔액 및 거래내역, 대출 잔액 · 금리 및 상환 정보 등
보험	▪ 주계약 · 특약사항, 보험료납입내역, 약관대출 잔액 · 금리 등
금융투자	▪ 주식 매입금액 · 보유수량 · 평가금액, 펀드 투자원금 · 잔액 등
여신전문금융	▪ 카드결제내역, 청구금액, 포인트 현황, 현금서비스 및 카드론 내역
전자금융	▪ 선불충전금 잔액 · 결제내역, 주문내역(13개 범주화) 등
통신	▪ 통신료 납부 · 청구내역, 소액결제 이용내역 등
공공	▪ 국세 · 관세 · 지방세 납세증명, 국민 · 공무원 연금보험료 납부내역 등

출처 : 금융위원회, 2022. 1. 4.

은 차별화된 빅데이터 분석 등을 통해 고객 맞춤형 서비스를 개발하며, 이를 바탕으로 고객을 선점하기 위한 경쟁을 치열하게 전개하고 있다. 마이데이터는 그 특성상 개인이 한 업체를 이용하기로 결정하면 해당 업체를 통해 본인 관련 각종 금융정보를 충분히 얻을 수가 있다. 따라서 다른 업체로 이동할 유인이 줄어들기 때문에 초기 고객 확보가 사업 승패를 결정하는 것으로 인식되고 있으며, 은행들도 각 사가 추구하는 방향의 서비스를 선보이는 등 공격적인 마케팅 활동을 진행하고 있다. 우체국의 경우에도 공공 마이데이터를 통해 별도 서류 없이 예금상품에 가입할 수 있는 서비스를 제공하고 있고,[32] 국가기관 최초로 마이데이

32. 우정사업본부는 공공 마이데이터 활용을 본격화한다고 밝히면서 기초생활수급자는 기초생활수급증명서를, 소상공인은 중소기업확인서 등을 제출해야 가입할 수 있는 예금상품에 대하여 공공 마이데이터를 통해 별도 서류 없이 예금상품에 가입할 수 있는 '서민지원예금상품 간편 가입 서비스'를 제공하고 있다. (우정사업본부 보도자료, 2022. 1. 26.)

터 사업에 참여를 결정하였으며 예비허가를 신청하는 등 프로세스를 진행시키고 있으나, 그 수준은 아직 초보적인 단계라 할 수 있을 것이다.[33]

이와 같이 마이데이터가 은행의 금융서비스 제공 양상에 미치는 영향이 적지 않을 것으로 보인다. 즉, 마이데이터는 계좌 중심의 뱅킹 서비스가 앞으로는 데이터 중심의 플랫폼 비즈니스로 변화할 수 있는 기반을 제공하고 있어 이를 통한 금융권 서비스 혁신의 촉매제가 될 수 있다. 나아가 개인이 자기에게 필요한 정보를 빠르고 안정적으로 제공받는 환경이 조성됨에 따라 다양한 비즈니스 모델도 창출될 것으로 전망된다.[34]

6. 우체국 금융의 대응

이와 같은 핀테크의 활성화, 빅테크와 같은 이종산업의 금융업 진출 확대 및 관련 기술적 환경의 변화로 미래 금융산업의 경영환경은 점점 더 복잡해지고 시장 주도권을 잡기 위한 관련 기업들의 경쟁도 치열하게 전개될 것이다. 이러한 경쟁이 예상되는 환경 속에서 과연 우체국 금융은 어디에 전략적 중점을 두고 미래에 대비해야 하는가 하는 아주 중요한 문제에 부딪치게 된다. 이 문제는 간단하게 대답할 수 있는 성질의 것은 아니지만, 우선 관련 연구에서 제시된 방향을 보면 [그림 9-7]

---

33. 우체국은 마이데이터를 통해 디지털 소외계층 서비스를 발굴하여 이를 보편적으로 제공하고, 우체국 창구 인프라와 인력자원을 활용해 나의 자산관리 결과를 모바일 외에도 리포트 형태로 배달하는 서비스를 제공함과 동시에 모든 국민이 본인 신용정보를 통합 접근 · 관리하고 안전한 금융 생활을 지원할 계획이다. (전자신문, 2022. 4. 24.).
34. "과학기술&ICT 정책 · 기술동향", No. 27, 2022. 1. 28.

과 같다. 즉, ICT 기술의 적용에 따라 변화의 핵심 동력으로 대두될 수 있는 주요 금융서비스를 선정하고, 이들을 대상으로 그 우선순위를 중요도와 실현 가능성을 기준으로 조사하였다.

그림 9-7 우체국 금융 핵심 전략 과제

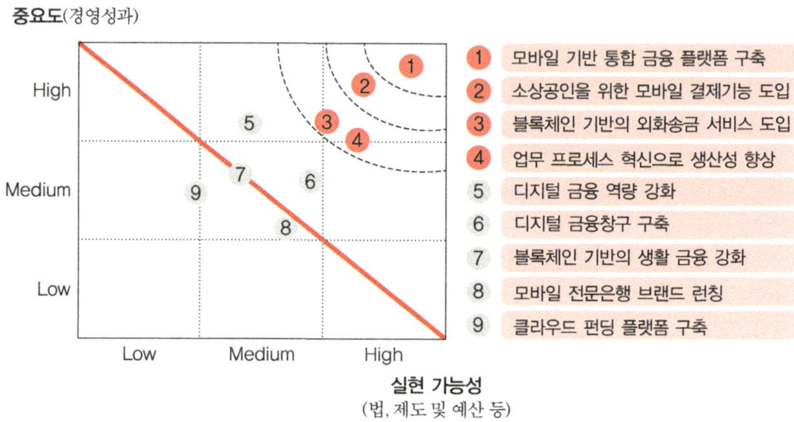

자료 : 박재석, 「4차 산업혁명에 대응한 우체국금융 발전 방향」, 『우정정보』, 2020 겨울.

가장 중요하고 실현 가능성이 높은 것은 모바일 기반의 통합 금융 플랫폼 구축이고 이는 플랫폼 경쟁 시대에 고객과 시장 변화에 빠르게 대처하는 민첩성과 통찰력 확보를 위해 필요한 것이며, 향후 복지 전달 및 우편 물류 서비스 등 관련 업무영역과의 연결과 융합도 가능하게 해준다. 두 번째는 소상공인을 위한 모바일 결제기능 도입으로 우체국 계좌 기반의 모바일 직불 결제 기능을 포스트페이(postpay)에 추가하여 저렴한 결제 수수료를 제공함으로써 소상공인과의 협업을 추진하기 위한 것이다. 세 번째는 블록체인 기반 외화송금 서비스로 가상화폐 등 블록체인 기술 발달에 따른 외화송금 서비스 기반을 마련하여 현재 시중 은행, 인터넷 전문은행 위주로 이루어지고 있는 외국환 서비스에 보다 더 적극적으로 진출하고자 하는 것으로 볼 수 있다. 네 번째는 업무 프로세스를 혁신시켜 생산성 향상을 도모하는 것으로 향후 AI에 기반한 로보 어드바이저와 결합하여 맞춤형 자산관리 서비스 등에 활용하자는 것이다. 이 네 가지를 종합해 보면 결국 우체국 금융이 시급히 추진해야 할 과제는 지급결제 중심의 통합 금융 플랫폼이라 할 수 있다. 다음 우선순위로는 디지털 금융에 대한 역량 강화와 디지털 금융창구 구축으로 나타났으며, 이 외에 블록체인 기반의 생활 금융 강화, 모바일 전문은행 브랜드 런칭, 클라우드 펀딩 플랫폼 구축 등은 중요도와 실현 가능성 모두 중간 정도로 우선순위가 다소 떨어지는 것으로 나타났다.

여기서 우체국 금융만이 가지고 있는 또 다른 독특한 사업환경을 보면, 우체국 금융은 국영 금융으로서 우편업무와 동시에 우체국이라는 전통적인 오프라인 네트워크를 통해 제공되어 왔다는 점이다. 즉, 우체국 오프라인 네트워크는 우편업무도 동시에 제공해야 되기 때문에 은행 지점처럼 쉽게 줄일 수가 없다. 그렇지만 오프라인 지점망 유지가 항상 불리한 것만은 아닐 수 있다. 예를 들면, 비대면 금융거래 비중이 늘어남에 따라 많은 은행들이 지점망을 축소하고 영업점을 폐쇄하는 와중에도 BoA(Bank of America)와 같이 도리어 지점망을 확대하는 은행들도 있다.[35] BoA가 지점망을 확대한 이유는 은행 업계가 예금 유치를 위해

35. "BoA는 시장 점유율을 높이기 위한 노력의 일환으로 시카고 지역에 11개 지점을 추가

치열한 경쟁을 벌이고 있는 상황에서 비록 지난 5년 동안 금융거래를 위해 지점 창구를 방문하는 고객은 크게 감소했지만, 고객들은 집 또는 직장 가까이에 지점이 있는 은행을 거래 은행으로 선택한다는 점이다. 따라서 지점의 존재는 여간해서 거래 은행을 잘 바꾸지 않는 고객들의 복잡 다단한 요구를 충족시켜 기존 고객들을 계속 유지시키는 데 여전히 중요한 역할을 할 뿐 아니라 신규 고객 확보에도 매우 중요하다는 것이다. BoA의 이러한 경영전략은 오프라인 지점망에 강점을 가지고 있는 우체국 금융에 시사하는 바도 크다고 하겠다.

이와 같은 관점에서 본다면 우체국 금융의 플랫폼은 은행의 생활금융 플랫폼의 범위를 넘어서 물류 플랫폼까지 확장될 수 있는 가능성을 지니고 있다. 우선 미래의 우체국 금융은 우체국이 자체적으로 제공하는 예금, 보험 및 직불카드 서비스뿐만 아니라 오픈 플랫폼 차원에서 타 금융권 상품인 증권, 펀드, 카드, 소액대출 등 금융서비스 전반을 포괄 제공할 수도 있을 것이다. 여기에 우편 물류 시스템에 제3자 물류, 제4자 물류 및 공익 배달 서비스까지 포함하는 개방형 우체국 물류 시스템을 결합시킨다면 [그림 9-8]에서 보는 바와 같은 전국의 오프라인 지점망과 온라인 스마트 디바이스를 통해 고객과 연결되는 제4차 산업시대의 고객 중심 ICT 기술 기반 우정사업 통합 플랫폼이 구축될 수도 있을 것이다. 이 플랫폼 위에 우체국만의 킬러 콘텐츠를 개발, 탑재할

설치함과 동시에 시카고 지역 155개 기존 지점 가운데 약 60개 건물을 리노베이션하고, 고객을 직접 상대하는 자리에 더 많은 직원을 전진 배치할 계획을 밝혔다." 매일경제, 2019년 5월 1일.

수 있으면 금상첨화가 될 수 있을 것이다. 이와 같은 시스템을 통해 얻을 수 있는 가치 있는 고객 정보로는 어떤 지역에 사는 주민들이 주로 어떤 상품을 우체국 택배를 통해 전달받고, 결제는 어떻게 하는지 등과 같은 경제생활에 관련된 정보가 될 수 있을 것이며, 이러한 정보는 기존 서비스에 대한 마케팅뿐 아니라 새로운 서비스를 개발할 때 아주 유용한 기초 자료로 활용될 수 있을 것이다.

그림 9-8 우체국 통합 플랫폼(예)

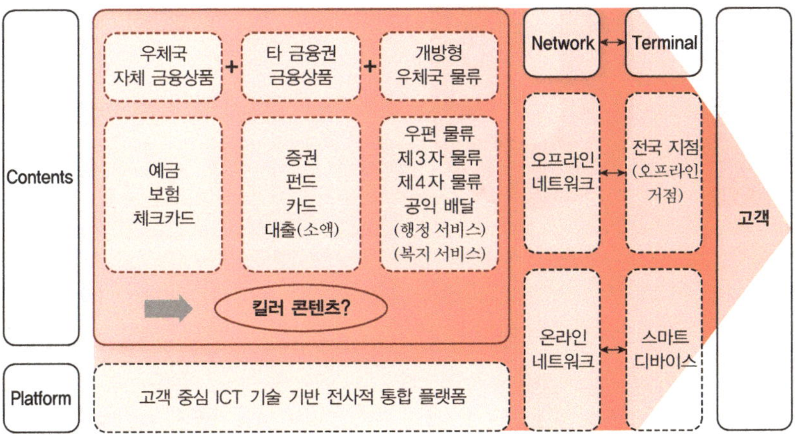

참조 : 남찬기 · 김성철 · 김영규, "우정사업 생태계 조성 및 진화 방향", 선진우정포럼, 2011. 내용 일부 수정.

10

어떤 우정사업 경영체제가
가장 바람직한가?

1. 왜 문제인가?

우정사업 경영체제와 관련해서는 2000년 우정사업본부 출범 이후에도 많은 논의가 있었으나 현재까지는 아무 변화 없이 본부 체제로 운영되고 있다. 여기서는 그동안 논의되어 오던 내용을 종합적으로 정리해 보고 향후 전개 방향에 대해 살펴보고자 한다. 우선 우정사업 경영체제의 핵심적인 내용은 크게 보아 우정사업을 정부조직 형태로 운영하느냐 아니면 기업조직 형태로 운영하느냐 하는 것인데, 이는 우정사업의 성격을 어떻게 규정하느냐에 따라 결론이 달라질 수 있다. 즉, 우정사업이 제공하는 서비스가 정부가 세금으로 국민들에게 보편적으로 제공해야 하는 기본적인 성격의 역무라면 정부조직으로 운영하는 것이 옳은 일이지만, 기업이 고객들에게 제공하는 서비스 성격의 일이라면 기업형조직으로 운영하는 것이 타당할 것이다. 그런데 문제는 우정사업, 특히 가장 중요한 우편사업의 경우 이 두 가지 성격을 모두 다 가지고 있다는 점이다. 우편서비스는 보편적으로 모든 국민에게 차별 없이 제공되어야 하지만, 동시에 우편사업의 운영은 이용자가 비용을 부담하는 수익자 부담 원칙과 자체 수익으로 사업비용을 부담해야 하는 독립채산제 경영 원칙을 따르고 있다. 다시 말하면 우정사업은 공익성과 기업성을 동시에 지니고 있으며 어느 것이 상대적으로 더 중요하게 고려되느냐에 따라 문제해결의 방향이 결정된다고 할 것이다.

2. 공익성과 기업성

우정사업은 역사적으로 공익적 요구에 의해 생겨나 정부조직의 일환으로 운영되어 왔다고 볼 수 있다. 즉, 우편서비스는 이익 추구보다는 지역이나 계층에 관계없이 동등한 서비스를 보편적으로 제공하여 국가 경제 발전과 공공의 복리 증진에 초점을 맞추고 있는 공익재(Public Utility)적 성격을 가진 서비스로부터 시작되었다는 것이다. 따라서 우정사업은 국민생활에 필수 불가결한 것으로서 행정업무와 유사한 성격으로 취급되어 정부조직에 의해 수행되는 것이 당연하게 받아들여졌다. 다만, 우정사업에 의해 제공되는 서비스는 수익자 부담에 기초한다는 측면에서 기업적 경영 요소가 가미되어 있다고 볼 수 있으며, 그 이유는 공익적 서비스에 해당하는 보편적 우편서비스라도 비용 효율적으로 제공되어야 모든 국민들에게 수용 가능한 요금 수준으로 접근이 가능하기 때문이다. 공익적 서비스가 너무 비싸게 제공되면 결과적으로 이를 비용적으로 감당할 수 있는 사람에게만 접근이 가능하게 되어 보편적 서비스 제공이라는 공익적 서비스 본래의 취지를 상실하게 될 수 있다.

이러한 관점에서 본다면 우정사업 경영을 관통하는 가장 큰 특징은 우정사업이 추구해야 하는 지향점이 공익성과 기업성이라는 서로 상반될 수도 있는 목표를 동시에 추구해야 한다는 것이다. 공익성은 전국적 단일요금으로 양질의 우편서비스를 보편적으로 제공하는 것이며, 기업성은 유보 부분 우편서비스에서 발생하는 수익이 충분하지 못한 상황에서 소포 등 경쟁서비스를 수행하는 사업에서 발생하는 수익으로 보편적 서비스 비용을 충당하여 우정사업 내에서 독립채산을 유지하는 것이다. 따라서 높은 공익성을 위해서는 기업성이 필요하고 높은 기업성이 달성되면 공익성 보장도 보다 쉬워질 수 있다는 점에서 공익성과 기업성은 상호 배타적이기도 하지만, 동시에 일정 부분 상호 보완적인 성격도 있다고 하겠다.

현재 이와 관련한 우편사업의 현황을 보면 대외적으로 한국 산업의 고객만족도 조사에서[1] 공공서비스 부문을 발표한 이래로 23년 연속 가장 우수한 평가를 받고 있어 공익적 측면에서는 대국민 서비스의 질적 수준에 대해 인정받고 있다. 그러나 대내적으로는 이러한 양질의 서비스를 지속적으로 제공하는 데 따른 영업수지상의 압박으로 적자 상태에 놓여 있는 까닭에 수익성 추구를 피해 갈 수 없는 실정이다. 지금의 우정사업 비전에도 이러한 복합적인 면이 동시에 들어 있다. 즉, 현재의 우정사업이 지향해야 하는 비전은 "국민에게 행복을 배달하는 한국우정"으로 고객 대신 국민을 내세우고 있으나, 미션에서는 "보편적 서비스 제공과 공적 역할을 충실히 수행하고, 사업의 건전한 성장과 디지털 혁신을 도모"한다고 되어 있다. 전 국민을 대상으로 하는 공익성과 고객이 중요시되는 기업성을 동시에 추구하는 것으로 나와 있지만 비전 구성에 있어서 국민이 더 상위 개념으로 자리매김하고 있음을 볼 때, 그

1. 한국능률협회컨설팅에서 매년 조사하고 있는 한국 산업의 고객만족도(Korean Customer Satisfaction Index ; KCSI)는 각 산업별 상품, 서비스에 대한 고객들의 만족 정도를 나타내는 대표적인 고객만족 지수이며, 공공서비스 부문 조사 대상은 고속도로, 교육, 등기, 세무, 수도, 우편, 전력, 철도, 치안, 지하철 등 10개 부문임.

중요성에 있어서는 공익성이 상대적으로 좀 더 강조되어 있다고 봐도 무방할 것이다.

지금까지도 우정사업은 공익적 성격의 역할을 수행하기 위하여 도시 지역에 점포를 집중시키고 있는 사송업체나 일반은행과 달리 전국 방방곡곡 면 단위까지 우체국망을 유지하고 있으며, 동시에 소포 및 택배 부분에서는 기업성 향상을 위하여 일반 사송업체와 치열한 시장 경쟁을 벌이고 있다. 그러나 실행 전략 측면에서 본다면 공익성 목표보다는 기업성 목표가 달성하기 더 어렵기 때문에 일정 수준의 기업성 유지를 위해서 여러 세부 전략들이 제시되고 있는 실정이다. 그러나 이러한 문제를 근본적으로 해결하기 위해서는 우정사업본부에 대한 경영체제까지 포함하는 대안 마련이 필요할 것으로 보여진다.

3. 현재 우정사업본부 경영체제의 문제점

우리나라 우편서비스는 처음부터 통신 서비스와 같이 발전되어 왔다. 그러나 1981년 통신사업은 한국통신공사로 정부조직으로부터 분리되어 나갔지만 우편사업은 정부조직으로 남았다. 이것이 의미하는 바는 적어도 그 당시에는 통신사업보다는 우편사업이 지니는 공익적 성격이 더 크다고 보았다는 것이다. 그러면 그후 우편사업의 공익성은 어떻게 변화해 오고 있는가 하는 질문이 생겨날 수 있는데, 이에 대한 대답은 우편사업의 공익적 서비스를 대신할 수 있는 대체 서비스가 어느 정도 수준으로 존재하느냐에 달려있다. 경쟁 부문의 확대로 우편독점권의 범위가 점차 축소되어 가고, 택배사업을 포함한 민간 사송업체의 빠른 매출 성장 속도 및 시장 점유율 증가 등에 비추어 보면 우편사업의 공공성에 대한 필요성은 점차 축소되어 가고 있다고 보여진다. 이러한 상황에서 현재 우리나라 우정사업 경영체제가 당면하고 있는 문제점에 대해 알아보고 이에 대한 대안을 살펴보고자 한다.

우리나라는 우정사업의 조직, 인사, 예산 및 운영에 관한 특례를 규정함으로써 우정사업의 경영합리화를 도모하여 우정서비스의 품질을 향상시키고 국가경제의 발전에 이바지하기 위해 2000년 우정사업본부 체제를 출범시켰다. 그동안 '우정사업 운영에 관한 특례법' 에 따른 보다 신장된 자율성과 책임성을 바탕으로 선진국 수준의 질 높은 우정서비스를 제공하고 일정 부분 책임경영 체제를 확립하는 성과를 거두어 왔다. 그럼에도 불구하고 현재 우정사업본부 경영체제가 가장 바람직한가 하는 적합성 문제에 대해서 끊임없이 문제 제기가 이뤄지고 있다.

우선 현행 우정사업본부 체제의 책임성과 자율성에 한계가 있다는 것이다. 즉, 책임경영 체제 기반 조성 취지에 합당한 경영상의 자율성 보장이 다소 미흡하다는 것이다. 우선 우정사업본부장의 임기가 2년으로 너무 짧고, 그나마도 회계연도 중간에 교체가 이루어져 자기 책임하에 경영전략을 성립시키고 실행하여 그 결과에 대해 책임을 지는 순환구조가 이루어지기 어렵다는 것이다. 결과적으로 우정사업본부장이 교체되는 매 2년마다 그것도 회계연도 중간에 비전을 비롯한 경영의 방향이 바뀌는 상황이 반복적으로 연출되고 있는 실정이다.

또한 사업 운영에 있어서 가장 기본이 되는 인사, 조직, 재무, 사업

기획 등에 있어 당초 우정사업본부에 부여된 경영 자율성도 상당히 제한적이라는 지적이 있다. 예를 들면, 우수한 신규 인력의 확보, 인력의 적재적소 배치 등 합리적 경영을 위한 인력 운용을 가능케 하기에는 3급 이하 임용권 및 고위공무원 전보권 일부에 대한 권한만 우정사업본부장에게 위임되어 있는 점, 우정사업본부의 소속 기관과 그 하부 조직의 설치와 분장 사무가 부령으로 정해져 있어 임시 조직, 벤처형 조직 등 탄력적 조직 운영이 제한되고 있는 점, 예산 항목 간 탄력적 이용 및 전용이 제한되고 있는 점, 그리고 자산 운용에 관한 주요 권한이 소속 장관에게 귀속되어 있는 점 등은 사업의 다각화와 같은 다양한 경영 기법을 활용하는 데 필요한 사업 자율성 차원에서 실질적인 제약이 될 수 있다는 것이다.

다음으로 공무원 신분이 유지되는 정부조직으로 사업을 영위하는 데 따른 비효율성이 내재되어 있다는 비판이다. 그동안 어느 정도의 경영 혁신을 이루기는 하였으나 사적 소유에 기반을 두지 않은 체제 유형으로서 종사원 개인의 성과에 대한 인센티브를 최대한 살릴 수 없다는 근본적인 문제점 등 정부조직의 내재적 한계를 극복하는 수준까지는 이르지 못했다는 문제점이 지적되고 있다.[2] 이러한 문제점을 효율적으로 해결하기 위하여 고려해 볼 수 있는 여러 경영체제 대안들에 대해 먼저 살펴보고자 한다.

---

2. 오연천 · 진재완 · 이환성, "우정사업 환경변화에 따른 최적의 경영체제 연구", 서울대학교 행정대학원, 2006. 6. ; 박재석 · 김효정 · 홍현기 · 옥주영 · 김범주, "경영환경 변화에 따른 우체국 금융의 발전방안 연구", KISDI, 2003. 12.

4. 경영체제 대안

우정사업 경영체제 대안으로 검토될 수 있는 유형은 [그림 10-1]과 같이 정부부처형과 기업형으로 대별될 수 있고, 정부부처형은 다시 일반 부처형, 사업본부형, 외청형 등으로 나눌 수 있으며, 기업형은 다시 특별법상의 공사형과 상법상의 주식회사형으로 나눌 수 있다. 주식회사형은 누가 다수의 지분을 소유하느냐에 따라 정부 소유 형태와 민간 소유 형태로 나누어질 수 있다.

그림 10-1 경영체제 대안

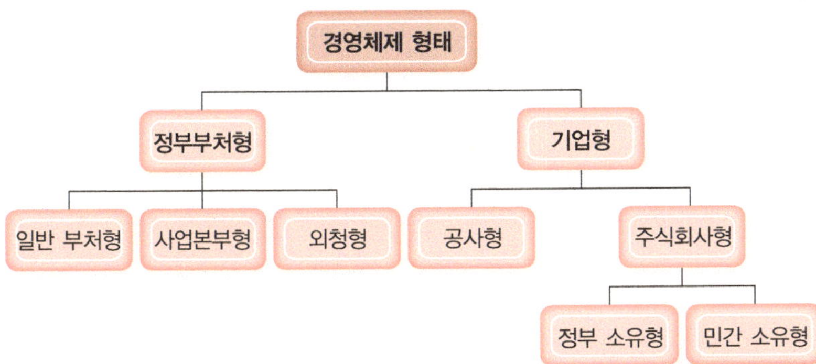

일반 부처형은 해당 정부부처에서 사업을 제공하는 형태로 우정사업본부가 출범하기 전의 형태이다. 우정사업본부 입장에서 대안을 생각해 본다면, 일반 부처형에서 사업본부 형태로 전환되어 왔기 때문에 다시 일반 부처형으로 되돌아갈 가능성은 없다고 본다면 일반 부처형은 논외로 하고 사업본부 형태부터 살펴보고자 한다. 사업본부형은 일반

부처형보다는 정부의 직접적인 영향력이 적어 조직의 자율성을 어느 정도 반영할 수 있다는 점에서 현 우정사업본부 체제를 유지하면서 공공성과 기업성의 조화를 이루고자 하는 것으로 볼 수 있다. 이 경우, 법률과 규제 방식에 따라 정부의 영향력과 조직의 자율성이 결정되나, 기본적으로 정부조직의 형태를 취하고 있기 때문에 책임경영과 자율적 영업활동 전개의 필요성보다는 공익에 입각한 보편적 서비스 제공의 측면이 더 강조되고 있다고 보여진다.

외청 조직도 법률과 규제 방식에 따라 정부의 영향력과 조직의 자율성이 결정되고, 공공성과 기업성의 조화를 이루고자 한다는 점에서는 사업본부제와 대동소이하지만, 좀 더 강화된 조직의 독립성을 바탕으로 경영에 대한 책임을 강조하는 형태가 아닌가 생각한다. 외청 형태로 갈 경우 그 이유는 무엇인가에 대해 정리해 보면, 우선 현재 체제로는 열악해지는 환경 변화에 대응하면서 보편적 서비스를 유지하는 것이 어렵다고 보기 때문에 현실에 대처하고 미래를 준비하기 위해서는 자율성 제약 문제의 해결이 시급하다는 것이다. 자율성이 제고되면 장기적으로 비용 효율성이 높아져 이에 상응하는 요금 인상 압력이 줄어들어 민간사업자와 경쟁해야 하는 비유보 부분의 경쟁력 향상에 도움이 될 수도 있을 것이다. 만약 우편사업의 적자가 심화되어 경영이 부실화된다면 결국은 정부의 책임으로 돌아올 수밖에 없기 때문에 변화에 대비한 행동이 늦으면 늦을수록 국가 차원에서 치뤄야 할 대가는 더욱 커질 수 있다는 것이다.

이와 같은 변화에 따른 효과가 어느 정도일지 미리 가늠하기는 어렵고, 자율성 강화가 반드시 더 나은 의사결정으로 이루어진다고 단언할 수도 없지만 어려워지는 환경 속에서 책임성을 강조하려면 적어도 현실적으로 자율적 경영을 뒷받침할 수 있는 권한은 충분히 보장해 주고 그 결과에 대한 책임을 지도록 하는 것이 바람직할 것이다. 국가적 차원에서도 국민들에게 공익적 서비스의 전달과 관련된 안전망으로 요긴하게 활용될 수 있는 거대한 인프라와 제4차 산업혁명이라고 일컬어지는 급격한 환경 변화에 대비한 적절한 투자까지도 자율적으로 이루어지지 못한다면 미래의 발전을 위한 경쟁력은 물론 높은 수준의 질적 서비스와 같은 현재의 경쟁 우위까지도 모두 잃게 될 수 있다. 따라서 외청체제로의 전환은 공익적 목적의 서비스에 상대적 중점을 두는 공무원 조직이지만 경영의 자율성만은 최대로 보장하여 책임경영 체제가 작동되도록 유도하는 것이 될 것으로 본다.[3]

다음으로 기업형을 보면 공사형은 정부 투자기관이지만 조직은 기업 형태를 띠고 있는 공기업을 말한다. 공기업은 주로 특별법에 의해 설립되는 것이 일반적이기 때문에 공사는 법인으로서 법적 설립 목적을 가지고 있으나, 회계는 독립적이며 직원은 공무원이 아니다. 주식회사형은 상법상 주식회사 형태로 설립된 기업으로 누가 주식을 많이 가지고 있느냐에 따라 회사의 소유권이 달라진다. 정부가 과반수 이상의 주식을 소유하고 있으면 정부 소유 기업이 되지만 정부가 50%를 초과하는 주식을 민간에게 팔면 회사의 경영권은 민간에게 넘어가고 회사는

3. 이삼열 · 김용철, "우정사업의 조직체계 혁신 및 효율적 인력 운용을 위한 기초연구", 선진우정포럼, 2020. 12.

민영화된다.

이러한 정부부처형과 기업형 경영체제는 〈표 10-1〉에 나타난 바와 같이 상호 비교될 수 있다. 정부부처형은 조직의 목적이 공적 서비스를 제공하는 것이므로 당연히 공공성이 강조되겠지만 공무원 신분의 유지에 따른 자율성 제약으로 효율적 경영에 일정 부분 한계가 있는 것이 사실이다. 이에 비해 경영 효율화를 강조하는 정부 소유 형태의 기업형은 공공성 및 수익성을 비슷한 비중으로 동시에 추구하는 것으로 볼 수 있어 책임경영제나 독립채산제 등의 장치를 통하여 효율성을 기대해 볼 수 있는 경영체제이다. 민영화가 이루어져 소유권이 민간에게 넘어간 주식회사 형태의 경영체제는 당연히 수익성 추구를 통해 주주의 가치를 극대화할 것이며 정부와는 독립된 책임경영 체제가 될 것이다.

표 10-1 정부부처형과 기업형 경영체제 비교

		조직의 목적	공공성/기업성	비고
정부부처형		공적 서비스 제공 강조	공공성 추구	자율성 제약에 따른 효율성 한계
기업형	정부 소유 형태*	경영효율화 강조	공공성, 기업성 동시 추구	책임경영, 독립채산제 강화로 인한 효율성 증가 기대
	민간 소유 형태	주주 가치 극대화	기업성 추구	책임경영, 독립채산제 극대화

* 기업형 중 정부 소유 형태에는 공사 및 정부 소유 지분이 과반 이상인 주식회사형을 포함.

공사 형태로의 전환은 우정사업본부 출범 전 1990년대 중반에 한 번 시도된 적이 있다. 1994년 UPU 서울 총회를 계기로 우정사업도 규제와 사업을 분리하여 규제는 정부에서 담당하지만 사업은 한국전기통신공사(현 KT)처럼 정부조직에서 분리하여 공사체제로 전환하는 것이 바람직하다는 취지에서 공사 설립이 추진되었다. 공사로 전환되면 보편적 서비스 의무와 같은 공공성은 규제를 담당하는 정부와 사업을 담당하는 공사 사이에 법률에 근거한 계약 등의 형태로 담보될 수 있다. 또한 공사의 자율적 경영은 제도적으로 보장되며 당연히 그 결과에 대해서는 공사가 책임져야 하는 것이다. 만약 특별법에 의한 공사가 아닌 주식회사 형태의 회사라면 회사의 소유주인 주주에 대하여 주식 가치에 대한 책임까지 져야 할 것이다. 어떤 경우에든 공사 형태의 취지는 외청 형태보다 한 걸음 더 나아가 경영에 대한 자율성을 바탕으로 독립채산을 이루고자 하는 것이며, 이를 적자가 누적된 이후에 타의적으로 하는 것이 아니라 선제적으로 해보자는 것이다.

당시의 분위기를 조직문화 전환 측면에서 본다면 열심히 일하는 사람이 티 나는 조직으로부터 열심히 일하지 않는 사람이 티 나는 조직으로 발상의 전환을 이루는 데는 공무원 조직보다는 민간 조직이 보다 더 유리할 것으로 보았다. 왜냐하면, 공무원 조직은 정해진 규정에 따라 업무를 일상적으로 처리해 나가는 데는 유리하지만, 예측하기 힘들 정도로 빨리 변화해 나가는 시장 상황에 창의적으로 적응해 경쟁에서 살아남는 데는 민간 조직이 더 유리할 것으로 보았기 때문이었다. 이러한 조직 전환의 성과는 단기간에 드러나는 것이 아니라 장기적으로 나타날 것이기 때문에 장기적으로 5년 후, 또는 10년 후에 이러한 조직문화가 정착되기를 추구한다면 지금 전환하는 것이 맞다는 것이었다.

공사 형태의 경영체제는 지향하는 바가 정부조직과는 다를 것이다.

정부조직은 기본적으로 국민을 대상으로 한 행정의 성격이 들어 있어 공공성에 바탕을 둔 정부기업으로서 보편적 서비스의 제공이 경영의 목표가 된다. 따라서 사업은 공급자 중심으로 이루어지며, 서비스가 필요한 국민이 찾아와서 요구하는 경우에 서비스를 제공하면 된다는 입장으로 볼 수 있다. 반면에 공사조직은 고객을 대상으로 한 경영이라는 점에서 기업성에 바탕을 둔 정부기업으로서 고객만족의 추구가 경영의 중요한 목표가 된다. 따라서 사업은 수요자 중심으로 이루어지며, 앉아서 고객을 기다리는 대신 적극적으로 고객을 찾아 나서서 공사의 서비스에 대한 수요를 창출해 내야 한다는 입장으로 볼 수 있다. 이러한 패러다임의 변화를 요약하면 〈표 10-2〉와 같이 나타낼 수 있을 것이다.

표 10-2 **패러다임 비교**

	정부조직의 패러다임	공사의 패러다임
경영목표	보편적 서비스의 제공	고객만족의 추구
서비스 제공 주체	공공성에 바탕을 둔 정부기업	기업성에 바탕을 둔 정부기업
서비스 대상	국민	고객
사업 성격	행정	경영
경영 의식	기다리는 서비스	찾아 나서는 서비스
사업의 중심	서비스 제공자(공급자)	서비스 이용자(수요자)

공사로 전환하고자 하면 종업원의 신분 변동에 따른 처우 개선, 법인세와 각종 세금 부담 등 전환 비용이 많이 발생하기 때문에 이 비용을 부담하고도 전환의 실익이 있어야 한다. 또한 이해관계자가 많기 때문에 전환하는 것이 취지에 맞다 하더라도 경영 내외적 상황에 따라 그 시

기의 선택이 중요해진다. 그러면 우편사업도 언제쯤 통신사업처럼 공사로 정부조직에서 분리되어야 하는 것인가 하는 질문이 남는다. 이 문제는 공공적인 것은 행정의 형태로 정부조직에서 담당하고 독립채산이 요구되는 수익사업적인 것은 민간 경영의 형태로 기업이 담당하는 것이 바람직하다는 원칙적 논의 외에 여러 요인이 충족되어야 가능해진다.

우선, 조직적 차원에서 공무원 신분의 직원이 민간 신분으로 전환되는 데 따르는 이해 득실에 따라 찬성과 반대가 엇갈릴 수 있다. 일반적으로 누구나 원하는 가장 좋은 직업은 직장의 안정성이 보장되면서 급여는 높고, 일의 난이도나 작업 강도는 낮은 것이지만 이들은 동시에 성립될 수 없는 것들이다. 공무원의 경우를 민간과 비교해 보면 안정성은 높지만 급여는 상대적으로 낮을 수 있고, 일의 강도는 경우에 따라 다를 수 있지만 낮다고 보는 것이 일반적일 것이다.

5. 경영체제 변천 추이

전 세계적으로 경영체제의 변천 추이를 보면 [그림 10-2]와 같다. 초기에는 어느 나라나 예외 없이 공공성을 중시하는 일반 부처형으로 시작하여 독립성 내지는 자율성 강화를 통하여 기업성을 추구하는 정도에 따라 사업본부형, 외청형, 공사형, 주식회사형 등으로 전환되어 가고 있지만 꼭 단계별로 순서에 따라 진행되는 것은 아니다.

어느 단계가 가장 적절한지는 각 나라의 경제사회적 여건과 정책적 의지에 달려있다고 보면 될 것이다. 미국과 같이 공공성을 중시하는 나

그림 10-2 경영체제 변천 추이

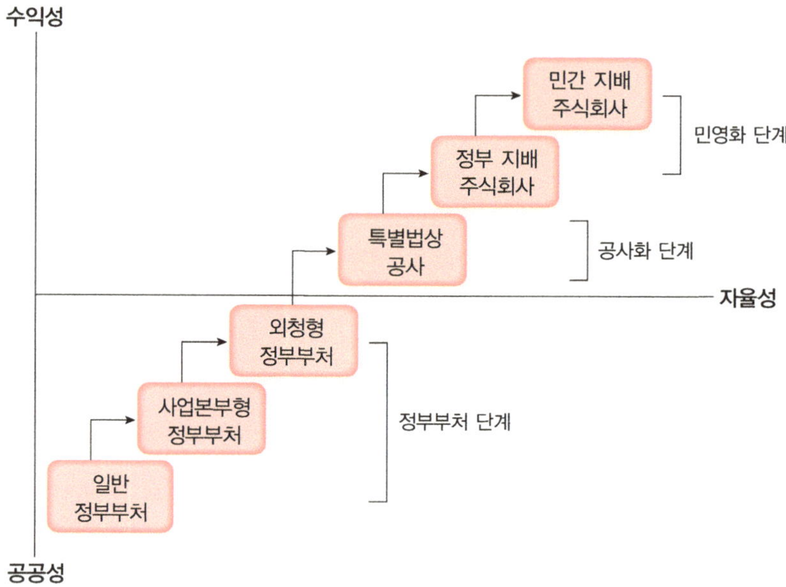

라는 특별법에 의한 외청형을 선택하고 있고, 호주, 일본 등은 정부 소유 기업형인 공사나 주식회사 형태를 취하고 있으며, 독일, 네덜란드 등 유럽 국가들은 공사형을 거쳐 민간 소유 형태로 나아가고 있다. 그러나 미국과 같이 공공성을 중시하여 외청형을 선택한 경우에도 독립채산 원칙을 유지하기 위하여 경영정책상에서는 상업성을 강조하여 수익성에 대한 배려를 하고 있고, 이와 반대로 수익성에 기반한 독립채산 원칙을 중시하여 기업형을 택한 나라도 공공성 확보를 위한 정부 차원의 규제 장치를 가지고 있다. 결국 어느 형태가 적합한지는 그 나라의 경제 · 사회적 환경과 이에 대응하는 정책적 선택에 달려 있다고 보면 될 것이다.

우리나라의 경우 일반 부처형에서 사업본부형으로 전환되었는데 앞으로는 어떤 형태의 경영체제가 가장 바람직할까 하는 문제가 이슈로 등장할 수도 있다. 현재의 사업본부제가 큰 문제 없이 만족스러운 성과를 내고 있다면 그대로 유지하면 되지만, 그렇지 못하여 다른 형태로 전환해야 한다면 어떤 형태가 그 미흡한 점을 충족시켜 줄 수 있을까 하는 점이 문제가 될 것이다. 즉, 공공성과 책임경영을 보다 강조하는 경우라면 외청 형태로 가는 것이 바람직하고, 기업성과 독립채산을 보다 강조하는 경우라면 기업형으로 가는 것이 일반적인 선택이 될 것이다. 어느 방향이 적절한지는 한국 우정이 처한 현실적 상황이 어느 쪽을 더 중시하느냐에 따라 달라진다. 그동안 많은 연구들이 이루어졌지만 요약하면 장기적으로는 기업형으로 가야 하겠지만 일단 외청형으로 가는 것이 순서라는 것에 대부분의 의견이 일치하고 있다.

우정사업본부를 우정청으로 전환했을 경우 조직, 인사, 예산, 요금·수수료 등에서 자율성이 어느 정도 달라지는지를 요약해 보면 〈표 10-3〉과 같이 나타낼 수 있으며, 이러한 전환은 독립적·자율적 의사결정에 기반한 책임경영의 정착을 유도하여 급격한 경영환경 변화에 능동적으로 대응하여 보편적 서비스를 안정적·효율적으로 제공할 수 있는 독립채산 기반 구축에 도움이 된다. 또한 범부처 간 능동적 협업을 위한 대표성 및 책임성을 확보하여 기관별로 흩어져 있는 정부 서비스 전달 기능을 통합하여 국민 필수 서비스 전달 최종 채널(Last Mile) 역할과 같은 공적 기능을 수행한다면,[4] 이러한 새로운 역할에 걸맞는 방향으

4. 하나의 예로 복지등기를 활용한 사회 취약계층 모니터링, 공익보험 보급, 노후 우체국을

표 10-3 우정사업본부와 우정청의 자율성 비교

구분	우정사업본부	우정청
기관	과기정통부 소속 기관(1급)	과기정통부 외청 (정무직 중앙행정기관)
조직	탄력적 조직 운영 곤란 (임시 조직, 벤처형 조직 등 활용 제약)	신속 · 탄력적인 조직 운영 가능
인사	3급 이하 임용권 및 고위공무원 전보권 일부	3급 이하 임용권 및 고위공무원 임용추천권 및 전보권
예산	예산의 이용(移用) · 전용(轉用), 이월, 초과수입금 사용 등 과기정통부 승인 필요	우정청 직접 수행
요금 · 수수료	과기정통부 결정	우정청 결정

로 인력, 자원의 재배치가 이루어질 수 있어 우체국의 핵심 역량도 강화될 수 있을 것으로 보인다. 결론적으로 외청체제로의 전환은 공익적 목적의 서비스에 상대적 중점을 두는 공무원 조직이지만 경영의 자율성만은 최대로 보장하여 책임경영 체제가 작동되도록 유도하는 것이라 할 수 있겠다.

지역 생활 SOC로 복합개발하는 등과 같은 사회적 책임을 수행함으로써 복지 · 행정서비스 사각지대 해소를 통한 공적 역할을 확대하는 것을 들 수 있을 것이다.

11

우정사업의 기업적 가치와 사회적 가치는 어떻게 평가할 수 있나?

1. 왜 기업의 가치를 평가하는가?

기업을 창업하여 운영하는 가장 기본적인 목적은 부(富)를 창출하기 위한 것으로 볼 수 있다. 그러기 위해서는 운영하는 기업의 가치를 올려야 하는데, 이를 재무적 측면에서 좀 더 구체적으로 표현하면 기업을 소유하고 있는 주주들의 지분을 나타내는 주식의 가치를 증대시키는 것이라 할 수 있다. 주주 가치의 증대는 다른 이해관계자에게 돌아갈 이익의 희생 위에서 창출되는 것이 아니며 오히려 그 반대라고 볼 수 있다.[1] 채권자의 이익을 희생하여 주주의 이익을 추구한다면 그 회사는 향후 채권시장에서 자금을 조달하기 어려울 것이며, 이는 회사가 장기적으로 성장해 나가는 데 도움이 되지 않을 것이다. 또한 종업원의 이익을 희생시키면서까지 주주의 이익을 추구한다면 회사의 발전을 위하여 열심히 노력하려는 종업원의 사기를 꺾어 놓아 이 또한 회사의 장기적인 발전에 도움이 되지 않을 것이다. 따라서 지속적으로 부가가치를 창출하여 장기적으로 시장경쟁에서 승리하는 기업들은 고객, 종업원, 채권자, 정부 등 모든 이해당사자들의 요구 사항을 적절한 수준에서 충족시켜 줌으로써 장기적으로는 이해당사자 모두에게 보다 큰 가치를 창출해 준다고 할 수 있을 것이다.

기업의 가치가 상승한다는 것은 기업이 장기적으로 유지되고 성장해 나갈 수 있는 여건이 마련되고 있다는 것이고, 기업의 가치가 감소한

1. Copeland · Koller · Murrin, *Valuation(measuring and managing the value of comparing) 3rd ed.*, McKinsey & Company, Inc., 2000.

다는 것은 그 기업이 영위하고 있는 사업 기반이 축소되어 장래에는 사라질 우려가 있다는 것이 된다. 예를 들어, 한때 세계 최대 자동차 회사였던 GM의 경우도 기업의 가치 하락으로 2000년 4월 주당 $90 수준이던 것이 파산 위기에 몰려 2009년 5월 $1 아래까지 하락했다가 정부로부터의 구제금융과 혹독한 구조조정을 거쳐 2021년 이후 다시 $40～60 선에서 움직이고 있다. 이와 같이 주식 가치로 평가되는 기업의 가치가 끊임없이 변하고 있다는 것은 시장에서 투자자들이 주식의 가치에 영향을 미치는 여러 요인들을 끊임없이 평가하여 주가에 반영하고 있다는 사실을 나타내고 있는 것이다.

2. 기업의 가치는 어떻게 평가하나?[2]

기업의 가치를 평가하는 방법에는 여러 가지가 있을 수 있지만 이론적으로 가장 합당한 방법은 기업이 창출할 것으로 기대되는 미래의 현금흐름을 예측하여 이를 현재가치로 할인하는 것이다. 이러한 방법으로 기업가치를 평가하는 것을 현금할인(Discounted Cash Flow ; DCF) 접근법이라 하며 모든 가치평가의 기본적인 모형이다. 나머지 다른 가치평가 모형들은 모두 현금할인 접근법을 응용한 것이라 보면 될 것이다. 현금할인 접근법에 따라 기업의 가치를 평가하기 위해서는 첫째,

2. 참조 : 남찬기, 「EVA 모형을 통한 한국통신의 수익성 분석」, 『정보통신정책연구』, 1999. 6. ; 남찬기, 「인터넷 기업의 가치는 적정하게 평가되고 있나?」, 『인터넷 생태계에 대한 9가지 질문』, 나남출판사, 2016. 2.

장기적으로 그 기업이 미래에 창출해 낼 수 있는 현금흐름을 예측해야 하고, 둘째, 예측된 현금흐름을 현재가치로 할인하기 위한 할인율, 즉 자본비용률을 알아야 한다.

미래 현금흐름을 예측하는 데는 여러 가지 요인들이 복합적으로 작용하기 때문에 당연히 불확실성(uncertainty)이 따르며, 이러한 불확실성을 측정한 것을 위험(risk)이라 한다. 위험이 크다는 것의 의미는 예측된 현금흐름에 변동성이 크게 작용한다는 것이며, 반대로 위험이 작다는 것의 의미는 예측된 현금흐름에 작용하는 변동성이 작다는 것으로 비교적 차이가 크지 않게 예측할 수 있는 것을 말한다.

예측된 미래의 현금흐름을 현재가치로 환산할 때 할인율로 사용되는 자본비용은 기업이 자금을 조달하여 사용하는 대가로 자본 제공자에게 지급하는 비용이다. 타인으로부터 자금을 차입했을 경우에는 채권자에게 적절한 이자를 지급하여야 하고 자기자본으로 조달한 경우에도 그 자본을 투자한 주주들에게 적절한 수익을 올려 주어야 한다. 즉, 자기자본을 다른 곳에 투자하였다면 일정 수익을 올릴 수 있었을 것이므로 최소한 그 기회비용만큼은 수익을 올려야 하는 것이다. 또한 기업이 부가적인 가치를 창출하기 위해서는 이러한 자본비용을 부담하여 조달된 자금을 투자해서 얻어지는 투자수익률이 자본비용률보다 높아야 한다. 이런 의미에서 가중평균 자본비용률은 부가가치 창출을 위하여 자금운용에서 올리지 않으면 안 되는 최저 필수 수익률이라 할 수 있다.

미래의 현금흐름에 따르는 위험과 자본비용은 서로 불가분의 관계를 가지고 있다. 즉, 자본비용은 자본시장에서 자금의 수요자인 기업과 자금의 공급자인 투자자들 사이에서 결정되는데, 위험이 크면 클수록 자본비용도 커지며, 위험이 작으면 작을수록 자본비용도 작아진다는 것이다. 만일 영업위험이 높은 벤처기업에 대한 투자와 같이 성공 확률은 낮지만 일단 성공할 때에는 많은 수익을 올릴 수 있고, 반대로 실패할 때에는 투자 원본까지도 잃을 수 있는 경우라면, 투자자들은 당연히 이러한 투자위험에 상응하는 높은 기대수익률을 요구할 것이다. 이와는 대조적으로 금융기관 예금과 같이 영업위험이 상대적으로 낮아 처음 예상된 안정적인 수익률에서 크게 변동이 없다면 투자자들은 상대적으로 낮은 기대수익률에 만족할 수 있을 것이다.

기업의 종합적인 자본비용은 각기 다른 방법으로 조달되는 자금의 자본비용을 해당 조달 방법의 자본조달액을 기준으로 가중평균한 가중평균 자본비용(Weighted Average Cost of Capital ; WACC)을 사용하는 것이 일반적이다. 따라서 WACC를 측정하기 위해서는 어떤 종류의 자본을 얼마나 사용하고 있는지를 자기자본과 타인자본으로 구분하여 그 구성비율을 알아보고, 다음으로 자기자본비용 및 타인자본비용을 각각 그 구성비율에 따라 가중평균하는 것이 가장 일반적인 방법이다.[3] 자기자본비용은 주주가 특정 기업의 주식에 투자할 때 기대하는 수익률로서 자본시장에서 해당 기업의 체계적 위험의 크기에 따라 결정된다고 보는

---

3. 가중평균 자본비용률은 다음 식을 통하여 측정한다.

$$\text{가중평균 자본비용} = \frac{\text{타인자본}}{\text{자기자본} + \text{타인자본}} \times \text{타인자본비용} + \frac{\text{자기자본}}{\text{자기자본} + \text{타인자본}} \times \text{자기자본비용}$$

자본자산 가격결정 모형(Capital Asset Pricing Model ; CAPM)을 통해 측정하는 것이 가장 보편적이며,[4] 부채비용은 이자가 지급되는 부채액을 기준으로 각각의 이자율을 가중평균하여 산정하고, WACC의 계산에 사용되는 자본 구성 비율은 장부가치를 사용하여 측정할 수 있다.

3. 경제적 부가가치 계산방법

기업가치를 평가하는 데 있어서 현금할인 접근법은 재무 이론적으로는 가장 합당한 방법이나 미래의 현금흐름을 모두 예측해야 되는 어려움이 있기 때문에 때로는 특정 기간 동안의 실적을 기초로 기업의 가치를 측정하는 방법을 쓰기도 하는데 그 대표적인 것이 경제적 부가가치(Economic Value Added ; EVA) 방법이다. 자본시장에서 조달된 자금을 수익성 있는 사업에 투자하여 이익을 남기고자 하는 기업의 재무활동에서 투자자금에 대한 수익성이 자본비용보다 커야만 진정한 의미에서 이익을 얻게 되는데 이러한 이익을 경제적 이익 또는 경제적 부가가치라고 한다. 경제적 부가가치는 투하자본 수익률(Return On Invested Capital ; ROIC)에서 가중평균 자본비용률(WACC)을 차감한 수치에 투하자본(Invested Capital ; IC)을 곱하여 계산하는데 이 값이 클수록 당해 연도에 영업활동을 통해 보다 많은 경제적 이익을 거두었다는 뜻이다.

---

4. 자본자산 가격결정 모형을 식으로 나타내면 다음과 같다.

자기자본비용(K_E) = 무위험자산 수익률(R_F) + 위험계수(β) x 단위위험당 시장가격($R_M - R_F$)

R_F : 무위험자산 수익률, β : 주식의 체계적 위험, R_M : 시장 전체의 예상수익률

이와 같은 경제적 이익은 기존의 순이익이나 자기자본 이익률과 같은 전통적인 이익 지표에 비해서 두 가지의 차이를 보인다. 첫째는 발생주의 회계 원칙의 결과로 산출된 재무제표상의 순이익에 경제적 이익이 반영될 수 있도록 수정한다는 것이고, 둘째는 자본조달의 대가를 명시적으로 고려한다는 점인데, 특히 타인자본비용뿐만 아니라 자기자본비용까지도 포함시킴으로써 주주의 기대수익률에 대한 고려까지 하고 있다는 점이다. 따라서 주주가치를 가장 잘 설명해 주는 성과지표 중의 하나가 경제적 부가가치이며, 전통적인 성과지표에 비하여 주식시장에서 주가에 민감하게 반영되고 있는 것으로 여겨지고 있다.

경제적 부가가치의 계산방법을 개념적으로 보면 [그림 11-1]과 같이 정리될 수 있다. 즉, EVA는 IC가 벌어들이는 수익률인 ROIC가 IC를 조달하기 위해 지불해야 하는 WACC보다 얼마나 더 큰가 하는 질적인 측면을 나타내는 초과수익률(ROIC – WACC)과 투하자본의 양적인 측면을 나타내는 IC의 규모가 동시에 고려되어 결정되는 것이다. 또한 세후순영업이익이 IC에 ROIC를 곱(IC × ROIC)하여 구해질 수 있다면, EVA는 세후순영업이익에서 IC에 WACC를 곱한 자본비용액(IC ×

그림 11-1 경제적 부가가치의 개념

경제적 부가가치 (EVA) = 투하자본 (IC) × 투하자본 수익률 (ROIC) – 가중평균자본비용률 (WACC)

IC : Invested Capital
WACC : Weighted Average Cost of Capital
ROIC : Return On Invested Capital

WACC)을 빼면 구해질 수 있을 것이다.

이와 같은 EVA가 시장부가가치(Market Value Added ; MVA) 및 기업의 가치(Firm Value ; FV)와 어떤 관계를 가지고 있는가를 살펴보면 EVA의 개념을 보다 더 정확하게 이해할 수 있다. 어떤 기업이 IC만큼 투자하여 매년 EVA만큼의 초과이익을 영원히 지속적으로 올린다고 가정해 보면, 기업의 가치(FV)는 IC와 매년 발생하는 EVA의 현재가치의 합으로 나타난다. 여기서 IC가 향후 매년 창출해 내는 초과 수익인 EVA의 현재가치의 합을 MVA라 하며[5] 이러한 관계는 [그림 11-2]와 같이 나타낼 수 있다. 따라서 매년도 초과 이익을 나타내는 EVA는 경영성과 관리 분야에서 유용한 수단으로 사용되고 있으며, 미래에 창출될 것으로 예상되는 초과 이익에 대한 할인가치로서의 MVA는 주식시장에서

그림 11-2 기업의 가치와 시장부가가치

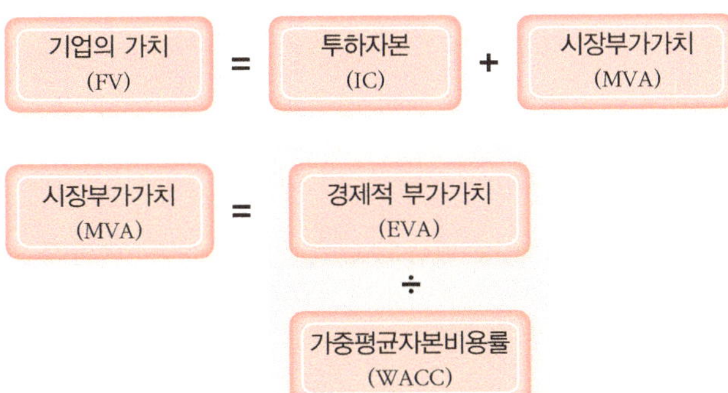

5. 매년 EVA만큼의 초과이익을 영원히 올리는 경우 초과이익의 현재가치는

$$\lim_{n \to \infty} \Sigma_{t=1}^{n} \frac{EVA}{(1+WACC)^t} = \frac{EVA}{WACC}$$

투자자들의 평가에 따른 영향을 주로 받는다고 할 수 있다.

4. 장부가치(Book value)와 시장가치(Market value)

2021년 1월 1일 현재 자기자본 50억 원과 타인자본 50억 원 합계 100억 원으로 사업을 시작했다면 그 기업의 현재가치는 얼마로 보는 것이 합당할까? 〈표 11-1〉에서 보는 바와 같이 이 시점에서 재무상태표 장부상 투하자산이 100억 원이기 때문에 이 기업의 가치는 100억 원이라 할 수 있을까? 아니면 투하된 100억 원을 활용해 미래에 벌어들일 수 있는 금액의 현재가치까지 고려해야 하는 것일까? 정답은 당연히 후자이다. 만약에 기업의 가치가 전자와 같이 100억 원이라면 주식시장에서 주식의 가치가 매일 그렇게 변동하지 않을 것이다. 현재의 자산을 활용해 미래에 얼마를 벌어들일 수 있느냐 하는 것이 포함되어 있기 때문에 미래 예측치의 변동에 따라 기업의 가치도 변하는 것이다. 미래 예측치에 영향을 미치는 요인은 무수히 많으며, 이들의 변화 내용을 사전에다 파악할 수도 없다. 따라서 기업의 가치에는 불확실성이 내재될 수밖에 없어 주식의 가격도 미래 예측의 변화에 따라 항상 변화하는 것이다.

표 11-1 **재무상태표**

2021. 1. 1

자산		부채 및 자본	
자산	100억 원	부채	50억 원
		자기자본	50억 원

부채의 가치가 일정하다는 가정하에[6] 기업의 가치를 주식의 시장가치 기준, 즉 발행주식 수에 주가를 곱한 시가총액으로 본다면 시가총액에서 장부가치를 뺀 나머지는 미래에 창출이 기대되는 현금흐름을 현재가치로 환산한 금액이 될 것이다. 만약 앞의 예에서 시가 총액이 80억 원이라면 30억 원이 미래에 이 기업이 벌어들일 금액의 현재가치가 되는데 이것이 MVA, 즉 시장부가가치가 되는 것이다. 이러한 MVA를 계산하는 방법을 손익계산서 예를 통해 그 과정을 보면 다음과 같다.

기업의 가장 중요한 재무제표 중의 하나인 손익계산서에는 〈표 11-2〉에서 보는 바와 같이 기업가치에 대한 이해당사자들의 청구권(claim)의 가치를 계산하는 데 필요한 기본적인 정보들이 들어있다. 기업의 영업 결과 이익이 남으면 가장 먼저 채권자가 자금을 제공한 대가로 이자를 가지고 가고, 다음으로 정부가 세금의 형태로 청구권을 행사하며, 마지막으로 주주가 배당의 형태로 청구권을 행사하여 자기 몫을 수령해 간다. 이렇게 모든 이해당사자의 청구권을 해결하고 남는 금액이 해당 기간 동안 기업이 창출한 EVA가 되는 것이다.

이러한 EVA가 향후 지속적으로 발생한다면 이들을 현재가치로 환산한 금액이 MVA가 되는 것인데, 이 MVA 예측치의 증감에 따라 주가가 움직인다고 할 수 있다. 즉, 할인율이 10%이고 향후 매년 2.5억 원의 부가가치가 지속적으로 발생한다면 시장부가가치는 25억 원이 될

---

6. 실제로는 부채의 시장가치도 지급불능 위험과 시장이자율의 변동에 따라 변화한다. 다만, 회사가 부채를 만기까지 상환하지 않고 보유한다면 회사의 입장에서 부채의 가치가 일정하다는 가정도 성립할 수 있을 것이다.

표 11-2 손익계산서

2021. 1. 1 ~ 2021. 12. 31

매출액	100억	
– 매출원가	60억	
매출이익	40억	
– 영업비	20억	
영업이익(EBIT)	20억	
– 이자(연 10%)	5억	채권자 몫 청구권
세전이익	15억	
– 법인세	5억	정부 몫 청구권
당기 순이익	10억	
– 배당(연 15%)	7.5억	주주 몫 청구권
경제적 부가가치(EVA) 창출액	2.5억	

것이지만, 현재 2.5억인 경제적 부가가치가 향후 어느 정도 성장할 것으로 예상된다면 그 성장률 예측치의 크기에 따라 시장부가가치가 변동하고 동시에 주가도 움직이는 것으로 볼 수 있다. 따라서 현재에 얼마나 벌고 있는가 하는 것이 중요한 요인이 아니라 앞으로 얼마나 벌 수 있느냐가 중요한 요인인 것이다.

5. 우편사업의 가치와 기업가치 개선 사례

이와 같은 EVA 분석틀을 우편사업에 적용하여 2020년 기준 대략적인 EVA를 추정해 보면 〈표 11-3〉과 같이 나타낼 수 있다. 2020년 기준 우편사업의 재무상태 및 영업성과를 보면 총 75,530억 원의 자본

표 11-3 우편사업 EVA (단위 : 억 원)

	2019년	2020년
영업이익(NOP)	−1,115	−1,239
평균투하자본(IC)	73,916	75,530
투하자본이익률(NOP/IC)	−0.0151	−0.0164
가중평균 자본비용(WACC)	0.01	0.01
자본비용액(IC × WACC)	739	755
EVA	−1,854	−1,994
EVA 개선액(△EVA)		−140

주 : 영업이익 및 평균투하자본은 영업과 관련 없는 항목은 조정 후 사용해야 하나 여기서는 대략적인 추세를 보기 위해 편의상 손익계산서 및 재무상태표 해당 항목 자료를 조정 없이 사용. 우체국은 정부기관인 관계로 법인세는 없음. 가중평균 자본비용은 3년 만기 국고채 유통 수익률 수준을 반영.

이 투자되어 1,239억 원의 영업 손실을 내고 있어 투하자본 이익률은 -0.0164%를 보이고 있다. 3년 만기 국고채 유통 수익률을 참고한 1% 수준의 자본비용을 설정한다면 자본비용액은 755억 원으로 추정되며 이를 바탕으로 EVA를 산정하면 −1,994억 원 정도가 된다. EVA가 마이너스라는 것은 회사의 가치가 줄어들고 있다는 것이 되므로 이를 플러스로 전환시키는 것이 경영 정책을 수립하는 데 있어서 가장 시급한 문제 중의 하나가 될 것이다. 우편사업의 경우 EVA가 0이 되게 하기 위해 1,994억 원의 영업이익 개선이 필요하며, 이를 위해서는 현재 29,691억 원 수준의 매출액이 대폭 증가되어야 한다.[7] 만약 원가 구성상 변동비 비율이 10% 수준이라면 2,193억 원의 추가 매출이 필요하며, 이를

7. 영업이익을 개선하기 위해서는 원가절감도 동시에 고려할 수 있으나 경직성 고정비가 대부분인 관계로 원가절감보다는 매출액 증가로 문제를 해결한다고 가정할 경우의 예시.

요금 수준 인상으로 해결하고자 한다면 수요의 가격 탄력성이 5% 수준이라는 가정하에 모든 우편 요금 및 수수료는 약 7.8% 정도 인상되어야 한다는 계산이 나온다.

우편사업의 가치는 현재의 투하자본 75,530억 원에서 MVA를 더한 수치인데 우편사업의 경우 MVA는 −199,400억 원이기[8] 때문에 −123,870억 원으로 평가된다. 2020년 말 현재 부채총액 14,694억 원을 감안하면 우편사업의 순자산 가치는 −138,564억 원으로 평가되는데, 이는 장부상의 순자산 가치 60,836억 원보다 199,400억 원 적은 수치로 매년 발생하는 음의 EVA의 현재 가치와 일치한다. 순자산 가치가 마이너스라는 것은 기업을 운영하는 주인 입장에서 보면 투자한 돈을 모두 다 소진한 뒤에는 사업을 지속할 수 없다는 것과 같은 의미이다. 그럼 언제쯤 현재의 투하자본에서 현재의 부채 총액을 뺀 순투자자금이 모두 소진되는지를 추정해 보면 37년 정도가 된다. 즉, 지금과 같은 적자 상태가 계속 지속된다면 37년 후에는 순투자자산이 제로가 된다는 것이다. 물론, 이와 같은 추정은 현재의 EVA가 앞으로도 개선되지 않고 영원히 지속된다는 가정 위에서 성립하는데 이는 그렇게 현실적이지 못하다. 그 사이에 경영개선이나 혁신을 통해 얼마든지 마이너스 상태인 EVA를 플러스 상태로 전환시킬 수 있고, 이러한 가능성까지 고려한다면 기업가치는 그만큼 더 올라갈 수 있을 것이다.

이와 같이 마이너스인 EVA를 개선하여 기업가치를 높인 좋은 사례

8. 사업의 영속성을 고려하여 매년 1,994억 원의 적자가 영원히 난다고 하면 이들 적자 현금흐름의 현재가치는 −1,994억 원/0.01로 −199,400억 원이 된다.

로는 IMF 금융위기 전후의 한국통신(현 KT)의 경우를 들 수 있다. 〈표 11-4〉에서 보는 바와 같이 한국통신이라는 공익성이 높은 공기업에 EVA라는 기준을 1997, 1998년 2개년도에 적용해 본 결과 EVA는 모두 0보다 적게 나왔으며, 이는 투하자본에 대한 이익률이 투하자본을 조달하는 데 따른 자본비용보다 적기 때문에 나타난 결과이다. 따라서 한국통신의 EVA를 0보다 크게 하여 기업가치의 실질적인 증대에 기여하기 위해서는 투하자본 이익률을 지속적으로 증대시켜 자본비용보다 크게 하는 것이 가장 급선무였고, 실제로 1998년엔 투하자본 이익률을 5.48%로 전년도 3.32%에 비해 2.16% 향상시켰다. 그 결과 1998년

표 11-4 **한국통신의 EVA** (단위 : 백만 원)

	1997년	1998년
세전영업이익	543,584	965,407
1-법인세율(30.8%)	0.692	0.692
세후영업이익(NOPLAT)	376,160	668,062
평균투하자본(IC)	11,342,322	12,189,813
투하자본이익률(NOPLAT/IC)	0.033164	0.054805
가중평균 자본비용(WACC)	0.1001	0.1001
자본비용액(IC × WACC)	1,135,366	1,220,200
EVA	−759,206	−552,138
EVA 개선액(△EVA)		207,068

1) 한국통신 및 외부감사에 관한 법률 시행령 제2조에 의한 연결 대상 자회사에 대하여 지분율 비율로 작성한 연결재무제표를 기준으로 계산. .

2) 본 표는 EVA가 가지는 의미를 분석하기 의한 목적이기 때문에 LM 통화 접속 부가세 효과 및 감가상각방식 변경 효과 등 정확한 EVA를 계산하기 위한 추가 조정을 하기 전의 자료임.

자료 : 남찬기, 「EVA 모형을 통한 한국통신의 경영 성과 분석」, 『정보통신정책연구』, Vol. 6 No. 1, 1999. 6.

한국통신은 2,450억 원 정도로 EVA를 개선시켰다. 이후 한국통신은 사업 및 비용 구조의 개선 등의 지속적인 수익률 개선 노력의 결과 2000년 이후에 EVA가 흑자 상태로 돌아섰다. 이와 같은 분석이 의미하는 가장 중요한 관점은 현재 장부가치에 비해 시장부가가치가 높다면 앞으로 창출될 부가가치가 크게 증가할 것이라는 것을 의미하며, 현재 장부가치에 비해 시장부가가치가 높지 않다면 앞으로 창출될 부가가치가 크게 증가하지 않는다는 의미가 된다.

만일 기업이 증권시장에 상장되어 있는 경우라면 주가 데이터를 활용하여 투자자들이 평가하는 내재된 성장률(Implied Growth Rate ; IGR)을 추정해 낼 수도 있다. 우선 EVA가 매년 일정 비율(IGR)로 지속적으로 성장한다고 가정하면 기업의 가치(FV)는 투하자산에서 매년 발생하는 EVA의 현재가치의 합으로 다음과 같다.

$$FV = IC + \frac{EVA}{(WACC - IGR)}$$

즉, 기업의 가치는 투하자본, 투하자본을 조달하는 데 들어간 자본비용, 매년 영업의 결과로 발생하는 경제적 부가가치 등의 함수로 볼 수 있는데, 기업의 가치를 시장에서 미리 알 수 있다면 역으로 기업의 시장가치에 내재되어 있는 EVA의 미래 기대 성장률은 다음과 같이 추정할 수 있을 것이다.

$$IGR = WACC - \frac{EVA}{(FV - IC)}$$

이러한 관계를 활용하여 NHN이 네이버와 NHN 엔터테인먼트로 분할되던 2013년 8월 29일 전후 IGR의 변화를 보면 다음과 같다.[9] 분할하기 전에는 NHN 전체적으로 2012년 기준 향후 매년 5.66% 정도씩 성장할 것으로 시장에서 투자자들이 평가하고 있었지만, 2013년 NHN 엔터테인먼트가 분할되어 나간 이후 네이버 단독 연평균 EVA 성장률은 7.06%로 분리 전에 비해 매년 1.4%포인트 정도 추가 성장할 것으로 평가되었다. 이와 같은 네이버의 성장률 변화는 NHN 엔터테인먼트와 분리되면서 규제 영향 해소 및 LINE으로 인한 미래 성장 가능성을 높게 보고 있기 때문으로 추정된다고 하겠다. 이러한 분석이 우편사업에 시사하는 바는 2020년 현재 마이너스 상태에 머물고 있는 우편사업 EVA를 매년 일정 금액 개선하는 것이 아니라 개선금액을 매년 일정 비율 증가시켜 나가는 방안을 찾고 이를 실행하는 노력이 필요하다는 것이다.

6. 우체국 네트워크의 사회적 가치

우편사업의 경제적 가치가 이와 같이 줄어든다면 우편사업도 시장에서 퇴출시키는 것이 옳은 것인가 하는 아주 중요한 질문이 남는다. 경제적 가치는 시장에서 결정되지만 우편사업은 경제적 가치 이외에도 제4장에서 언급된 바 있는 사회적 가치도 지니고 있다. 우편사업의 공익

9. 자세한 내용은 김성철 외, 「인터넷 기업의 가치는 적정하게 평가되고 있나?」, 『인터넷 생태계에 대한 9가지 질문』, 나남출판사, 2016. 2 참조.

성이 크고 이에 따른 사회적 가치가 무시할 수 없는 수준으로 크다면 우편사업의 경제적 가치만으로 그 전체적인 가치를 평가할 수는 없다. 이러한 관점에서 우체국 네트워크를 통해 창출되는 사회적 가치를 추정하기도 하는데, 2011년에 추정된 사례를 보면 다음과 같다.[10] 우선 우체국 네트워크를 통해 창출되는 가치는 〈표 11-5〉에서 보는 바와 같이 우체국 네트워크를 사용함으로써 얻어지는 사용가치와 지금 당장은 사용하지 않더라도 향후 얻어질 것으로 기대되는 가치 등을 포함하는 비사용가치로 구분할 수가 있다. 여기서 사용가치를 다시 경제적 가치와 공익적 가치로 나누어 보면 공익적 가치에는 편지 배달과 같은 직접적 사용가치와 사회적 가치와 같은 간접적 사용가치가 있다. 편지 배달과 관련하여 한 가지 특징적인 점은 편지 배달 서비스가 독점 서비스로 그 가격이 시장 기구가 아닌 경제 외적 여건에 따라 결정되는 경우가 많고, 따라서 가격 또한 개인이 해당 서비스를 이용하면서 누리게 되는 혜택의 크기를 정확하게 반영하지 못하며 통상적으로 이용자의 지불 의향보다 낮은 수준에서 결정된다. 이때 시장요금으로 거래되는 부분의 가치는 경제적 가치로 분리해 낼 수 있으나, 그 이외에 보편적 서비스 제공을 위하여 저평가된 부분에 대한 가치는 공익적 가치로 보아야 한다는 것이다.

이러한 우체국의 공익적 가치를 우체국 운영이 어려워질 경우에도 우체국 서비스나 네트워크를 지속적으로 유지하기 위하여 어느 정도의

---

10. 이하 논의는 박재석 · 문성철 · 유승훈, "조건부가치측정법을 이용한 우체국 네트워크의 사회적 가치 추정(공익적 가치를 중심으로)", KISDI, 2011. 11. 내용을 재정리.

표 11-5 우체국 네트워크를 통해 창출되는 가치

<table>
<tr><th colspan="2">구분</th><th colspan="2">내용</th><th>비고</th></tr>
<tr><td rowspan="11">사용가치</td><td rowspan="6">직접사용 가치</td><td rowspan="3">우편서비스</td><td>편지 배달*</td><td>공익적 가치</td></tr>
<tr><td>소형 포장물(소포, 택배) 배달</td><td rowspan="5">경제적 가치</td></tr>
<tr><td>국제특송(EMS)</td></tr>
<tr><td rowspan="3">금융서비스</td><td>지불결제(환 · 대체, 수납, 송금)</td></tr>
<tr><td>예금</td></tr>
<tr><td>보험</td></tr>
<tr><td rowspan="5">간접사용 가치</td><td rowspan="5">사회적 서비스</td><td>친서민 생활금융서비스 제공</td><td rowspan="9">공익적 가치</td></tr>
<tr><td>행정인프라 제공</td></tr>
<tr><td>산업지원 기능 제공</td></tr>
<tr><td>에너지절약 및 자원재활용 지원</td></tr>
<tr><td>국민안전 및 취약계층 지원</td></tr>
<tr><td rowspan="4">비사용가치</td><td>선택가치</td><td colspan="2">현재는 우체국을 이용하지 않지만 언젠가는 이용할 것에 대한 가치</td></tr>
<tr><td>존재가치</td><td colspan="2">우체국의 존재가 사회에 보탬이 된다는 사실을 인지하는 가치</td></tr>
<tr><td>유산가치</td><td colspan="2">미래세대를 위해 우체국 네트워크를 보존하는 것에 부여하는 가치</td></tr>
<tr><td>대체가치</td><td colspan="2">타인이 우체국을 이용하는 것에서 느끼는 만족감과 관련된 가치</td></tr>
</table>

자료 : 박재석 · 문성철 · 유승훈, "조건부가치측정법을 이용한 우체국 네트워크의 사회적 가치 추정(공익적 가치를 중심으로)", KISDI, 2011. 11.

비용을 지불할 의사가 있는지(willingness to pay)를 설문조사를 통하여 측정하는 조건부가치측정법을 활용하여 추정한 결과를 보면 다음과 같다. 편지 배달 서비스에 대한 연간 총편익은 도시 지역에서 연간 약 2,044억 원, 농촌 지역에서 연간 약 584억 원 등 전체적으로 연간

2,628억 원의 경제적 편익이 발생하고, 사회적 서비스에 대한 연간 총 편익은 도시 지역에서 연간 약 2,207억 원, 농촌 지역에서 연간 약 770억 원 등 전체적으로 연간 2,977억 원의 경제적 편익이 발생하는 것으로 추정된다. 즉, 우체국에서 편지를 배달하거나 사회적 서비스를 제공하는 등의 공익적 기능을 계속해서 제공할 수 있도록 우체국 네트워크를 유지 · 보존하는 것에 우리나라 국민이 부여하는 가치는 약 5,605억 원이 되는데, 이를 우리나라 우정사업 운영 규모와 비교해 보면 2010년 기준 우편사업 수익의 22.9%, 전체 우정사업 세입 규모의 7.4%에 상당한다. 만약 2022년 현재 우체국 네트워크의 공익적 가치를 다시 추정하더라도 그 가치가 줄어들기보다는 늘어났을 가능성이 클 것이다. 국민이 생각하고 있는 편지 배달 서비스의 가치는 최근 연간 발생하는 적자 규모보다 훨씬 크고, 비록 금융사업까지 포함되어 있지만 우체국 네트워크가 창출하는 사회적 서비스의 가치도 증가하는 현실에서 우체국 네트워크의 효율적 운영에 대한 방안은 조속히 모색되어야 할 것으로 본다.

우체국 경영, 무엇이 이슈인가?

초판 1쇄 인쇄 2022년 10월 6일
초판 1쇄 발행 2022년 10월 14일

지은이 남찬기
펴낸이 박기남
펴낸곳 **율곡출판사**
08590 서울시 금천구 가산디지털1로 84(에이스하이엔드 8차), 803호
전화 (代) 02) 718-9872/3
팩스 02) 718-9874
home-page www.yulgokbooks.co.kr
e-mail yulgokbook@naver.com
등록 1989.11.10. 제2014-000031호
ISBN 979-11-91812-37-4 93320

정가 20,000원